中国邮票

POSTAGE STAMPS OF CHINA

中国邮票

2005

中国集邮总公司

選堂

饒宗頤

何當得畫便忘詩
搔首無須更弄姿
惟有祖師彈指頃
神來筆筆華嚴時

論畫詩之一
丙戌 選堂

献给饶宗颐教授九十华诞

梨俱预流果

吴南生

解读饶宗颐

陈韩曦 主编

广东高等教育出版社

图书在版编目（CIP）数据

梨俱预流果：解读饶宗颐 / 陈韩曦主编. —广州：广东高等教育出版社，2006. 11
ISBN 7-5361-3455-X

Ⅰ. 梨　Ⅱ. 陈　Ⅲ. ①社会科学- 文集 ②汉字 - 书法 - 作品集 - 中国 - 现代
③中国画 - 作品集 - 中国 - 现代　Ⅳ. ①C53 ②J222.7

中国版本图书馆CIP数据核字（2006）第139451号

广东高等教育出版社出版发行
地址：广州市天河区林和西横路
邮政编码：510500　电话：（020）87553335
广东信源彩色印务有限公司印刷
890毫米 × 1 240毫米　16开本　22印张　500千字
2006年11月第1版　2006年11月第1次印刷
定价：150.00元

饶宗颐教授近照

前　言

从古到今，兼擅诗、书、画者，为数众多。然而，能够在文学、史学、哲学、宗教、诗词、书画等方面，都开创一时风气者，屈指可数。于今时今日，当首推饶宗颐教授。

饶宗颐教授，1917年8月9日出生于中国广东省潮州市。曾任香港中文大学中文系教授、系主任，现任香港大学中文系荣誉教授。曾受聘为北京大学客座教授、法国索邦高等研究院宗教学部客座教授、日本京都大学文学部及人文科学研究所客座教授。1982年、1992年两度受聘为中国国务院古籍整理出版规划小组顾问。1993年获得法国巴黎索邦高等研究院颁授人文科学荣誉国家博士学位，他是该院建院125年以来第一位华人获得者。

饶宗颐教授是中国现代最具影响力的汉学大师之一，也是中国现代最著名的艺术大师之一。他对于汉学的发掘、整理、传扬、革新与发展，以及为书画这门中国古老的艺术在世界各地的传播、交流、弘扬和复兴，都创造了辉煌的业绩，做出了杰出的贡献！曾获法国法兰西学院儒莲汉学奖(1962)，巴黎亚洲学会荣誉会员荣衔(1980)，法国文化部文化艺术骑士勋章(1993)，香港艺术发展局第一届终身艺术成就奖(1997)，香港(海外)文学艺术家协会首届中华文学艺术金龙奖之国学大师衔(1998)，香港特别行政区政府最高荣誉大紫荆勋章(2000)，中国国家文物局、敦煌研究院和甘肃省人民政府联合主办的敦煌藏经洞发现百年纪念大会敦煌文物保护、研究特别贡献奖(2000)，受聘(俄罗斯)国际欧亚科学院院士(2001)。2003年香港大学成立饶宗颐学术馆，以研究其学术和艺术成果，并纪念他的杰出贡献。

值此饶宗颐教授九秩“荣寿”大庆来临之际，原中共广东省委书记吴南生先生题写了巨幅对联“泰岳峰高，人瞻北斗，枌榆望重，寿比南山”作为贺礼。泰山为五岳之最高，北斗为众星中最明，乃为万众所崇仰。寿联高度概括了饶宗颐教授杰出的学术成就和艺术成就，表达了海内外华人对先生的敬仰和祝福。唯愿天佑英才,先生寿比南山。唯愿代表中华民族深厚底蕴的汉学不断发扬光大。

有着“万古不磨意，中流自在心”的独特生命精神的饶宗颐教授，70多年来精勤不懈，在学术和艺术领域展开他“睿智”与“创造”的双翼，学艺双携，誉盈中外。为了使人们对饶宗颐教授的学术与艺术成就有全面的了解，我们收集了饶宗颐教授的学术代表作和中外学者名家对饶宗颐教授学艺成就高度评价的力作多篇，配以饶宗颐教授各个时期活动的珍贵照片，最后分类汇集具有代表性的绘画和书法作品，编成《梨俱预流果——解读饶宗颐》一书，以飨读者。由于选编时间较短，错漏之处在所难免，敬请读者批评指正。

陈韩曦

2006年9月

目　录

学坛嘉许／季羡林、郑欣淼、金维诺、汪德迈、李学勤、池田温（1）

“梨俱预流果”题解／雷铎（3）

宗颐名说／饶宗颐（4）

选堂字说／饶宗颐（5）

饶宗颐代表作

【经　学】　新经学的提出——预期的文艺复兴工作／饶宗颐（9）

【宗教学】　中国文化史上宗教与文学的特殊关系／饶宗颐（15）

【佛　学】　谈六祖出生地（新州）及其传法偈／饶宗颐（23）

【文　学】　汉字与诗学／饶宗颐（30）

【词　学】　题画诗／饶宗颐（40）

【甲骨学】　四方风新义——时空定点与乐律的起源／饶宗颐（47）

【敦煌学】　我和敦煌学／饶宗颐（56）

【考古学】　《饶宗颐新出土文献论证》序／饶宗颐（64）

【史　学】　论古史的重建／饶宗颐（69）

【目录学】　《季羡林传》序／饶宗颐（74）

【华　学】　《华学》发刊辞／饶宗颐（76）

【修　养】　剑行气铭与汉简《引书》——附瑜伽安心法／饶宗颐（78）

综合论

《饶宗颐史学论著选》序／季羡林（85）

《清晖集》序／季羡林（102）

重印《潮州志》序／卢瑞华（104）

大学与大师／黄达人（106）

文字起源研究的新视野 / 李学勤（109）
“以古茂之笔，抒新世纪之思”
——序饶宗颐教授《固庵文录》/ 钱仲联（112）
《选堂诗词集》序 / 钱仲联（115）
《选堂诗词续集》序 / 钱仲联（119）
赓扬“四堂”又一“堂”：甲骨学五氏同“堂”
——兼谈古文字的破译与释读 / 刘以焕（121）
建饶宗颐学术馆记 / 朱维铮（126）
选堂访古随行纪实 / 曾宪通（129）
家学师承与自修 / 胡晓明执笔（165）
治学游艺七十春——贺饶宗颐教授“米寿” / 曾宪通（172）
中流自在心——读《饶宗颐二十世纪学术文集》/ 姜伯勤（183）

艺术论

踏莎行（四首）/ 郑欣淼（197）
从近代白描画谈到张大千、饶宗颐 / 邓伟雄（199）
“不了可通神”：论艺术与生命的超越 / 姜伯勤（201）
旷世奇才大宗师——饶宗颐教授治学治艺概说 / 雷铎（207）
饶宗颐的生命精神 / 赵松元（214）
泰岳峰高，人瞻北斗——记创造文化奇迹的饶宗颐教授 / 陈韩曦（225）

绘画论

儒生本质，释道情怀——饶宗颐教授《布袋和尚》及《青城山水》
二画赏析 / 郑欣淼（233）

《饶宗颐书画集》序／黄苗子（235）
《选堂书画集》序／戴密微（238）
《选堂雅聚》序／史树青（240）
词意画情／黄兆汉（242）
生涩之处见精神——读《岭海风韵》兼议饶氏绘画之特色／李伟铭（246）

书法论

提高书艺有良方——读《选堂论书十要》之见／郭绍纲（251）
哲人之书——读选堂先生的书法有感／陈永正（258）
雅言旧句——匾额／邓伟雄（260）
联书相映——对联／邓伟雄（262）
意惬神飞——条幅／邓伟雄（263）
惠风和畅——成扇，纨扇／邓伟雄（264）

饶宗颐的书画艺术

书画艺术（267）
附：选堂用印（328）

饶宗颐学艺年表（331）
后记（338）

湘橋春漲

学坛嘉许

饶宗颐教授是著名的历史学家、考古学家、文学家、经学家，又擅长书法、绘画，在中国及海外有极高的声誉和广泛的影响。

饶先生治学方面之广，应用材料之博，提出问题之新颖，论证方法之细致，这些都是我们应当从他的学术论著中学习的。

原北京大学副校长、教授　季羡林
2003 年

饶宗颐教授理论指导实践，创作大量独具新意的书画作品。欣赏饶宗颐教授书画作品，自然成为一种至高、至美的享受。

中华人民共和国文化部副部长、故宫博物院院长　郑欣淼
2006 年

饶先生是书法家，又是画家。在他的绘画作品上，既可以看到画中的意境，也可以看到作者的书法功力，同样也体现着作者的人品和素养。

中央美术学院教授　金维诺
2006 年

饶宗颐先生对书法作品既表现孔学大儒的静气，又表现禅宗大师的神奇。

饶宗颐的书法绘画作品不但具有很高的美学价值，并且将天人合一的儒学精神，以及禅宗戒律的意义告诫于世人。

法国法兰西远东学院通讯院士　汪德迈（Leon Vandermeersch）
2006 年

近年自然科学界不少专家，主张科学与艺术联合，真与美融贯，而人文方面的学者反于艺术少有措意，饶宗颐先生于继承宏扬中国文化传统、学艺两者皆有重大成果，可称一世风范。

清华大学教授　李学勤
2006 年

20 世纪前半之代表汉学者可屈指王观堂先生（1877－1927），而后半者应当举饶选堂先生（1917－　）。

比观堂先生活动限于东亚，选堂先生讲学远及印度、法国、美国等，寿又近倍，宜矣其业绩丰富多彩，更为学艺并茂！公刊十四卷全集，一定鼓舞世界汉学进展。

日本东京大学名誉教授、创价大学文学部教授　池田温
2003 年

“梨俱预流果”题解

◎雷　铎

饶公选堂宗颐教授，术涵八域，学富十车，经译梨俱，画通禅机，修般若行，得预流果。

先生壮岁以国学而学誉五洲，晚近复以丹青而名盈天下。先生之学术，既博大，且精深，故潮州饶宗颐学术馆联曰：“导夫先路，旷世奇才。”先生之学术，以理据胜，而常开一片新天。先生之书画，出古入今，有师无法，满纸皆见禅心：其笔下山水，奇瑰非人间所有，吾乃谓之仙山；其花鸟，古拙而不类今人之作，吾乃谓之心花；其书道，常如神龙不见首尾，吾乃谓之心迹。盖此三者，取诸造化，而出自先生之心源也。

先生晚近书画之题签，多署“梨俱室”，盖印度上古知识宝典四大吠陀经之首，为“梨俱吠陀”，因其古奥相当于中国之诗经，非如先生之精通古梵文、古宗教与古汉语之大成者莫能胜任也。移异邦上古之圣典，补前人汉译之阙如，先生学术造诣之深广，丐可于一斑之文，见全豹之华章也。

预流果者，本南传佛教语，修行欲达最后之阿罗汉果，须自预流入，得预流果，即已除尘世烦恼而出俗入圣者也，与中国之“得道成仙”近似。先生之同道季羡林教授以“预流果”喻，称道“饶宗颐先生是能预流的”。

故，“梨俱预流果”书名，可作“一位得圣道者的智慧之果”解。

高山仰止。本当无言。但为书名来历明白计，先生嘱为百什字之话。小子何幸，得奉是命。赘言于斯，唯示恭敬。

时丙戌岁立秋吉旦于羊城

宗颐名说

◎饶宗颐

先君为小子命名宗颐，字曰伯濂，盖望其师法宋五子之首周敦颐，以理学勖勉，然伯濂之号始终未用之。自童稚之年攻治经史，独好释氏书，四十年来几无日不与三藏结缘，插架有日本《“大正”正、续藏》，及泰京馈赠之《巴利文藏》，日译《南传大藏经》。

初，余于法京（法国巴黎，编者注）展读北魏皇兴《金光明经写卷》，曾著文论之。1981年秋，游太原，夜梦有人相告。不久，陟恒岳，于大同华严寺睹龙藏本是经，赫然见其卷首序题“元丰四年三月十二日真定府十方洪济禅院住持传法慈觉大师宗颐述”。又于《百丈清规》卷八见有“崇宁二年真定府宗颐序”。元普度编《庐山莲宗宝鉴》（卷四）内慈觉禅师字作宗颐。元祐中，住长芦寺，迎母于方丈东室制《劝孝文》，列一百二十位。曩年检《宋史·艺文志》，有释宗颐著《劝孝文》，至是知其为一人，以彼与余名之偶同，因镌一印，曰“十方真定是前身”。

又余与扶桑素有宿缘，自1954年著文论熙宁中潮州水东刘扶所塑瓷佛，为小山富士夫取以移译，嗣后论文屡在两京刊布。近时为二玄社编《敦煌书法丛刊》凡二十九册，向不知何以结缘如此之深，后悉日本大德寺住持养叟宗颐，与一休宗纯同出华叟宗昙之门。一休，即真珠庵开祖也；养叟，与余名复相同。前生有无因缘不易知，然名之偶合，亦非偶然，因识之以俟知者。

选堂字说

◎饶宗颐

或问于余曰：子曷以选堂名斋？应之曰：平生治学，所好迭异。幼嗜文学，寝馈萧《选》；以此书讲授上庠历三十年。中岁重理绘事，以元人为依归，尤喜钱选。六十退休后，莅法京，以上代宗教与西方学者上下其论。

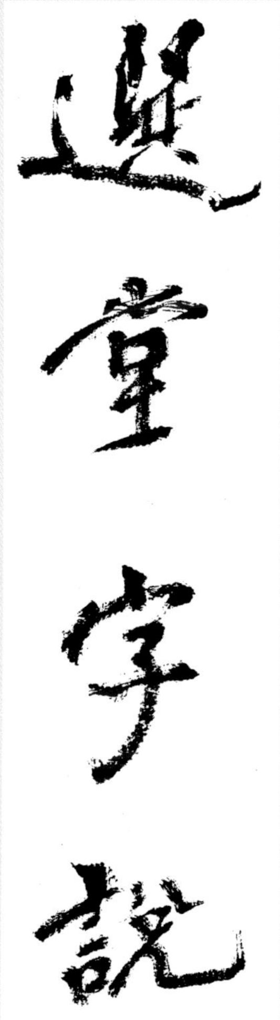

记敦煌本《老子化胡经》，其十一《变词》有句云：“洪水滔天到月支，选擢种民留伏羲。”选民云云，正如希伯来之chosen people，此道教徒之创世纪遗说也。以为洪水过后，人类种民惟伏羲，如彼土之挪亚，今苗傜神话尚存其说。前岁游吐鲁番，见其博物馆中，伏羲女娲交尾之图凡数十事，图之之意，似示人类祖先有再生之义，是古代西域月支有伏羲种民传说之明证也。由是观之，选擢之说，亦有可取焉。余之以选名吾堂，盖示学有三变。客曰善，因记之以示后之人。

韓祠橡木

代表作

【经　学】新经学的提出——预期的文艺复兴工作　饶宗颐
【宗教学】中国文化史上宗教与文学的特殊关系　饶宗颐
【佛　学】谈六祖出生地(新州)及其传法偈　饶宗颐
【文　学】汉字与诗学　饶宗颐
【词　学】题画诗　饶宗颐
【甲骨学】四方风新义——时空定点与乐律的起源　饶宗颐
【敦煌学】我和敦煌学　饶宗颐
【考古学】《饶宗颐新出土文献论证》序　饶宗颐
【史　学】论古史的重建　饶宗颐
【目录学】《季羡林传》序　饶宗颐
【华　学】《华学》发刊辞　饶宗颐
【修　养】剑行气铭与汉简《引书》——附瑜伽安心法　饶宗颐

鳳凰時雨

新经学的提出

——预期的文艺复兴工作

◎饶宗颐

2000年受聘为北京大学古代文明研究中心顾问及北京大学客座教授，右二为季羡林教授，左一为庄世平先生

许校长，各位学术界前辈、专家，首先，本人得衷心感谢北大教授委员会诸位先生的推荐，给我一个难得的机会，在北大百年纪念论坛上发言。记得我在年前香港举行的炎黄学术会议上谈到郭店楚简中最后部分的《语丛》，可相当于庄子屡次郑重提及的“重言”（重言应当解释为keynotes，“重”不是重复）。古代政治领袖，像禹之“拜昌言”，这说明先哲是如何尊重传统。若干年来，由于出土简册的丰富，我亦曾多次提到未来的21世纪应该是重新整理古籍的时代，现在已正式进入2001年，我充满信心地预期21世纪将是我们国家踏上一个“文艺复兴”的时代。

长期以来，人文科学与其他先进的科学接轨，近年三代断代工程的成就，正是重要的说明。我们的历史是世界上文化持续没有间断和转换的，在外人代我们操笔政所写的历史，认为我们的信史，只能从商代讲起，似乎很有问题。郭店楚简中显示的虞夏相继蝉联的史实，我们何能加以抹杀？所以，我们的古代史有由我们自己重写的必要。汉字的远源，从出土文物和各地陶器上刻划、书写的符号看来，正是文字的前身，北大现在正对此做全国普查，是很重要的工作。

在整理简帛经典的过程中，最令人困扰的是“异文”的复杂性。陆德明当杨隋统一南北，总结六朝人的训诂工作，编著《经典释文》一书。我曾建议应该利用简帛的新材料，参考清代学者对异文的研究成果，去重编一部新的《经典释文》。这不仅是语文方面的贡献，实际上也是某一语汇的探讨，是文化史重点问题来龙去脉的综合性研究的基础。这是一项很庞大的工程，以后可能引导出许多新的发现，对于了解某一观念的产生与形成，可取得更进一步的认识。这里有一个基本问题——是“新经学”的提出。

我们现在生活在充满进步、生机蓬勃的盛世，我们可以考虑重新塑造我们的新经学。世界上没有一个国家没有他们的 Bible（日本至今尚保存天皇的经筵讲座，像讲《尚书》之例）。我们的哲学史，由子学时代进入经学时代，经学几乎贯彻了汉以后的整部历史。“五四”以来，把经学纳入史学，只作史料来看待，不免可惜！现在许多出土的简帛记录，把经典原型在秦汉以前的本来面目，活现在我们眼前，上海博物馆购藏的楚简，诗、礼部分亦已正式公布了。过去自宋迄清的学人千方百计去求索梦想不到的东西，现在正如苏轼诗句“大千在掌握”之中，我们应该如何珍惜，再做一番整理工夫，重新制订我们新时代的 Bible。什么是“经”？是否应考虑不限于《十三经》？问题相当复杂，我所预期的文艺复兴，不是一二人的事，而是整个民族的事，新材料引发古旧的问题，这是时代的赐予。我们不要辜负地下的宝物和考古家的恩惠。我的呼吁，可能不是我个人的想象，而是世界汉学家共同的期望。

经书是我们的文化精华的宝库，是国民思维模式、知识涵蕴的基础；亦是先哲道德关怀与睿智的核心精义、不废江河的论著。重新认识经书的价值，在当前是有重要意义的。

“经学”的重建，是一件繁重而具创辟性的文化事业，不仅局限文字上的校勘解释工作，更重要的是把过去经学的材料、经书构成的古代著作成员，重新做一次总检讨。何者才值得称为经，有资格厕于经书之林?我的不成熟看法有下面几点：

（1）训诂书像《尔雅》，不得列作经书。（龚定庵已讥讽“以经之舆

左图　2002 年在香港大学陆佑堂

右图　2002 年在美国哈佛大学校园

1994年与原全国政协主席李瑞环（右）在北京中国画研究院

僮为经，《尔雅》是也”）

（2）与《尚书》具有同等时代与历史价值、一些较长篇而重要的铜器铭辞，可选取二三十篇，作为弥补《尚书》的文献。《逸周书》可选部分入于此类，两者作为《尚书》的羽翼。

（3）古代史家记言与记事分开。记言的重要，保存许多古贤的微言大义，像《国语》一类著述可以入经。

（4）思想性重要的出土文献，可选一些像马王堆的“经法”、“五行”等。

（5）儒、道两家是中国本有文化的两大宗教思想基础，儒、道不相抵触，可以互补，各有它的优越性，应予兼容并包。《老子》、《庄子》等书原已被前人确认为经（道藏的编纂已兼收《易》家及一些别类的子书，但嫌太广泛，不够严格），自当列入新的经书体系之内，作为一重要成员。

如果以后我的新经学观点，有人重视，认为有可取之处的话，我这一点小意见不妨作为一点星星之火，引起大家的考虑。

希伯来《圣经》的文字，一向说是出于神的默感和启示（revelation），被认为是天主的圣言。吾国早期经书，像《诗》、《书》、《易》，亦离开不了神。《大雅·大明》记牧野之役，有“上帝临女，无二尔心”的充满警惕的话言。《尚书·立政》述建官之制，亦兢兢地，以“灼见三有焯（明）心，以敬事上帝”。在神道设教的时代，不能不倚靠神，做任何事情，要燃烧起宗教情绪，洁净心灵，加强意志，方能有高度辉煌的成就。汤恩比写了比较21个文明的《历史研究》的大书，最后归结到至高精神的实体（supreme spiritual reality），他相信这个实体便是神。评论家认为，他了不起的贡献即在他提出这个精神实体给予人们最终形上疑惑的保证。“经”的重要性，由于讲的是常道，树立起真理标准，去衡量行事的正确与否，取古典的精华，用笃实的科学理解，使人的文化生活，与自然相

1998年在乐山大佛前

调协，人与人之间的联系，取得和谐的境界。“经”的内容，不讲空头支票式的人类学，而是实际受用有长远教育意义的人智学（anthroposophy）。

经书对现代推进精神文明建设，有积极性的重大作用。汉人比《五经》为五常，《汉书·艺文志》说：“六艺之文：《乐》以和神，仁之表也；《诗》以正言，义之用也；《礼》以明体，明者著见，故无训也；《书》以广听，知之术也；《春秋》以断事，信之符也。五者，盖五常之道，相须而备，而《易》为之原。”把《乐》列在前茅，乐以致和，所谓“保合太和”、“致中和，天地位，万物育”，“和”表现了中国文化的最高理想。五常是很平常的道理，是讲人与人之间互相亲爱、互相敬重、团结群众、促进文明的总原则。在科技领先的时代下，更当发扬光大，以免把人沦为物质的俘虏。道家以老子为首，《道德经》所讲的道德是高一层次，使人不执着于人与人之间的争执。“夫唯不争，故天下莫能与之争。”故儒家者流亦奉其书为圭臬，郭店楚简出土的儒家遗著，大家认为可能出于子思子、公孙尼子。同墓所出简册，亦有《道德经》的精选写本。刘向父亲刘德常持《老子》知足之计，向亦著讲《老子》四篇，惜已失传，可见前贤兼治孔、老，这是《老氏书》必列入经的主要理由。

希腊辩师（sophists）对古典的解释，认为历史是“修辞学”的一分支学科，似有他的道理。吾国人以“文”为“史”，历史作为文学中的一门类，《文心雕龙》所以特辟《史传篇》，所谓“言之无文，行之不远”。必懂得行文的义法，然后可了然于前贤立言的要旨。换句话说，必懂得修辞的法则，然后可以言文。经学的重建，是我们推进精神文明建设的基础工作之一。

古经典旧本子的出现与整理，是弘扬我们的民族精神和先进文化的光辉，培养我们对过去知识的新的理解。我们对古代文献不是不加一字的不给予批判，而是要推陈出新，与现代接轨，把保留在历史记忆中前人生命点滴宝贵经历的膏腴，给以新的诠释。

西方的文艺复兴运动是对古典的新发掘与认识，从古代文明的研究，为人类智识引起极大的启迪，像对近东的楔形文和埃及象形文、俗体字的辨认，考古工作对人文主义发挥出决定性的作用，古文明研究的扩大，使人们对整个世界的看法有崭新的认知，添加了进一步对历史文化的洞察力。反观吾国近半世纪以来地下出土文物丰富的总和，比较西方文艺复兴以来考古所得的成绩，可相匹敌。令人感觉到有另外一个地下的中国——一个历史古文化充满新鲜感、富有刺激性的古国。事实上，中国已成为世界国家的一个环节，在全球性的总的考察之下，中国的考古、古文明研究的事业，亦和世界分不开，如果自己不做，亦有人家为之越俎代庖，所以我们不能不急起直追。近时北京大学出版社有《十三经注疏》新校点本的印行，集合多位专家，历时五载，进行了精密的校勘工作，撰写新的校勘记二十余万条，超过阮元的旧刻本。这正说明北大同仁对经学的重视和关心，同时也对经学研究做出新的贡献。

1986年7月在内蒙古草原

“欧洲文艺复兴”是人文主义的产儿，过去学人，无不重视。蒋方震写有专著，请梁启超作序，梁氏奋笔为之，取清代经学，与之互相比较，一写就十几万字，成为另一部新书——《清代学术概论》。清代经学的成就，在方法与考证方面当然有它独到的成绩，但他们研究的对象，仍然是旧的材料，周仍旧邦，难以维新，和今天出土林林总总的文物，万万不能相比。

2006年8月在家中阅读自著《文集》

20世纪60年代，我的法国好友戴密微先生（Paul Demiēville）多次告诉我，他很后悔花去太多精力于佛学，他发觉中国文学资源的丰富，世界上罕有可与伦比，但中国人不一定知悉。当前是科技带头的时代，人文科学更增加它的重任，到底操纵物质的还是人，“人”的学问和“物”的学问是同样重要的。我们应该好好去认识自己，自大与自贬都是不必要的，我们的价值判断似乎应该建立于“自觉”、“自尊”、“自信”三者结成的互联网之上，而以“求是”、“求真”、“求正”三大广阔目标的追求，去完成我们的任务。

在座的季羡林先生，多年以来倡导他的天人合一观。以我的浅陋，很想为季老的学说，增加一小小注脚。我认为“天人合一”，不妨说成“天人互益”，一切的事业，要从益人而不损人的原则出发，并以此为归宿，《阴符经》说：“天人合发，万变定机。”这是从消极的、不好的方面来讲（“合发”是指“天发杀机，龙蛇起陆；人发杀机，天地反覆”。两者同时发生，天发是“公道”，人发是“私情”）。我讲互益，是从积极和好的方面来讲。马王堆《易》卦的排列，最后的巽宫，以《益卦》作为最后一卦，结束全局。这与今本《周易》以“既济”、“未济”二卦作结不同，而异曲同工。以“未济”收场，表示保留“有余”，这是中国文化一大特色。“益”，是积极而富建设性的观念。《益卦》初九爻辞说：“利用为大作，元吉，无咎。”上九的爻辞说：“立心勿恒，凶。”我们如果要大展鸿猷，不是光说说而已，而是要展开“大作为”，这样或许可以达到像苏诗所说的“天人争挽留”的境界，是天与人所要共同争取的。经书里面，许多精义对现代人还是有极大的启迪的！谢谢各位。

2001年11月2日

（此文为北京大学百年纪念发言稿）

中国文化史上宗教与文学的特殊关系

◎饶宗颐

“宗教”一词意义出于对神虔敬的表示，西周彝铭中有“敬德”一词可以比方。人的宗教理想（ideál religceux）是“法”Loi（希伯来称 forah）——神的秩序（ordre divin）的认识与奉行，神的意旨（volonte divine），其本质就是正直、公道（justice，希伯来称 sedhek)。殷代龟和骨的占卜刻辞，最新统计近六万片，几乎每片都出现“贞”（⋈）字，亦写作鼎，贞是“问事之正”，指通过占卜手续，由神的指示取得“正”的答案。

一般把它只说作“问”，而忽略了“正”之终极一义，只是片面的理解。吉的占卜叫作“恒贞”，在《包山楚简》中“恒貞（贞）吉”的成语，比比皆是。“恒贞”又称“永贞”，是太祝所冀求的神所宠赐的福祉（bénédiction，希伯来称 berâkhâh)。所以“贞”的含义可相当于 sedhek，是殷周以来占卜神学上一个极重要的观念，我另有专文《贞的哲学》讨论之。

2000年在法国巴黎罗浮宫前

中国原始宗教上事神的角色，依照楚国观射父谈话的分析，有宗、祝、巫、史四种重要人物。表之如下：

宗——管上下之神祇、氏姓所出。《尚书》，伯夷作“秩宗”，即此。

祝——即太祝，能知山川之号、宗庙之事，《周礼》说“太祝掌祈福祥”。《说文》：祝，祭主赞词者。

巫——主接神。

史——主安排神的位序。（《楚语》“家为巫史”句韦昭注）

祝的地位较高，须有先圣之后有光烈者“方可充任”，他的职掌最接近文学之事。《周礼·春官·太祝》下云：

掌六祝之辞，以事鬼、神、示，祈福祥，求永贞。六辞者：祠、命、诰、会、祷、诔。

殷卜辞里面，宗、祝、巫、史等官名均出现，足证其说之可据。太祝负责六辞，由他执笔拟撰赞词来“求：恒贞”而取得福祉，六祝之辞共有六种文体，都和祭事有关，这即是中国文化上文学与宗教特殊关系最深之一例。六种文辞已有孙诒让的《周礼正义》的详细考证。现在可以补充的有不少出土的文书可以帮助解说。

祠：《说文》“春祭曰祠。品物少，多文辞也。”像秦简有“马禖祭祝辞”。

命：铜器铭文中有“出厥命”一类字句，如“永盂（西周恭王器）叠见之。”——此例极多。

诰：如《何尊》（成王时器）前言“王䇂宗小子”下言“廷告于天曰……”结云“王咸䇂”。䇂即诰的异文（用唐兰说）。此铭可说是诰辞之具体例证。《尚书》中的《盘庚之诰》、《大诰》、《康诰》均是。文内有时渗用“乌虖”（呜呼）之感叹词，是带警惕性，有浓厚情感的文书。

会：指会盟、誓戒之文，如《侯马盟书》、《诅楚文》之类。

祷：铜器铭辞之末，多系祝嘏祈永命之语。如《㝬簋》其例常见。

诔：对死者之纪念文字。《左传》鲁哀公之诔孔子是有名之一例（哀十六年）。

太祝的六辞可说是祭祀文学，祀与戎是国之大事。曹丕说过“文章，经国之大业”，这一类配合国家典礼的文学作品，在古代大都出于太祝之手，是“经国”性质的文章，可惜文献资料保存不多。现在出土文书的长篇文诰，像《墙盘》的历述先德、《中山王𰯼壶铭》的告诫嗣王，都是语重心长、义正词严的作品，与尚书典谟训告之文可相媲美。

1960年饶教授在香港大屿山，46年后，他所站立之处成为“心经简林”所在地

中国文学的主要观念，最早为人提出的要算“志”和“德”二者，“诗言志”之为中国文学思想的最早观念，一般文学批评史言之已详，为大家所熟悉；太祝六辞中的诔，亦是“道志”的文字。《墨子》说：“诔者，道死人之志也。”（《鲁问篇》）“诗言志”指生人借诗来表达自己的意向，是作者的感受通过韵文的诗来表现；“诔道志”则是代死人来称述，剖明死者的内心之所寄托。有时“诔”与“谥”一样为君对臣属死后的一种评价。不过“谥”与“诔”不同，“诔”以道志，而“谥”以表“德”。诔与谥是对一个人死后的总结性的称述，有褒有贬，要恰如其分。

孔子死后，鲁哀公对他的诔词有些不妥的地方，引起孔子学生子贡有“失志为昏、失所为愆”的非难和讥议。因为不能把孔子的志业说得恰切的缘故。古代文学，言志之外还有述德一端。春秋传云：“诸侯相见，号辞必称先君。”彝铭多数称述先德。最好之例证像西周的《师𩛥鼎》先言：“臣朕皇考穆王，用乃孔德，余小子肇淑先王德，夙夕専由先祖刺（烈）德。”又云“皇辟懿德”、“用厥刺祖卪（节）德”。连续用许多德字，“德”观念的出现可追溯到夏代，墨子引古文尚书《禹之总德》云：“不慎厥德，天命焉保。”（《非命》下）《尚书》言皋陶迈种德。到了西周“敬德”一词成为普遍套语。《墙盘》说：“上帝降懿德。”美德是上帝所降给的。《周书》警戒王者失德则天命不能保，似即发挥夏代尚德的旧训。个人方面亦以敬德为主，谥即所以表其德，把一生的积累德行做一总结。子孙对先人的德行必须作为榜样，永远不忘记，所以文学上亦产生了“述德文学”，与“言志文学”并行，后代陆机的《述祖德赋》、谢灵运的《述祖德诗》，便是它的支流，谈中国文学观念的人，只谈言志而没有谈述德，这是很遗憾的！

文学对于死者的称述与祭礼及丧礼有密切关系。《荀子·礼论》云：“祭祀，敬事其神也，铭、诔、系、世，敬传其名也。”这些铭诔文章原属丧礼的一部分。《楚辞》的《招魂》、《大招》亦然。刘勰说：“招魂可谓祝辞之组缅也。”它是对死者的追悼文字，应亦是与述死者的志之诔辞同属太祝的文学体系，有人称之为巫系文学，巫只是为死者招魂而已，不同太祝之主司文学，其说不甚妥当。刘师培谓“中国文学起于巫祝之官”，只说中了一半。

中国原始宗教的规律与生活，儒家之说，以一个“礼”字概括之，礼本是一种事神致福的社会性行为。礼制为祭祀、会盟、宴饮、朝聘等系列划分等级的仪节。古代的主要祭品有“二精”之说，“二精”

上图 2005年与特首曾荫权先生在“心经简林”。2006年5月20日，世界最大户外木刻《心经》群正式开幕，坐落于香港大屿山宝莲禅寺青铜大佛右侧一处山坡上，38根古朴原木拔地而起，《心经》内文分别刻在每根原木上，连同经名、落款和两个印章，总共284字。其经文书法，是饶教授以尺余大字八分体书写。简林最后一根木柱上刻着饶教授对香港市民的祝福

下图 “心经简林”依数学符号“∞”字形布局，意为“生生不息，无穷无尽”

即指玉和帛。禹会诸侯于涂山，执玉帛者万国，玉和帛为助祭献礼的精品（韦昭注：“明絜为精。”），玉在古代是礼器，近年出土之丰富，从辽宁红山至江南良渚，所出品类之多且精，证明《礼》书《山海经》祭祀与仪节用玉之可信。《逸周书》记纣自焚后周人俘获胜利品，玉即有 198 005 件（《世俘解》），近时江西新淦大洋洲商墓出土大小玉器有 1 072 件。足见非夸大之言。浙江省反山出土一套两端镶玉的卷布轴，证明当时麻葛类丝织物已广泛地使用，帛的应用必定相当普遍，“二精”之说是可信的。

礼与乐的产生都与祀神有关。《尚书·尧典》云：“有能典朕三礼，佥曰伯夷。”故以伯夷主秩宗之官，故《郑语》称其能礼于神以佐尧。这时所礼之神，当然包括自然神和宗族神。乐律在中国发生可追到七千年前的裴李岗文化，河南贾湖墓葬出土 16 枝骨笛，有的上有七孔，经过精密测音，证明当日已使用七声音阶。山西龙山文化的陶寺（公元前 2500—公元前 1900）出土鼍鼓、土鼓和特磬（相当于夏代），其时音乐已有高度成就。《吕氏春秋》引孔子说：

舜以（夔）为乐正，夔于是正六律和五声，以通八风。……舜曰：夫乐，天地之精也……唯圣人能和乐之本。

《尚书·舜典》说：

八音克谐，神、人以和。

2000年 12 月，饶教授和法国著名学者汪德迈教授（左一）、法兰西远东学院院长傅飞岚（左二）、谢和耐教授（右一）出席法国法兰西远东学院成立 100 周年庆典

舜以乐施教，和悦神人，共致和谐的境界。舜的先祖虞幕，“能听协风以成乐”。父为瞽叟，又是乐正，知其学有渊源。似乎这个时候，“乐”比“礼”还来得重要。由于乐律智识的早熟，古代必有一段时期用乐设教取得神人的和悦。为了配合音乐，依律和声，遂有“诗”的产生，《诗经》的颂，即以美盛德之形容，以其成功告于神明的作品，这亦即中国文学和宗教有特殊关系之又一例证。

1962年获法国法兰西远东学院“儒莲学奖”

灵龟的信仰，在7 000年前贾湖遗址出有加工龟甲上刻三个类似甲骨的文字，安徽含山凌家滩的玉龟中置玉版，说明龟卜文化源远流长，非始于殷人，显示其尊神及率民事神的程度。所有祭祀活动的记录，一言以蔽之，无非是占卜文字，“占”亦是文章之一体。刘勰已言之。殷代龟卜之外，还有筮卦，用数字来表示阴阳。殷代已有六十四卦，镌刻于各种骨、石、陶、铜器之上。马王堆帛书的周易，卦名与卦序与今本不同，例如乾卦作键，键是锁之牡者（阳性之key），因为乾坤是易的门户，辟户为乾，故借键为之。卦的命名包有抽象与具体的相生相反的对比意念，充分运用文学上的比兴之类推思维方式。“比”是譬喻（analogical mode of thinking），“兴”是借具体事物以引起他人的警悟、理解。比与兴二者大量引用间接的隐喻，而非直接的换喻，以义类推。一卦可代表许多事物，引起占卜者高度的联想作用，易卦的推理几乎是一种文学手段。古代中国占卦而外又有占梦，与巴比伦相同。周礼太卜所掌又有：“三兆、三梦以觇国家之吉凶，以诏救政。”三兆等原亦有颂，皆千有二百，应该算是文学作品，可惜都已久佚不传了。

占卜文学在古代宗教记录是一大宝库，殷、周人占卜不止用一种，何以既用龟卜，同时又要筮卦？它的道理，在《洪范》中有详细的说明。目的在于取得天和人一致的同意，名曰“大同”。凡谋事必卿士从、庶民从、龟从、筮从，几方面都取得agreement，天、人共同支持，然后决定执行。

20世纪 70 年代在欧洲

《洪范》一文过去受到许多人的怀疑，现今细读，与出土资料尚吻合。

殷代烦冗的祭祀及占卜手续，到了周人手上，加以重大改革。殷有统一大神，即帝与上帝作为一切自然界的主宰。周人似乎取自夏人所尊的“命”，再与“天”结合，提出“天命”观念来证明他代殷取得政权的合法性。（马王堆帛书《经法》云：“黄宗受命于天，定立于地。”则溯源至黄帝）强调有德然后有位，失德必失其位。西周文诰处处发挥这个道理，“天”的地位和“天”对人的影响力至此得到绝对的确定。“天示象，现吉凶”，天地间灾异现象的产生，由于人主有过失，故天显示凶的预兆，王者如果能修行德政可以补过。周礼所谓“以诏救政”，“救”即是“补救”的意思。这样叫作“救政”，当时人们相信天人之间有绝对的因果关系。

周人采用尧的礼教，大大揭橥礼的重要性，一切人事活动的秩序以礼为核心。《礼记》称“周尊礼尚施”，和殷人的“尊神（尚祀）”、“先鬼而后礼”是宗教施为上的一大转变。孔子本是殷人后裔，但他奉承周人之教，处处以礼为重，他说：“吾从周。”他作《春秋》即是“博文约礼”的实践表现。《左传》注家都认为孔子修《春秋》，约以周礼，意思是说：按礼以正之，以定人伦之是非。《春秋》之文字极为简质，其旨数千，即是“约之以礼”的实例。可是孔子说“天道远人道迩”，舍其远而取其近，《论语》中“天道”只有一见，孔子所重在于人事道德行为，宗教意味已大大减少。马王堆本《系辞传》后面有《要》一章，记孔子与子贡的问答，孔子说他之学易和卜筮者不同。他说：“我观其德义耳。”“吾与史巫同途而殊归。”孔子学易归宿于“德义”。注重在义理方面，这是他学易的态度。儒家自孔、孟喜欢谈仁，以人学为主，他们没有建立宗教的野心，使到后来儒家始终不能成为正式的宗教。

“道”的抽象观念，兼有天人而义较浑圆，可以训始训大训虚训理，《管子·心术》：“虚无无形之谓道。”老子云：“有物混成，先天地生。”

"字之曰道，强为之名曰大。"故张揖《广雅》中训"大"之字，道排列于首位，在天地之前。《庄子·缮性》："道，理也。"帛书《经法》最后一篇为《道原》，描写宇宙生成的起讫，始于"恒无"而终于"恒一"，提出"一"为道之本。又《成法》篇云："一者，道其本也。"后来因有"大一"之名产生，"主之以大一"是老、庄共同的主张。到了淮南子遂作《原道》篇，他又说："浑沌为朴未造而成物谓之大一。"（《诠言训》）这一派形成道家的主流，他们竟把儒家的礼、乐说成"出于大一"，如《吕氏春秋·大乐》和《礼记》的《礼运》都有同样的说法。以后"大一"给神化了，可以下行九宫。这是道家的统一抽象神，比"帝"又推进一步了。

还有从天地间的大气体会出来，以"气"是万物的动力的说法。庄子说："伏羲得之，以袭气母。"《说文》："羲，气也。"羲的本义即是气。《楚帛书》气字作㷄，伏羲作雹戏，《易传》以为画卦始于伏羲，又谓："一阴一阳之谓道。"伏羲是元气的创造主，以后易学家及道家无不尊伏羲为祖师。

道和气两个抽象观念，后来文学家都充分加以利用，刘勰著《文心雕龙》首列《原道》，云："圣因文以明道。"唐代韩愈亦著《原道》。他的朋友柳宗元亦言："文以明道。"其学生李汉说："文者，贯道之器。"以后许多文学批评家都主张"文以载道"，其实，庄子书中已有"道可与载"的句子。

至于"气"，孟子有"志，气之帅；气，体之充"之说。春秋时，屠蒯说："味以行气。"（左昭九年）其后曹丕遂主张"文以气为主"（《典论》），韩愈亦言："气盛则言之高下皆宜。"这些人所共知，不必深论。这一文学观念，无不以儒、道思想为其骨干，而道家尤为重要。

宗教思想之与文学，就好像一物的内蕴与外廓互相依存着表里的关系。宗教必待文学而后有高度的表达，文学作品因时代而转移，必借宗教思想来充实它的内容。东汉以后，佛教输入中国，中国文化起了极大的变化。道教的茁长，亦吸取佛教思想架构各方面作为其养料，创造出许多新型的作品。举例言之，中国古代没有创世纪形式的长篇文字，史诗更不待论。

1993年被法国巴黎索邦高等研究院授予人文科学荣誉国家博士学位

1987年与二女儿饶清芬、女婿邓伟雄在武夷山

晋时，王浮作《化胡经》，《十一变》词中乃有“洪水滔天到月支，选擢种民留伏羲”之文，伏羲竟成为chosen people了。此后《元始上真众仙记》引《真书》有盘古真人开辟天地之说，其实剽窃儒书，变本加厉！佛教徒刘勰居定林寺，娴习“文字般若”（prajna of letters），著《文心雕龙》从“正”（mārga）见立论，调和文、质两极，矫正当日齐梁“文章且须放荡”之偏见，故刘勰知机，誉其“识具圆通”，开阳儒阴释之先路。

若夫文学心灵的培养，取资于宗教为常见之事。文学家不一定有某种宗教的坚定信仰，儒、释、道三教著述，既多所涉猎，自然对他们的思想起了渗透的作用。以唐、宋诗人来说，王维山水诗中充满禅悦意味。李贺诗中用许多“生”、“死”字眼，有人以为是受到《楞伽经》的影响。苏轼的浸淫道书，黄山谷对禅宗的深入，都是重要的例子。他如文学手段在宗教家手上多方运用，王梵志之于偈颂式五言诗，全真教徒之采取词牌，甚至改易词调的原名，自创新格，各极其胜，互相采获。宗教家如何利用文学作为其宣传工具，中国人对宗教采取宽容态度，各教彼此间的互相渗透，更是常见的现象。本文但揭其大要，侧重古代，以溯源为主体，至于详细分析，非另著一书讨论不可，唯有期之异日矣。

（原载《饶宗颐二十世纪学术文集》卷五，新文丰出版股份有限公司出版）

此文是1993年12月26日接受法国巴黎高等研究院成立125周年以来颁发的首位人文科学荣誉国家博士学位时的演讲词，中文稿稍作修订。

谈六祖出生地（新州）及其传法偈

◎饶宗颐

一

北京大学将为陈寅恪先生刊印纪念文集，王永兴教授嘱余撰文。忆寅老于1932年尝作《禅家六祖传法偈之分析》（《清华学报》第七卷2期），折衷名理，新义纷披，其文久已脍炙人口。不佞近年颇涉猎禅籍，去岁曾漫游韶关、怀集等地，今夏又至新州谒六祖故居，读东友所著论《慧能》及禅宗史各书，犹觉剩义尚多，有待于抉发，因不自量力，勉成短文，以当芹献，聊抒对陈先生学术成就之瞻仰，兼以表其启发来学之功云。

2005年在香港大学饶宗颐学术馆

自来因五祖对惠能说过“岭南人无佛性”，六祖遂几乎被人目为赤贫而目不识丁之獦獠。余到新兴以后，对六祖之认识大为改变。第一，六祖之父卢行瑫，原出范阳，实为世族大姓；第二，“六祖舍新兴旧宅为国恩寺”，（宋僧本传）规模宏伟，知其原非闾巷编氓；第三，六祖为父母起坟，其自知槃盘即返故乡示寂。《坛经》说其“叶落归根”，实则儒家“礼不忘本”之义。颇疑其早年尝受家庭教育之熏陶，并非全不识之无者，故能听诵《金刚般若经》而凝神不去，闻读《涅槃经》而能辨析大义，因而有行者之称。唐代之新州，为名宦贬谪之地，卢行瑫之后，张柬之、杜位皆莅其地。杜位为李林甫之婿，林甫炙手可热时，位官右补阙（《旧唐书》卷一〇六林甫传），及其败，徙新州（《全唐诗》小传）。《新兴县志》载杜位《新州八景》诗，其一为�城旭日，有“新州万竹绕为城，旭日穿林万户明”之句。杜位为杜甫从子

1983年与二女儿饶清芬在青海塔尔寺

（《全唐文》卷三九五，参《唐人行第录》页374考证），与甫及岑参有诗来往，家世详《宰相世系表》。张柬之以汉阳郡王襄州刺史贬为新州司马（《旧唐书·中宗纪》）。其本传称：为武三思所构，贬授新州司马。柬之至新州，愤恚而卒，年八十余（《旧书》卷九一，2 942页）。是柬之实卒于新州。《新兴志》于柬之莅任之年岁不详。考《通鉴》卷二〇八中宗神龙二年（706）五月，武三思使郑愔告敬晖、韦彦范、张柬之、袁恕己等……六月戊寅，贬晖崖州司马，彦范泷州司马、柬之新州司马……七月……长流晖于琼州、彦范于瀼州、柬之于泷州。……矫制杀之……以周利用……奉使岭外，比至，柬之、晖已死。（6 605页）是柬之以神龙二年（706）六月贬新州司马。七月又贬泷州。其到新州殆仅一月而已耳。

新兴当地传说：六祖父卢行瑫于武德三年（620）九月被贬新州司马，落籍新兴。母李氏，新兴县旧𨞺村人。惠能三岁丧父，母子相依度日。是行瑫贬官新州司马与张柬之相同，唯其原官则不可考。然新州乃武德四年（621）始置。《旧唐书》卷四一《地理志》云：

新州，隋信安郡之新兴县。武德四年，平萧铣，置新州，旧领县四，户七千三百八十八，口三万五千二十五。

则武德三年（620）萧铣未平时，尚未有新州也。唐时新州所领县有新兴、索卢。据考古记录，索卢县遗址在今县南集成区夏卢村南侧来龙山麓，有唐代板瓦出土。惠能故居即在集成区夏卢村，相传为其出生地，今屋址犹存，其地即在唐之索卢县境也。赞宁《宋高僧传·慧能传》云：

其本世居范阳。厥考讳行瑫，武德中，流亭（停）新州。[以]百姓终于贬所。略述家系，避卢亭岛夷之不敏也。贞观十二年（638）戊戌岁生能也。纯淑迂怀，惠性间生，虽蛮风獠俗，渍染不深，而诡行么形，驳杂难测。父既少失，母且寡居，家亦屡空，业无腴产，能负薪矣。……（《宋高僧传》卷八，《大正藏》754 页）

行瑫于武德中贬新州，至贞观十二年（638）生惠能，积十许年，新州人口仅三万，彼以州司马作寓贤，谅可薄治田产，不必如赞宁所称之屡空，故惠能有旧宅可舍作国恩寺焉。其家本出范阳卢氏，自神厅中卢玄为儒雅之首，蔚力北方巨姓，邺下风流，范阳卢元明尤负重望（《通鉴》卷一一七）。《唐书·世系表》，范阳卢氏四房阳乌（魏秘书监），大房有行嘉，青州录事参军（2 888 页），隋、唐初人，与行瑫同属“行”字辈，不审其关系若何？赞宁称其“述家系，避卢亭岛夷之不敏也”，可惜文献无证，其所述家系湮没无传，想与范阳涿之卢氏必同出一系。卢亭者，亦作卢停，《岭表录异》谓是出卢循余党，《永乐大典》广字号作卢亭与此《宋僧传》相同，盖指广东土著（见拙作《说蛋》，《选堂集林》917 页）。行瑫之作家系，即表示出自中原巨室，与地方蛮僚异其族类。故知惠能家世原出河北望族，不得以獦獠目之。新兴有惠能之父母坟墓，其母确姓李氏，是否即新兴本地人则无法证实，六祖所舍宅之龙山寺，位于县城南 73 公里集成区之龙山脚，建筑面积 9 200 平方米，据说始建于弘道元年（633），神龙二年（706），中宗颁赐书门额曰敕赐国恩寺，至今尚保存完好，是年正为张柬之贬谪新州之岁。国恩寺左侧又有报恩塔。建于睿宗太极元年（712）六月，则为六祖在曹溪宝林寺命门人所建者。先天二年（713），六祖从宝林寺返新州，道经肇庆，其地后人建为梅庵，传其种梅于此，有井曰六祖井。

国恩寺左上方有六祖手植荔枝树（高 18 米，树头圆围 4.5 米）清陈在谦赋诗云：“龙山侧生枝，仍傍卢公墓，吾师手所植，树老虫不蠹……树也本不住，师也本不去。”传诵至今。其父母比翼冢六祖所建，神龙间赐额，此外又有别母石、思乡亭、报恩堂。六祖眷恋故乡，母爱尤笃（别母石在今集成区旧槨村，为其赴黄梅东禅寺求佛，其母李氏送别至此石，因名）。其回乡示寂，今国恩寺尚存塔基，涅槃于此，先置躯于此塔内。《新兴县文物志稿》称：“香灯岗，在集成区三坪村侧，相传六祖示寂后，僧人争迎其肉身，于此岗祷告。”《坛经·付属品》称其叶落归根。屈子云：鸟飞返故乡兮，狐死必首丘（《楚辞·哀郢》），六祖有焉。

千载之下，其孝思足以感人。其后洞山良价有辞亲偈。宋藤州释契嵩《辅教编》内除《坛经赞》外，又有《孝论十二章》，比于儒家之《孝经》（见《镡津文集》卷三）。稍后释宗颐又有《劝孝文》（《宋史·艺文志》著录）禅家重孝道，即沐六祖之教化，释与儒之合流，其泽长远，于六祖故乡遗迹尤令人低徊寻思不能去云。

禅宗史事已为世界学人所共注目，《坛经》异本，自敦煌本以至兴圣寺本，日人已有诸本集成之作（参田中良昭《敦煌佛典与禅》）。而六祖肉身问题，友人戴密微、徐恒彬二先生均有专论［Paul Demiéville, Momies d'ExtrSme-Orient，见其 Choix d'études sinologiques，P·1921-1970，Leiden 1973；徐恒彬：《南华寺六祖慧能真身考》（稿）］。

惠能事迹，讨论者实繁有徒，今但举新州一地略做考察，其余不遑多及。

二

陈寅恪先生对于神秀、六祖之传法偈颇生非议，称其“袭用前人之旧文，合为一偈，而作者艺术未精，空疏不学，遂令传心之语，成为半通之文”。所谓前人之文，彼举出二事，一是神秀弟子净觉所著《楞伽师资记》载求那跋陀之“安心法”云：

亦如磨镜，镜面上尘落尽，心自明净。

二是武德时僧昙伦传言：

先净昏情，犹如剥葱。……伦曰：……本来无葱，何所剥也？

陈说甚富新意。神秀、慧能二师之偈语，是否袭用上刊二文，殊属难言。余考神秀“心如明镜”之义，原属恒言；而六祖“本无”（树，亦无台）之语，则渊源殊远。道家早已言“心如明镜”，《庄子·应帝王》篇：“至人之用心若镜。”语亦见《淮南子》。《吕览》且称：“镜，明已也细，士，明已也大。”（《御览》717 镜及镜台二项）姚察《梁书·处士陶宏景传》云：

弘景为人，圆通谦谨，出处冥会，心如明镜。

南齐庐江何点亦言，“陆慧晓心如照镜。”（《御览》引《齐书》）安知神秀“心如明镜台”非取自此等语乎？又《梁书·到溉传》，“子镜，字圆照”，此则用释典命名，所谓“大圆镜智”是矣。

在阿含部小乘经典中，以镜喻心者数见。姑举一二例，西晋竺法护译《受岁经》：

彼便喜悦清净，白佛：世尊境界行，自见己乐行，犹若诸贤有眼之士，指清净镜自照面，此诸贤此有眼之士，自见面有尘垢，彼便不喜悦，

便进欲止；此诸贤此有眼之士，不自见面有尘垢，彼即喜悦清净。……（阿含部，《大正藏》卷一，843 页）

又失译人名之《优陂夷堕舍迦经》：

佛言：如人有镜，镜有垢，磨去其垢，镜即明。……心开如明如镜者，不当有怒意。（《大正藏》卷一，912 页）

是知凡称以“清净镜自照面”，及“磨去其垢镜即明”，本出自佛言，亦即神秀所谓“勤拂拭”，惠能所谓“常清净”也。最有趣者，第一部汉僧笔受之佛经，即为《法镜经》，以“镜”为名，其书尚存，见宝积部下（《大正藏》卷十二，15 页）。书题后汉安息国骑都尉安玄译，实出严佛调所笔受。《法宝义林》称其梵名为 ugra［datta］pariprccha，按 ugra［datta］义为 strongly given，与镜无关。梵文镜为 adarsa，巴利文为 addasa，古波斯文为 ewenag。安玄于东汉灵帝末游贾于洛阳，以有功号曰骑都尉（见僧祐《出三藏记》13）。安息传来此经原本当是胡言，为何种文字，尚待研究。书中言及“远尘离垢，诸法法眼生”。又备述“净戒”、“净慧”，卷末题曰“法镜经”。吴康僧会尝为此经作注，并制经序。（见《高僧传》）其《法镜经序》云：

夫心者，罪法之原，臧否之根。……专心涤垢，神与道俱。……群生贤圣，竞于清净，称斯道曰大明，故曰法镜。……都尉口陈，严调笔受。（《大正藏》卷十二，15 页）

又《法镜经后序》云：

夫不照明镜，不见己之形，不识圣经，不见己之情。……不睹圣典，无以自明，佛故著经，名曰法镜。（《大正藏》卷十二，21 页）

僧会之注今已不存，唯序尚传于世，略如上引。韩子云：“古之人目短于自己，故以镜观面。……失镜则无以正须眉。”僧会博通群书，援华证梵。其撰《六度集经》第八十九为《镜面王经》，述瞽人扪象之事，“镜面王大笑之曰：瞽乎瞽乎！尔犹不见佛经者矣，便说偈言：今为无眼曹，空诤自谓谛，睹一云余非，坐一象相怨。佛告比丘，镜面王者即吾身是。”（《大正藏》卷三，51 页）此寓言中，其王以“镜面”为名，示非镜无以明道，故知以镜譬道，由来远矣。严佛调亦号“严阿只梨（阿阇梨）浮调”，乃汉人出家之最早者，其笔受于安玄之经，现存者又有《阿含口解十二因缘经》，同为汉人译述之最早者。故知心如明镜之喻，先出于蒙庄，复同符于象法。东汉人译经早启其端绪，久已家喻而户晓也！

至于惠能之偈其“本无”树、“亦无台”两否定句，用“本无”之理，

2005年11月23日，在“意在笔先——选堂乙酉近作展”开幕式上，饶教授致送《饶宗颐学术馆之友创会会长证书》给陈伟南先生

纳诸实例之中，以破神秀之有，洵能窥见本体，故为五祖所深赏。其实“本无”一语，自东汉以来，般若诸经中，已自成一品，称曰“本无品”，《放光般若经》（西晋无罗叉译）列第十一，《道行般若经》（后汉支娄迦谶译）列第十四，《大明度经》（吴支谦译）亦列第十四。兹摘录两支译语如次：

（1）佛言如是：诸天子!诸法无所从生，为随怛萨阿竭教。随怛萨阿竭（如来）教是为“本无”，“本无”亦无所从来，亦无所从去。怛萨阿竭本无，诸法亦本无，诸法亦本无，怛萨阿竭亦本无。……须菩提随怛萨阿竭教，怛萨阿竭本无，过去本无，当来本无，今现在怛萨阿竭本无等无异，是等无异为真本无。（《大正藏》卷八，453页）

此为东汉月支菩萨支谶“本无品”中之译文也。

（2）善业言：如来是随如来教。何谓随教？如法无所从生为随教，是为“本无”。无来，原亦无去迹。诸法本无，如来亦本无无异，随本无是为随如来本无。如来本无立为随如来教，与诸法不异。无异本无，无作者，一切皆本无，亦复无本、无等、无异。于真法中本无，诸法本无，无过去当来今现在，如来亦尔，是为真本无。（《大正藏》卷八，494页）

此则为吴支谦“本无品”中之译文也。两本当出一源。支谶云“随怛萨阿竭教”，而支谦云“随如来教”。怛萨阿竭即梵文 tathagata 之汉译。一切皆本无，诸法亦本无，即“如来”亦复如是。此后禅宗可以呵佛骂祖，以“如来”亦本无也。惠能能说“本无树、亦无台”，已能深契“本无”之真谛。顾此义之传人，自东汉支谶译《道行般若经》“本无品”始，时已

立"真本无"之义。禅宗之祖，只拾其牙慧耳，我故谓：六祖本无之语其渊源甚远也。

僧祐书述《道行经后记》称："（灵帝）光和二年（179）十月，洛阳孟元士口授天竺菩萨竺朔佛，时传言译者月支菩萨支谶。侍者南阳少安、南海子碧。"《白石神君碑阴》有祭酒郭稚子碧，即是侍支谶译经之南海子碧，与郭稚必是一人（汤用彤先生说）：佐译经之郭稚籍属南海，远在惠能之前，五祖之初见惠能，言岭南人无佛性，观于郭稚之事，可知其不然矣。

余之至新兴，投刺，文物工作者迎迓，喜而言曰，国中文史教授能南来此地者，以余为始，使余受宠若惊。然日本人士组团到此参拜已不止一次，1981 年有大乘寺长老泽井进堂，1984 年有京都大学柳田圣山，称美此祖庭为荔枝之故乡，国人反漠然置之。幸未尝加以现代化，其遗物建筑不致如南华、云门之蒙受无妄之轮奂藻饰，全失旧观，余独喜其能保存原有面目。以宗门而论，新州实是禅宗之"麦加"，而朝圣无人，可为浩叹！岂缘宗教情绪之低落耶？抑仍以"岭南人无佛性"而未加以重视耶？则非余之所敢知也。

北京大学中国中古史研究中心编
（纪念陈寅恪先生诞辰百年学术论文集，北京出版社 1989 年出版）

与中央美术学院金维诺教授在天山天池

汉字与诗学

◎饶宗颐

一、从 Ezra Pound 说起

Ezra Pound 在他的名著"*ABC of Reading*"中，收入 Ernest Fenollosa 所作的"*The Chinese Writter Charater as a medium for Poetry*"一篇，他节取其大意，写成"The Chinese Ideogram"。他只从字形着眼，认为：

The Egytion finally still used abbreviated picture to represent sounds, but the Chinese still use abbreviated pictures as pictures, that is to say, Chinese ideogram does not try to be the picture of a sound, or to be a written sign recalling a sound, but it is still the picture of a things of a thing in a given position or relation, or of a combination of things.It means that thing or aciton or situation or quality germane to the several thing that it pictures.

因此，他指出古代中国人以图形来制字，是根据一般人所知的事物来造字的。他强调 Fenollosa之说，用这种方法写出来的语言是 right way, had to stay poetic。可见汉字的结构和诗学关系之巨。可惜 Pound 对于汉字未有深入的研究。汉字不仅重形，同样亦重声。汉字是由音符和形符共同组成的，而以形声字占最大多数。一般认为，汉字是象形文字，这只是从形体结构这一角度来看问题，其实汉字很早已脱离表意阶段。殷代的甲骨卜辞差不多大部分是借音字和形声字，仅有表音的作用，已离开了形构的示意作用。

所以汉字是以音符为主，形符为辅。在铜器时代，一个字有许多异形。尽管形符可以变动不居，而音符所代表的声音则比较固定。因此，不能完

1982年香港大学授予饶教授文学博士学位(左二),左五为时任"港督"麦理浩

全从字形方面着眼来谈汉字。这一点 Pound 是不了解的。

二、最古的记号与汉字

关于汉字产生的年代，目前已有最新的考古学资料可以证明。陕西西安半坡仰韶文化遗址的陶符，经 Carbon14 测定，约为公元前 4800—公元前 4200 年。有人认为它只是孤立的符号，不可能是文字；实则其中符号有的出现于他处。像 T 字，亦见山西夏县的陶器，南至广东清远和香港的陶文，亦有相同者，至于 X 字是表示数目的五，几乎各地陶文很普遍的流行。这说明它和后来的文字存在着密切的关系。又陕西临潼姜寨，Carbon14 测定年代为公元前 4000 年左右，陶器上刻画符号有（像羊头带角形）诸形。甘肃洮河唐汪川的彩陶豆上绘有，像二人并跪形，显然是殷文字“比”或“从”的前身。又山东大汶口晚期陶器，年代为公元前 4300—公元前 1900 年，其上刻有符号，表示太阳上升，出于地面（有人认为是“旦”字），这很像 Sumarian 表示太阳（sămǎs）的（utu）和埃及象形文表示 horizon 的，其文字结构是由两个以上的单文组成。这些很早的零星陶器上的记号，可以了解中国文字的诞生，应推前至公元前 4000 年①。这和近东对于文字前身由近年专家探讨的结果，知道由 token 系统的⊕（计算“羊”的记号）发展而为文字，可以推前 5 000 年，都是人们对世界文字起源问题的新知识。

三、最早用韵的叙事诗

《诗经》的雅颂，无法确定其年代。铜器铭辞，在西周时已通行用韵。大丰𣪘是周武王时器，许多地方用韵。较长的铭辞，为近年陕西出土的史墙盘，周共王时器（公元前 982—公元前 967），可以作一篇周颂来读。全铭大约 64 句，共 280 字，多用四字句式。通篇除最后一段之外，都有押韵。《诗经》周颂最长的仅有《载芟》一章，共 31 句，此已倍之；大雅《皇矣》八章，每章 12 句，共 96 句，与此盘铭相当。我们可以断言西周中叶以后，这样长篇用韵的叙事诗，已经形成，是没有疑问的。史墙盘中大量使用复词，更具备诗颂的形式。兹录数句如下，以示例：

曰古文王，初戾各于政。上帝降懿德，大屏。匍有上下，会受万邦。翩圉（威德刚武曰圉）武王，䢅征四方。

盘铭中所见复词已有下列各类：

（一）同义平行。如：楚荆。

（二）反义相义。如：上下。

（三）名词上加形容词。如：上帝、懿德。

①关于中国远古陶文的说明，另有专篇讨论，故此不注明资料来源。

（四）联绵形容字。如：舒迟。

这些即后来所谓的“骈字”。可见复词的发展，在西周为发轫期。汉语由单字走向复词是必然的道路，一直至今尚在继续发展；而诗的构成，骈字正是最重要的骨干。

四、单音字与复词

汉语是单音语，文字又是单音字，这是汉字的特性。由于基本上一字一音，在音节结合上容易取得齐整与和谐。但汉字与汉语是游离的：第一，字和词不能完全相应，单音的字只是词组成的一部分；第二，汉字本身不能够正确表示语言，许多口语没有相应的字，已造出来的字，又有古今字及地域性的不同。所以形成语言与文字不一致的游离现象。汉语中存有大量的同音字。现以北宋人编的《广韵》作一粗略统计。《广韵》共 26 194 字，同音字得 3 802 字，实占 14.5%。同音字虽有如是之多，但在实用上无大关系。韵书的编辑，给我们把同音字按收音的韵部摆列在一起，只可备查，实际没有什么用处——因为许多字只是异体或已死的文字，成为历史陈迹而已。

汉字的音符部分在开始可能和语言有些关系。某一字可以使用某音符来注音（形声），或者借用某字来代表它的声音（假音），到了成为文字之后，与原有的语言，已完全脱离。现在的文字学者在研究形声字及假借字的音符部分，所以作种种揣测——原因是文字与语言已发生很大的距离，不得不作猜谜式的考证。

单音字是不够区别事物，且易引起混淆，于是有复词的产生，以补其不足。复词是由两个单音字所组成，最主要是增文以足义。由于单音字所代表的意义有其极限，在扩张意义或转移意义及加强意义时，得增加另一个字在原来某一字之上，构成一新的复词。今以诗学上两个常用术语为例子：

风　风气　风教　风化　风俗　风物
　　风流　风力　风格　风骨　风范……

兴　兴会　兴致　兴象　兴趣……

前字“风”、“兴”，好像是语干，在后面另加一字，所组成的是复词。虽由前字孳生，但它的意义已大有不同。这些词有它的发展经历。某一词的出现，亦有它的时代背景和形成的理由，还可作断代的研究呢！

五、形声字之发展及其美学作用

殷周以来，形声字大量产生，成为汉字发展过程中一大主流。形声

字每每附加形符来区别。金文的复杂形体表示其时喜欢一而再地增益的附加的形符。秦人统一文字，加以简化。形声字大体上保存一形一声，形声字中形符最重要的区别作用，是一望而可认识这个字所代表的事物是属于什么事类。譬如见山旁即知为山，水旁即知为水，非常简单。不像埃及古文，义符之外复加声符，形上加形，声上加声，凌乱复杂，最后终归于放弃。

形声字本身，具有形文和声文两者的联结。不管形声字的结构，是左形右声，抑是上形下声，或内形外声，形符与声符成为对称美。形主视觉，声主听觉，同时产生不同的美感。形与音引起情感上的反应，连带生出情文。

声符（声文）}
形符（形文）} 情文

一个形声字，分开来说，形符与声符所引起的反应，各有不同的联想，对于构成诗的语言，是非常有力而方便的。诗赋上有“联边”的现象，即是形符部分相同的太多，重叠烦冗而引起不愉快的感觉。相反地，有的却把这种联边作为特殊的技巧。例如谢灵运的名句：

苹萍泛沉深，
菰蒲冒清浅。
芰荷迭映蔚，
蒲稗相因依。

苹、萍、菰、蒲四个字都是有形符的艸，泛、沉、深、清、浅五个字都是有形符的水，二句之中出现这样“联边”的技巧。这二句是互为对偶的。还有声律的美。苹、萍同为 p’母，清、浅同为 ch’母，是为双声；菰、蒲皆收 u，同属虞韵，沉、深同收 m，同属侵韵，这是叠韵。

第二联亦有同样的情形。这两联每句都有二个复词（联绵字），只用一个动词来联系（泛、冒）。四个复词相对构成一联，是非常工整的形文，再加上双声叠韵的声文，只有汉文字才有这样的在文字形态上构成的美感。

六、造字法则与“类”的观念

汉代人所提出的造字法则有所谓的“六书”，非常重视“类”的观念。六书之中有三者的定义与“类”的观念发生密切关系。

（一）象形：“依类象形，故谓之文。”（许慎《说文序》，下同）

（二）会意：“比类合谊，以见指㧑。”

（三）转注：“建类一首，同意相受。”

所谓“依类”、“比类”、“建类”均是以类为标准。类的观念在古代哲学可以找到许多根据。《易》系辞传云：“方以类聚，物以群分。”① 墨子说：“摹略万物……以类取，以类予。”可见向来对“类”的重视。这里所谓类，和亚里士多德讲范畴的 genus 虽未必尽同，但是对事物的认识务使各从其类，把这一通则用到造字上面，要使它各从其类。比方凡山水一类的字，都以山及水统一起来，作为形符，再以另一字记音，作为声符。以形符定其义界，以声符示其语音，这样有规律地把宇宙的事物归入于某一物类。《说文》所载的形声字，大都说是“从某，某声”。从某，即指出属于某一物类。我们原来不懂得的字，但看它所从之形符（即偏旁），便已知它是何种物类，可说已识得一半了。如看松、柏二字的木旁，即知它是树木。其他可类推。这样一来，在造字者很是容易，认字者更无困难。这是形声字的优点。

中国自秦统一文字，把篆、隶的字形整齐划一，字画安排得很匀称，尽量减少以前文字的图画性部分和复杂多变的结构，加以简化，把文字规范化了。近年以来，晋、楚、中山及秦本国的文字资料出土的很多。经过仔细比较，对秦人为何删剔反区混乱的异体字，如何完成简化文字的工作，大体可以明白。试举一例：

吾 

（毛公鼎）（石鼓文）（诅楚文）（秦小篆）（马王堆帛书）

删去繁复，只存一形（口）一声（五）。由偏旁而建立部首，文字各从其类，汉字构造的法则，亦可有条不紊地加以归纳起来，给予分类，并编成字书了。

七、省略习惯、叠字作法

许多人谈汉诗，认为省略（ellipse）是汉诗的特征。在诗的语言里，主词的人名及表示位置的介词（proposition）往往省略。其实在殷代武丁时期的卜辞，已大量使用省略的方法。我们可以从同时同事的占卜文字中体会出来，在不同的甲骨上面细心比较便可了然。譬如 A 片上记着主词（有卜者名）及日期，B 片、C 片上可以省去。有时同一版上同事的占卜在上文很具体的记录，到了下面，便省略了。介词的省略，更随便可以看到。例如“用一牛于兄丁”，可以作“用一牛兄丁”；甚至连动词亦省去，只作“兄丁一牛”。铜器上亦普遍采用“略辞”。从同一地区出土

①我在湖南看到马王堆出土的《易经》帛书，汉文帝时物，其中即有《系辞传》。

的铜器群，经过比勘之后，可确定是略辞。例如（洛阳东郊西周墓出上）：

ㄚ射作尊（甗）

射作父乙（爵）

作父乙（觚）

ㄚ射（尊）

在不同器上所铸的文字，有的省去作器的人名，有的省去先祖名及器名。这种用极少数文字简括地来表达的特殊手法，渊源甚早。再举《左传》一例：

天子七月而葬，同轨毕至；诸侯五月，同盟至；大夫三月，同位至；士踰月，外姻至。（左隐元年传）

此处第一句言“七月而葬”，为天子之礼；以下诸侯、大夫、士月数递减。诸侯以下，皆省去“而葬”一语，而文义自明。

可见省略的习惯，不限于诗，这是汉语的一般惯例。诗的语言，因为字数的限制，省略更进一步罢了。

同一字的重叠使用，可以助长文章的气势。特别是关键性的字眼（key word），不止一次地反复运用。如《左传》楚子问鼎，用德字作枢纽，凡六用。吕相绝秦，“我是以”凡五用；“我”字多用，几乎达40次。[①]摘一段如下：

康公我之自出，又欲阙翦我公室，倾覆我社稷，帅我蝥贼，以来荡摇我边疆，我是以有令孤之役。

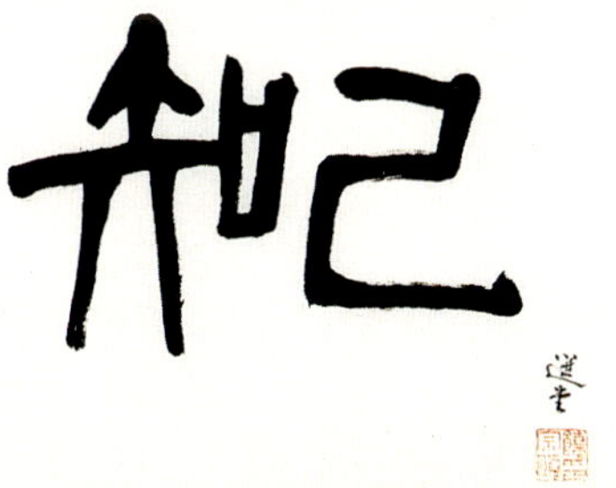

在此段中，“我”字兼有主词（I）、受词（me），作为possessive case（my）用特别多，可以见到汉文法于不同格之情形下在字形上不必有什么变化，只从上下文气就可以看出来。吕相绝秦一节，宋元文家都视为“作文法度”的规范（《隐居通议》卷十八，《丛书集成》本）。

诗的叠字用得最多。试举梁湘东王（萧绎）的《春日》一首为例：

春还春节美，春日春风过。春心日日异，春情处处多。处处春芳动，日日春禽变。春意春已繁，春人春不见。不见怀春人，徒望春光新。春悉春自结，春结讵（那也）能伸。欲道春园趣，复忆春时人。春人竟何在，空爽上春期。独念春花落，还以惜春时。

诗中“春”字，一连用23次。一句五个字，有时出现了二次。而且有对仗。像“日日”与“处处”对。又作连环性的安排，技巧崭新。同时有鲍泉者和他此诗，即叠用“新”字至30次。举六句于此：

新莺始新归，新蝶复新飞。……新扇如新月，新盖学新云。新落连

①请参看《先秦文学史参考资料》，《吕相绝秦》206页（《左传·成公十三年》）。

珠泪，新点石榴裙。

上述两首诗载于明人编的《诗纪》（卷八十，卷一〇二），大概是“宫体”诗的代表作。初唐张若虚的《春江花月夜》，其作法即从此脱胎而出。中唐无名诗人，流落在吐蕃，有《白云歌》一篇七古诗，词采甚佳。有句云：

不知白云何所以，年年岁岁从山起。云收未必归石中，石暗翻埋在云里。世人迁变比白云，白云无心但氤氲。……

诗见伯希和编卷号二五五五。这首诗的作法是反复用 “白云” 二字作为 key word。原卷藏在巴黎，附为介绍。

叠字叠词在诗法是一种技巧。汉诗因为字句齐整，一字一音，每一句的字数亦一致。重叠用字更有它的独特之美妙。

八、对偶与声调

汉文学在语文结构文最突出的地方无如对偶与声调二者。对偶问题，六朝时刘勰已有《丽辞篇》加以讨论。他指出“对”有言对、事对、反对、正对四项，而以正对为劣——因为不免有重意合掌的毛病。

对偶（couple）与平行（parallel）不同。对偶要避免字面的重复。汉文的对偶还要调协平仄，更为其他国家所无。

由“句”的对偶发展为“篇”的对偶，在汉文学史上有四种特别出于对偶的文体：

（一）殷代龟甲上对贞式的卜辞。

（二）六朝以来四、六字句式的骈文。

（三）唐代的律诗：八句中第三、四句和第五、六句成为一对。

（四）明以后士人应试的八比文（由八段字句相等、上下对比的散文所组成的说理文）。

诗中的对句是特别讲究的，唐人写了不少书来讨论对偶的构成和它的避忌。诗与律赋成为唐代考试的主要科目，韵书与类书的编集便应运而兴。唐玄宗命徐坚编纂的《初学记》，其书在每一项之下，以“叙事”、“事对” 为主，然后选录一些诗赋等。此后如李瀚著 《蒙求》，亦以对偶为文，作为小学的教材。到清代康熙六十年，御纂的 《分类字锦》，共 64 卷，为成语、对偶集大成之作。

骈文在唐、宋仍旧非常盛行，成为朝廷的制诰与士大夫表启的应用文体。每一篇文里面，必须有一些警句可以摘诵。对外国的制诰，如对安南王日熨（即烦）的文字亦用骈体。当时称精通这种文字曰 “敏博之学” （刘埙《隐居通议》卷二十一），即游戏文章的攻击乡试弊端之《非

书法：条幅

程文》，亦用骈俪，一时传诵（《辍耕录》卷二十八）。

应用文用骈体是十分优美的文字。至于诗中的对偶，其重要更不待言。空海在《文镜秘府论》中举出 29 种对偶。基本上不外相反、相生两大系：前者二句包含的事物完全对立化，不必有何种关系，即刘勰所谓“反对”；后者上下句可能在意思上有某些因果关系，有时被称为流水对。长篇的长体称曰“排律”，又是一格。

对偶在旧文学中所占地位极其重要。练习作对是童而习之，必经长时间的训练，才能够随手写诗。

汉字的韵律是声、韵、声调三位一体。每个字都具备这三个要素。由于一字一音，汉诗的构成，字句终是很有规律的。由字数多少组成的诗，为体不一。三字为句的三字诗，习见于镜铭。四字为句的四言诗，形制同于颂及碑铭。及五言、七言兴起，字数即齐整，对偶又工丽，为使字与字之间，异音能相随（和），同声可相应（韵），这样来构成诗的旋律，必在平仄上取得调协。于是严平、上、去、入四声的辨别，斟酌于清浊轻重之间。自齐、梁至于晚唐，讨论四声、声病说的著作，车载斗量。汉诗中声文的重要性，表现于新体式的词、曲，更为严格，每一曲调有它的限定字数与平仄规定。清初诗人著《声调谱》，更从句的韵律，进而讲“篇”的韵律；由近体而及于古体。声调在汉语诗律上的格式，已有许多专著谈及，不再多赘。

九、汉字由实用变为艺术及诗之简化

还有一层，汉字字形有多次的演变：

大篆——小篆——隶——行——草

主要是笔画由直线变为曲线，圆笔变为方笔，形体由凝固变为飞动，方法由迟慢变为迅速。每一时代的字体有它的特别的美感。书法的发达，

2006年7月5日，饶教授在“惠风和畅”展览时致送《选堂书法丛刊》予孙少文先生（右二）

五花八门，使文字一转而为美术，由日用之工具，一变而为个性精神表现的媒介。

律诗中工整的丽句，是诗的警策动人的部分，有如人的一副眼睛。诗句典型即在于此。唐五代的时候有许多“诗句图”的著述。张为的《诗人主客图》，是“摘句”工作的肇始。[①] 以后选诗编成“句图”的大有其人。在名家的诗集中，往往摘取对句若干联，以为代表作。南宋陆游的七律特工，陈应行的《续句图》中摘录至77联之多。

宋代以来，楹联盛行。楹联即是把对句写出来，可以悬挂在厅堂。它是诗和书法的结合，成为一种艺术品。所写的句子，可以说是简化的诗，是诗的缩影。书写楹联的风俗，至今尚然。这是诗的社会化、普遍化的一种表现，是中国文学之一特色。

十、余论

西方凡韵文都可称为诗，poetic 应该包括所有的韵文。汉诗则不然。由于诗的形式有一定的体制，韵文大别有赋、诗、词、曲四大类。诗的固定体制又有古诗、乐府、律诗、绝句，尤其律诗和绝句有规定的字数和平仄格式。作诗者用上列形式写诗，已可免去形式上的负担，实际已减去部分的精力。新诗是自由诗，未有固定的形式，作者同时要顾及形式与内容，在创作过程，比较吃力。新诗至今所以还未臻成熟，作者兼要经营句型，是一重要原因。

语言学在西方，目前几乎居于其他学术的领导地位。汉语与文字由于是处于游离状态之下，语言的重要性反不如文学。中国靠文字来统一，

①张为书，参看罗根泽《晚唐五代文学批评史》，50页。

尽管方言繁多，而文字却是共同而一致的。这显示中国文化是以文字为领导的。中国是以“文字→文学”为文化主力的，和西方之以“语言 = 文字→文学”情形很不一样。这说明纯用语言学方法来处理分析中国文学，恐有扞格之处；尤其是诗学，困难更多。至若轻易借用西方理论来衡量汉诗，有时不免有削足就履的毛病了。

原载法京Écritures，法文本

（选自《饶宗颐二十世纪学术文集》卷十一，新文丰出版股份有限公司出版）

2006 年饶教授对本书主编陈韩曦讲解《清晖集》中的诗词

清晖集

题画诗

◎ 饶宗颐

往岁过日本琵琶湖，有句云："天含神雾水如诗，湖草寻常秖弄姿。犹是荻花枫叶地，夕阳无语雁来时。"近以暇晷，作画颇多，屡有题句，辄次是韵，共得三十许首，录为一卷，以备忘云。

辛亥秋杪，选堂时在星洲

题画杂诗

坐对苍茫始咏诗，落花逝水梦生姿。临风自拂鹅溪绢，添个蜻蜓立片时。
耶溪小艇欲追诗，荷叶荷花十里姿。若见宓妃凭问讯，碧梧可有凤栖时。
去水涟漪合入诗，波澜纸上动风姿。湖光四面宽如许，商略残阳欲坠时。
西风卷地忍抛诗，南雁飞来媚远姿。写得鸳鸯难嫁与，亏它涂抹费移时。
老圃瓜畴且种诗，苔滋雨足树凝姿。华胥泼墨浑成黑，春在云山懵懂时。
一川雨歇暮催诗，鼓吹鸣蛙豹隐姿。画境人家谁会得，登楼好是去梯时。

1960年在香港新界青山

虚堂密雨可藏诗，雨洗丛篁见妙姿。又报春江添一尺，观澜徙倚夕阳时。
开图道是无声诗，投苇鸿飞且驻姿。一路霜林看不尽，云山万里叶黄时。
林塘恍似梦中诗，况是春江雨后姿。隐隐青山如旧识，夕阳人在倚楼时。
一幅天然没字诗，春回草木换新姿。窗前打稿奇峰在，剪取湖云拂岸时。
缕缕炉烟处处诗，紫禽柳巷作吟姿。芭蕉犹滴心头雨，看放春晴几许时。
天巧施来苦费诗，西山远处澹无姿。眼前佳景君能说，一抹微云吐月时。
人间谁道苦于诗，笔底河山宛异姿。欲为连娟题秀句，黄昏汐退月生时。
割愁有剑可裁诗，海畔尖山耸玉姿。坡老应惊秋未改，微波髣髴洞庭时。
拣尽寒枝冷似诗，江深春浅澹含姿。莫嫌诗泪无多滴，犹及纷红骇绿时。
懒向人前举好诗，看花如史忽移姿。春光坠地谁收整，莫待湖阴绿满时。
蔷薇无力女郎诗，皓月梢头想夕姿。暗柳萧萧星冉冉，描成天上断肠时。
少日山斋听说诗，秋风微月雁沈姿。老来筋力能安处，看取波平似掌时。
四十年间千首诗，支公神骏足云姿。金丹九转工裁句，偏爱山程水驿时。
独好杯中日日诗，茗搜文字更增姿。玉璜天际谁梳洗，奈此夜山片月时。
屏山围处合鏖诗，瓶里胡姬绝世姿。寄语玉人休劝酒，柳花不似故园时。
泉声带雨欲搜诗，咫尺阴晴已易姿。试向曹溪分一滴，万山萧寺闻钟时。
林栖坐咏偈兼诗，烟锁横塘夕变姿。雨过柴扉人迹少，万花一鸟不鸣时。
雁字寥天那逊诗，白苹风里绿杨姿。小船摇曳归何处，指点颓阳没水时。
不仗春风与补诗，无人赏处有幽姿。姚黄魏紫皆陈调，最念亭亭玉立时。
疏星历历最宜诗，涧水无声泻悄姿。隔个窗儿看更澈，四围秋色未寒时。
长薄清川美似诗，傍崖幽草自成姿。茅茨可有倪高士，秋到滩平水落时。
鲲化为鹏意比诗，庄生漫延故多姿。山河大地都如许，收拾赋心入定时。
寂寥人外可无诗，手摘星辰布仙姿。肘下诸峰争起伏，迷离宛溯上皇时。
画史常将画喻诗，以诗生画自添姿。荒城远驿烟岚际，下笔心随云起时。
画家或苦不能诗，嫫母西施各异姿。物论何曾齐不得，且看一画氤氲时。
何当得画便忘诗，搔首无须更弄姿。惟有祖师弹指顷，神来笔笔华严时。

宋元吟韵继声十首

乱草如愁不可名，远山远水梦牵萦。荒陂落日城头客，离绪连根划又生。[①]

林簇楼非碍，水纡草竞荣。独行花外客，幽梦续潮生。[②]

人许侣鱼虾，蒹葭即是家。隔邻秋水至，僧舍拾残花。[③]

瘦马兀予怀，蜷顾踏残月。依草有落花，拂著满身雪。[④]

①和宋刘敞《春草》。
②和宋真德秀《草》。
③和宋郭祥正《西村》。
④和宋孔文仲《早行》。

笔洗数峰和雨湿，眼明返照染江红。高丘独立谁同梦，丛竹萧萧暮霭中。[①]

九载居然此面壁，一峰天半削成石。此翁活计怪可怜，歪屋数间无人迹。[②]

秋山一片云，掷向江流去。凭槛尔何心，疏枝劝少住。[③]

目极青山绕郭，心随湖水平田。路转两三松外，奇峰欲蹴昊天。[④]

白苇黄茅已际空，浮生才解信飞蓬。谁怜大地鱼虾尽，羡煞烟波一钓翁。[⑤]

雨歇叶纷纷，双松路半分。行人空往返，桥外礼孤云。[⑥]

石涛上人宋元吟韵跋

石涛宋元吟韵十二纸[⑦]曩曾由神州国光社泰山藏石楼印行成册。《日本南画大成续集》（一）明清十一家山水集锦影印只十幅，而缺其二。

上人所绘题刘攽《春草》一首，检攽著《彭城集》无之，实为刘敞所作。武英殿聚珍版丛书本公是集卷二十八有此首，云："春草绵绵不可名，水边原上乱抽荣。似嫌车马繁华处，才入城门不见生。"[⑧]石涛录此作"水边上乱抽萦"。水边句"上"字夺去一字，应据补作"原上"，又荣字作萦。首句"不可名"作"未有名"。末句"不见生"作"便不生"。第三句作"繁华地"，均异。清乾隆时江宁严长明用晦选《千首宋人绝句》，卷二亦收刘敞此首，作"才入城门便不生"，与石涛同。但第二句萦字作茎，知此句竟有荣、萦、茎三者之歧，不知石涛所据为何本，但误其作者刘敞为刘攽，以兄为弟，殆凭记忆信手录出，偶疏忽耳。

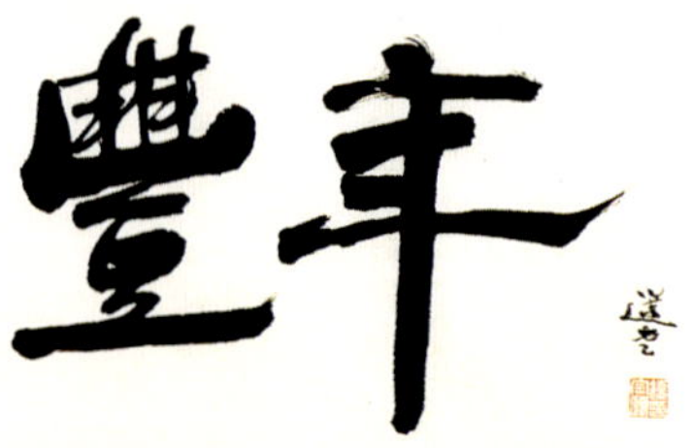

去岁闻均量以钜金购入此册，海外未获快睹，一时兴之所至，取《南画大成》十帧，以竟夕之力，橅其大意，和以俚句，非敢附骥，但表心慕而已。及见原迹，始悟石涛用色之工，濡染淋漓，良不可及。余画一文不值，百世后不知如何？书此聊自解嘲。癸亥选堂。

题画绝句

流水人家曳柳条，秋风曾系木兰桡。阊门暂慰它年梦，暮雨疏烟忆六潮。
路入深林不计层，好云表秀复藏棱。诸峰清苦巨然笔，商略山居学老僧。

---

①和宋林逋《水亭秋日偶成》。
②和宋郭祥正《访隐者》。
③和宋徐直方《观水》。
④和宋陈普《野步》。
⑤和元黄庚林《水云居》。
⑥和元王行《松云二士》。
⑦据《早行》题识云："取宋元诸公吟韵，图成一十二。"应称"吟韵"为是。
⑧《丛书集成》本同。

【词学】代表作

“琴理通画道”，饶教授爱抚琴也缘于此。20世纪80年代摄于家里

石洞玲珑地势殊，丹林黄叶隐仙癯。扁舟载得浮萍去，浩荡无心到具区。①
画里硐阿可卜居，一丘一壑足三余。临流独欲思濠濮，林水云山胜道书。②
萧寥凉树杂尖风，懒瓒心情或许同。残墨自磨还自试，乱云飞下不成峰。
风吹雨洗胜于蓝，一叶摇秋百不堪。自有客怀清绝处，断霞疏柳似江南。
独往深情孰与俱，山如飞白树如芜。乱峰和梦浑难辨，入座春风笔不枯。
盘涡浴燕憺忘归，漫倩游丝挂落晖。领略黄昏情味好，春风摇曳水深围。
河湟入梦若悬旌，铁马坚冰纸上鸣。石窟春风香柳绿，他生愿作写经生。③
东风力可护花残，似夏长年忽岁阑。且折一枝聊寄与，教人知道有春寒。④
群山远势与湖平，老屋疏林倚晚晴。欲为米家祛懵懂，楚天云雾一江清。
垂柳疏疏绿又新，经霜了不染微尘。索居难出凌霄塔，愿作榆城一画人。⑤
远浦低昂日欲斜，寒鸦数点即天涯。孤舟一系心千里，且傍芦花处处家。
婀娜柔条可待秋，孤亭寒水去悠悠。廿年我亦天南客，不为看山始白头。
排闼两山入眼青，疏林长坂旧曾经。回头三十年前事，犹有泉声护草亭。⑥
派衍隔山出愈奇，平沙折苇雁来时。笔端芍药偏含雨，肘外寒蝉独挂枝。⑦
忍寒草树更含滋，岸赭山青又一奇。隔硐苔深岩骨峭，冷泉流梦忽移时。⑧
屋外平添湖水深，湖风吹雨绿成荫。也知鹤唳浑如昔，愁听昏鸦更满林。⑨
摇落江山万里遥，何人此处泛兰桡。断崖空自悬千尺，隔水林风我欲招。⑩

①《绀宇伙林图》。
②《写幽礀寒松》和董思翁韵。
③自题《莫高窟图》，为苏莹辉作。
④题梅。
⑤时在新港耶鲁大学。
⑥碧寒移居薄凫林，面海背崖。屋后流水潺湲，诚幽栖佳地。顷出示《壬午临石田长卷》，画中景物，髣髴眼前，因为题句，以志胜缘。
⑦题少昂惬心之作。
⑧题袭明册页。
⑨题徐邦达画《张氏静园图》。
⑩题一鹏山水。

心畲摹写李公麟丽人行图卷，工丽绝伦。伯时原物尚存故宫，可以覆按，而王孙题句作明妃出塞，盖出一时误记也。之初得此出视，漫题二绝

请看近前丞相嗔，长安杜曲屡扬尘。银钩妙笔工描绘，聊匹春蚕更可人。
驰驱正是出宫门，秋草何曾塞日昏。老眼误题堪绝倒，云旗雪巘待重论。

题画次倪迂赠徐立度韵

紫禽相对故依依，十月骄阳尚叩扉。众绿阴中容一我，薄红纱外梦成归。
美人烟水秋同远，短鬓宵灯影自稀。漫写羊裙呼雁去，松脂笋脯惜相违。

白山图册题句

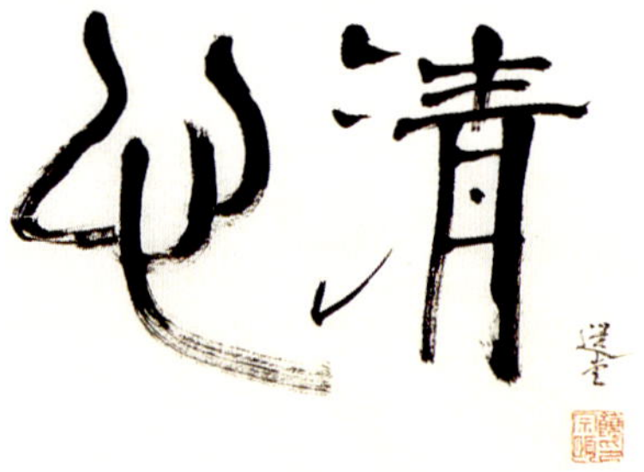

白山萦梦入模糊，黑岭穿林若有无。踏雪看人迷远近，朔风何计慰羁孤。
山水聊心存，北风隔千里。何以折赠君，数枝斜阳里。
积岭如涛带雨来，髡枝万簇雪成堆。野云分暝黄昏近，试问微阳回不回。①
群山势走蛇，其来不可已。屋小如牵舟，红浸夕阳里。
飞雪拂空林，朔风振枯苇。去霭密成阴，浮生薄如纸。
莽莽万重山，微绛染千里。山穷仆休悲，马后峰头起。②

辛亥岁暮，戴密微丈寄贻瑞士图册，回忆曩年白山黑湖之游，挑灯写此，率成数纸，时除夕统如三鼓矣。选堂记于星洲。

自题五松图和李复堂

复堂健笔画五松。虬枝枯干无一同。不费鬼斧与神工。飘然挟仙歌咸雍。
盘桓独抚轻万钟。风生安暇较雌雄。诙谐曼倩取自容。呼啸孙登久化龙。
挥毫况如虎追风。鞭笞雷电楮墨中。孤飞白云凌清空。庐山高处五老翁。
岩栖许我橐笔从。真意戏呼谁弥缝。淳风正好蹑玄踪。避秦大夫隔世逢。
试翻沧海荡心胸。回望林幽复谷穹。不将双耳听鸣虫。点头顽石劳生公。
疏狂且欲陟华嵩。匠石懒顾卧墙东。人间尚待辟蚕丛。

题南田画次其东园原诗三首韵

云过水边兴自闲，不须辛苦作荆关。高风黄叶添萧瑟，迁想神游海上山。③

---

①和东坡《晚景》。
②和东坡《寒食诗》韵。
③恽句云："风高黄叶草堂闲。"

20世纪80年代饶教授在香港家中书房

画到无工倍见工，欲将妙理续崆峒。春光呈媚知何处，尽在先生尺楮中。

心通造化叩幽扃，笔挟河山袖里青。不用抚琴山已响，松风谡谡正堪听。①

自题山水

登高谁解说山川，老树魁梧已百年。商略云端今四皓，人间回首几桑田。

古苔和墨翠如篸，乱石横空锁碧泽。入梦大风吹垢去，树犹如此人何堪。

是图成，或云近张大风。因忆帝王世纪，黄帝梦大风吹天下尘垢皆去。帝寤而叹曰：风为号令，遂得风后于海隅。张风取此为字，有微意存焉。因书大风之祥，一发轩辕之梦。丙辰冬至前十日，选堂又题。

题于右公草书出师表为南大文物馆，次东坡观堂老人草书诗韵

以翰抵壁神乃舒。下笔振迅成斯须。神连笔断意若无。高闲藏真态各殊。髯翁迹在人云徂。堂堂标准立真吾。人书兼老力未枯。诸葛忠志声名俱。浩然集义气充躯。议兵笔阵宁自娱。平生磨墨非墨奴。万笺浩瀚倾松腴。落纸点漆雪肌肤。势欲震撼观者呼。岂同俗书较妍姝。

附 潘受和作

壬子中秋之夜，选堂招饮酒家。园庭月下，出示所作《依东坡韵题于右公草书诸葛武侯前出师表七言古诗》，及所临《白阳山人山水长卷》，共吟赏之。见猎心喜，辄效颦一首以题其画。

①原句云："无弦琴作山河响，莫使人从指上听。"

诗词著作

胸中丘壑积一舒。有笔如剑厉以须。白阳逸气天下无。点染自与他人殊。
风流往矣岁月徂。固庵继之亦纷吾。此卷秋山秋不枯。荒湾野棹烟云俱。
解衣想见般礴躯。游戏三昧聊清娱。陋哉庸史争主奴。内实苦瘠空外腴。
月明秋露沾发肤。醉月读书讙相呼。知君学古非暖姝。

题刘海翁狂草卷，兼谢其远颁红梅画幅

用东坡黄楼险韵

奔蛇走虺谁能说，烟墨澶漫看波发。气盛空阔欲无前。古劲真堪药流滑。
羡公锋抵屋漏痕。惭我浪学翻著袜。冷艳远颁来千里，温煦何当献一呷。
范水模山事已勤，去壑藏舟且负锸。绿衣鸟挂朝暾回，红萼香销秋肃杀。
柳侯归来亲传语，喜揖高轩如古刹。相望情比潭水深，晤言何及思轧轧。
清光北斗月照人，仙云南海风低压。笔肆人与花俱老，枝斜势共山争巘。
向来姿媚仅换鹅，茂赏画图出双鸭。[1]乞公还写江南春，预赋新诗咏茗霅。

题清人诗卷为伉烈

远来隐出萃斯文，声教清扬故不群。往日升平堪向往，陈篇雄杰待重论。
才力今难逮数公，莫将周颂比唐风。雨丝洒日无人赋，同是乾坤事岂同。[2]

（原载《清晖集》，海天出版社 1999 年出版）

①指画赠伉烈《荷塘鸳鸯图》。
②杜甸鹤事。

四方风新义

——时空定点与乐律的起源

◎饶宗颐

人立于天地之中，对自然界物象的观察，最基本的是方向的辨认。因为空间的区划是人的周遭最重要的定点，《周礼》一书在开端便说："辨方正位"，"以为民极"，方位的确定是人民活动的指针。人类对于四方(four quarters)之观念产生甚早，华夏与西亚及印度在远古文化史上都同样有四方风的名称。先说西亚，巴比伦的《开辟史诗》(*Enumaelis*)第四版里面已出现四方风（four winds），东、西、南、北四方风具有无上威力，是上神安排来对付反叛者蒂阿默(Tiamat)的武器，史诗说：

彼(上神)乃布下罗网，纳蒂阿默于其中。彼安置四风，使她无所逃(于天地之间)，(是为)南风、北风、东风、西风。

四方之风(楔形文字 ulu)，其名如下：

南风 sūtu

北风 istānu

东风 s̄adū

西风 amwru

下面又有七风之称，其最厉害之风名曰 imhullu，一般称风为 sârum，亦表示"以息相吹"的气。

1994 年在北京书画展开幕式上致辞

华夏的四方风名在殷代有非常具体的记载，殷代文字借"凤"字为风，凤是一种神鸟，《说文》引黄帝臣的天老说："凤出于东方，暮宿风穴，见则天下大安宁。"风所从出的北方称为风穴(《淮南子》注引许慎云)。殷人常年祈求"宁风"，希望风调雨顺，求宁风的占卜记录甚多。殷人对于四方之祭礼，有燎，有帝(禘)，如云"尞于东"

2006年与二女儿饶清芬在一起

（《合集》14 319 正），“米于西”（《合集》14 325～14 330），“米于北”……不一而足。帝于四方谓之“方帝”（“贞方帝”见《合集》14 296～14 310），殷人对于四方，和印度一样，都给予专名；四方的风，亦有特别的称谓，有两份最重要的资料：

（1）胛骨　大字，武丁时物，《合集》14 294，原见《京津》520。

（2）腹甲　《合集》14 259，原是《乙编》2 548+《京津》428，亦见《丙编》中册上 216。

以上两版，经过胡厚宣、于省吾、杨树达、严一萍等人的考证讨论，大家已耳熟能详，不用复述。我现在要提出一些新的看法。

一、听协风之听与虞幕

在卜辞所记祭祀四方风是为着祈年，《乙编》龟甲是张秉权与严氏所缀合（见《丙编》中册上 216；《甲骨古文字研究》188 页），贞人为内，时间都是一月的辛亥日，四方风名之下都有𠦪（祈）年一语。最重要的是下面左右还记着下列两句：

辛亥卜内升生二月，戕㞢兕(耶)。贞唯尤。

伐亡其兕（耶）。唯尤。

这几句卜辞应该和四方风与祈年之事有点关系，可是没有人加以注意。

张秉权把⿱⿰口耳儿字隶定作 “咣”（《丙编》 考释，296 页），此字右边分明从耳(𦔮)。⿱⿰口耳儿在新《甲骨文编》释为圣字，余谓和“⿰耳口”当是一文之异写，可以释为听。“㞢⿱⿰口耳儿”与他辞之“㞢 ⿰耳口”相同。（古文献有时用“咒”，有时用“⿱⿰耳口儿”，编者注。）

听字，《国语·郑语》说：“虞幕能听协风以成乐物生者也。”听协风的事甚古，起于夏以前虞时的幕，幕在这方面的贡献，后人崇拜他，和禹、契、弃相比伦，请看下表：

虞幕	能听协风以成乐而生物
夏禹	能单平水土以品处庶类
商契	能和合五教保于百姓
周弃	能播植百谷蔬以衣食民人

《左传》言舜祭幕，“有虞氏报焉”，报即甲骨文的匚，《路史》引孔晁云：“幕能修道，功不及祖，德不及宗，故每于岁之大蒸而报祭之。”然则匚祭之由来也远矣！“东方曰析、凤曰⿱𠂊酉” 下面的“㞢⿱⿰口耳儿（听）”、“其⿱⿰口耳儿”，当指听协风的事。《周语》：“先时五日，瞽告有协风至。” 协风二字出殷代甲骨文。又云：“是日也，瞽帅音官以风土。” 韦注：“瞽，乐太师，知风声者也。” 又：“音官，乐官。风土，以音律省土风，风气和则土气养也。” 协风的来临，由乐官瞽师负责报告，瞽职在掌乐兼知天时，幕的任务想是和瞽师一样。《史记·律书》云：“武王伐纣，吹律听声，推孟春以至于季冬，杀气相并，而音尚宫，同声相从。”《正义》引《兵书》云：“夫战，太师吹律，合商则战胜，……宫则军和，主卒同心。” 战争亦需要吹律听声，与省土风之用音律，都是听音声的事情。戕字张秉权释⿰礻戈，以为是人名。如此说可信，则“⿰礻戈”当是武丁时听协风的乐师之名字。

1995 年在台北
华梵大学

1994年在泰国华侨崇圣大学，饶教授（左二）与郑午楼博士（右二）、该校校长黄丽松（右一）在一起

版所记的“屮听”，“其听”，在这里可以得到合理的解释了。

二、协风与𦔳田的藉田之礼

武丁卜辞有𦔳田之卜，以祈丰年。

> 卜㱿贞：王大令众人曰：𦔳田，其受年，十一月。（《合集》1，2，4）

𦔳田在殷代是非常重要的农业活动。《诗·小雅·甫田》“琴瑟击鼓，以御田祖，以祈甘雨”。《周礼·春官·龠章》“凡国，祈年于田祖”，郑玄注：“祈年，祈丰年也，田祖，始耕田者，谓农神也。”𠦝年即是祈年。《吕览》：“孟冬之月……天子乃祈来年于天宗。”殷正建丑，十一月即夏正的十二月，是时𦔳田以祈年，说明春的来临。

东方曰析其风曰，𦔳即协风。据《周语》，宣王时虢文公的谈话：“先时五日，瞽师告有协风至。”韦昭注：“协，和也，风气和、时候至也，立春曰融风也。”融风一名见《左传·昭十八年》梓慎的说话；慎登大庭氏之库以望气。《淮南子·天文训》：“距日冬至四十五日条风至。”高注：“一名融，为笙也。”它配以八音，其乐器属笙。韦昭谓协风即是立春日的融风，它又名条风。《白虎通·八风篇》说：“风之为言萌也，养物成功……距冬至四十五日条风至、条者，生也。”后代讲卦气的书云：“坎初六冬至，广漠风，九二小寒，六三大寒，六四立春条风，九五雨水，上六惊蛰。”在坎的爻位六四爻是立春，在八风是条风，可见协风在节气是代表立春。融风、条风都是后来的别名。

自虞幕能听协风以来，瞽师音官都以音律去省土风。藉田之礼，是由太史顺时覛土，而膳夫农正陈藉礼，所以戒农用而利民时，殷时已见藉田的记录，司其职者曰小藉臣。其卜辞云：“乎藉业（生）”，“乎藉亼（亩=禀）北沘”，“……贞众乍藉不丧”（《合集》8）。藉字作𠭯，像人秉耒，表示“王耕一墢”，春气主生，其风曰条风。条者，生也（《白虎通》），其乐器用笙，笙者生也。“乎藉生”之生，义盖如是。藉田必在立春前后，此时之风即为𦔳风。“乎藉亩”者，《周语》云：“是日也……廪于藉、东南钟而藏之，而时布之于农。”韦注：“廪，御廪也，一名神仓，东南，生长之处，钟，聚也，谓为廪以藏王所藉田，以奉粢盛也。”是谓为廪以藏王所藉之物。“于沘之北”他辞又云“卜穷：令多农（《前》4，10，3）”，多农即农正也。又：“卜争：乎凿（圃）秜于姐受有年，凿藉于姐受年。”（《乙编》3 212），凿是地名，即圃田。秜，《说文》云：“稻今年落，来年自生谓之秜。”《类篇》禾部：“秖秜，一曰再种，或作秜。”甲骨文作“[illegible]”，即此字。

有关藉的事例在陈氏《综述》（5 331 页）论之已详，唯未及藉田之礼。听协风是依据音律来省察土气，所以与藉田之礼有着密切的关系。

三、田畯、先农

《周礼·籥章》“以乐田畯”，郑玄引郑司农云：“田畯古之先教田者。”《说文》：“畯。农夫也，即先农，死而为神则祭之。”古代祈年于田祖，田祖亦称为畯，即后代的先农。大蜡的时候亦作为飨祭的对象，故《郊特牲》云“大蜡飨农”。殷卜辞有畯字应读为畯，其辞云：

丙寅卜，穷贞：子啇咼畯四方，十月。（《后》7，8，1）

丙寅卜，兄贞：令邛啇咼：（《前》5，4，2）

二版是同日同事之卜，而贞人有穷与兄之异，咼《说文》读若蘖，《广韵》入声十二曷：“嵽，嵽嵽啁啁，戒也。”《后》下之辞言令子啇其人戒田祖（畯）于四方。四方为祭方之祭，有时为宁风，如云：

宁风于四方其五犬（《合集》34～47）

东、西方之褅，与祈年之事有关，如：

庚戌卜争贞朿于西，田一犬一青（縠）。

朿四豕三羊青一卯十牛青一。（《英》250 巨骨正面）

……二羊青三，卯于东方析，三牛三羊青三……

㞢曰千林，王䋣于之，八犬八豕。（《英》1 288 即《金璋》472）

其云“㞢（侑）曰千林”，目的即祈求丰收。“千林”（或森），犹言千耦、千亩，故知其所祈求之神明当是田祖，即农神的畯。殷时祭四方必祷于田畯，亦出于藉田之礼。

2002年在美国哈佛大学授课路上

四、正风、出入风与出入日

《山海经》记四方风名，胡先生论之已详，唯对于“出入风”一义未能说明。兹录其文如下：

日月所出名曰析丹，东方曰析，来风曰俊，处东极以出入风。（《大荒东经》）

有神名曰因，因乎南方，乎夸风，处南极以出入风。（《大荒南经》）

有人名曰石夷，来风曰韦，处西北隅，以司日月长短。（《大荒西经》）

北方“曰鹓”，来风曰狻，是处东极隅以止（正）日月使无相间，出没，司其短长。（《大荒经》）

文中言及“日月出没，司其短长”，当指日之长至短至。古代的乐官负责以音律去省土风兼以知天时，《周语》虢文公述藉田之日瞽师音官以风土，韦注云“风土以音律省土风”，在立春日行藉田礼之前，乐官用音律来正风，确定时间的定点来配合乐律。《吕氏春秋·古乐》云：

帝颛顼……乃登为帝，惟天之合，正风乃行。

又云：

大圣至理之世，天地之气合而生风，日至则月钟，其风以生十二律：仲冬，日短至则生黄钟。

2000年在法国路易十四行宫

仲夏，日长至则生蕤宾。

……

孟冬生应钟。

天地之风正。则十二律定矣。

可见风正则十二律定，欲求天地之气相合，必以日之短、长至作为定点，乐律上十二律的编制亦相与之配合。换句话说，乐律上的定点必符合天文上的定点，故以冬至为黄钟，夏至为蕤宾，如是则风正，四方风可以司日月短长，其道理即在于此。

2002年在香港

至于出入风之义则与出入日有关，《尧典》上言"寅宾出日"、"寅饯纳日"，和卜辞的出入日，经过许多人的研究，意义相同。殷历以建丑之月为正月，故夏至在六月。冬至在十二月，出日入日可以说是殷人对"春分朝日，秋分夕月"的认识，和后世的"春朝朝日，秋暮夕月"的祭礼正是一脉相承（参宋镇豪《甲骨文出日入日考》）。上面说正风必依据日的短、长至，故知出入风即是正风，古代许多土功都从冬至开始，至日是一个极重要的日子。卜辞中至日的占卜很多，略举如下：

至日（《合集》29 701）

弜至日（《合集》29 702）

壬辰卜至日（《乙编》5 399）

壬辰卜弜至日（《乙编》5 399）

至日甲（《屯南》2 271）

弜至日（《屯南》2 271）

其至日

夒尞至日酌吉兹用

其至日

夒尞卯大乙大吉兹用(《屯南》4 582)

这些新资料证明殷代对至日的重视，先公的大夒和大乙亦在至日举行燎祭，至日是历法和乐律的定点，春秋分则是出入日的定点，都是正风在天文上的基本标志。正风本来和"正时月"实际上是一事之不同方面。

风生于四方，《周语》说"方不应时，不应时则乱"，方与时要相应，即是说时间和空间要取得一致，否则必定发生乱子。

五、析丹与俊风

杨树达主张四方风名即是神名，职司草木之神，以“卯于东方析”之语为证。严一萍则论四方风名亦是地名，举析刍(《乙》475)，𠂤白(《乙》2 156＋2 211)，命玮（《前》4，26，4)诸辞为证。卜辞中人名往往亦是地名，其例习见。地名亦可从人名或神名而来。《山海经》之言四方风，每称“有人名曰某”，具见四方各有其所主之神，古来实有此说。

《山海经》东方之折丹，以卜辞证之，折当作析，然析与折义亦互通(《广雅》：析，折分也)。折可指析木之津，《尔雅·释天》：“析木谓之津，在箕斗之间。”《离骚》：“朝发轫于天津兮，夕余至乎西极。”析津为东方之极，五臣吕延济云：“东极曰天津，西极，日所入也。”丹谓丹穴，《尔雅·四荒》：“自齐州以南戴日曰丹穴。”东方的析丹，可以说是析木与丹穴的合称，指日出日入之处。故《大荒东经》说日月所出名曰析丹。下面又说“来风曰俊，处东极以出入风”，东极是他的居处所在，所谓“东极曰天津”，此即其地为析木之证。《山海经》“来风曰俊”，属于东方，但《大戴礼·夏小正》则称“（正月）时有俊风。俊者，大也。大风，南风也”，把俊风说成南风，与《山海经》不同，说较晚出。

《大荒东经》在俊风上面称其地是日月所出，下面说他能“出入风”。我疑心其风名曰俊风，也许和帝俊有点关系。楚帛书言“日月夋生”，又云：“帝夋乃为日月之行。”《大荒南经》谓：“帝俊妻羲和生十日。”《大荒西经》说：“帝俊妻常羲生月十有二”。帝俊是造物主，可以生日月，可以出入风。《易·说卦》云：“帝出乎震。”震是东方，帝亦可指帝俊，他是至上神。这样说来，四方风的命名，和天神有不可分的关系。郭璞在“析丹”下注云“神人也下”，很难说它与神名无关，俊风正是一个好的例子。

六、余论

古代远东和近东都尊重日神。巴比伦人称日曰 utu，其史诗亦言“升于东山而沉于西山”，呼山曰 sădwum，好像卜辞的出入日。殷代卜辞屡见东土南土西土北土受年的记录（《合集》

1997年4月在北京长城八达岭

2006年3月28日访香港礼宾府，与特首曾荫权先生在一起

9 734～9 751），祝丰稔、求安宁，是当时人们共同的祈求。巴比伦在Nippur搜集的一块泥板上刻着4000年前有名的《四土颂》，我在这里根据S. N. Kramer的英文翻译，重译如下：

其日也，亡蛓，亡厉，亡鬣犬，亡狮子，亡野犬，亡狼，亡惧，亡怖，民斯无敌矣。

于斯时也，东土（Shubur）则沃野千里，皆正道之地；南土（Sumer）则充满和气，为王族政令大行之邦；北土（Uri）各应其所求；西土（Martu）则既安且康。

普天之下，民俱时雍，于巨神恩立尔（Enlil）同声共赞。

巴比伦是以商业贸易为主，与以农业生产为主的殷代不同，但对四方四土的祈求是一样的。求福禳灾有着共同的愿望，其大神恩立尔是造分天地的大气之神，可以和我们的造物主能为日月之行的帝俊相比拟。这篇颂词，我第一次把它介绍给我国研究古代史的同行们，谨以此作为探讨人类活动的比较神话学开展的一个献礼。

（原载《中山大学学报》1986年第4期）

我和敦煌学

◎ 饶宗颐

敦煌吐魯番研究

第九卷

(2006)

中國敦煌吐魯番學會
上海師範大學敦煌吐魯番學研究所
香港中華文化促進中心　合辦
香港大學饒宗頤學術館
北京大學東方學研究院

中華書局

《敦煌吐鲁番研究》现已出版了第九卷，饶教授为此做出了杰出的贡献

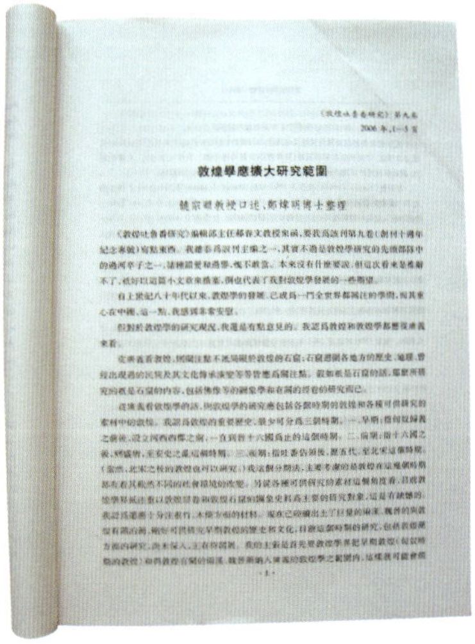

敦煌學應擴大研究範圍

饒宗頤教授口述，鄭煒明博士整理

2006年《敦煌吐鲁番研究》第九卷刊登的饶教授论文

敦煌学在我国发轫甚早。我于 1987 年写过一篇《写经别录》，指出叶昌炽在《缘督庐日记》中，他已十分关注石窟经卷发现与散出的事情，有许多重要的报道。近时荣新江兄发表《叶昌炽——敦煌学的先行者》一文，刊于伦敦 *IDP News* 1997 年，七期，说得更加清楚。

20 世纪 80 年代以后至今，国内敦煌研究，浸成显学，专家们迎头赶上，云蒸霞蔚，出版物包括流落海外各地收藏品的影刊——英京、俄、法以至黑水等处经卷的整理集录，令人应接不暇，形成一支充满朝气的学术生力军。以往陈寅老慨叹敦煌研究为学术伤心史，现在确已取得主动地位，争回许多面子。此后，海外藏品陆续影印出来，学者们不必远涉万里重洋，人人可以参加研究了。

我一向认为敦煌石窟所出的经卷文物，不过是历史上的补充资料，我的研究无暇对某一件资料做详细的描写比勘，因为已有许多目录摆在我们的面前，如英、法两大图书目录所收藏均有详细记录，无须重复工作。我喜欢运用贯通的文化史方法，利用它们作为辅助的史料，指出它在历史某一问题上关键性的意义，这是我的着眼点与人不同的地方。

张世林先生两度来函，要我写《我与敦煌学》一文，万不敢当，久久不敢下笔。我本人过去所做的敦煌研究，荣新江兄已有文评述，见于复旦大学出版的《选堂文史论苑》(265～277 页)，我的重要著述和对学界的影响，详见该文，不必多赘。现在只谈一些值得记述的琐事，追忆我如何对敦煌资料接触的缘遇。

我最先和敦煌学结缘是因为从事《道德经》校勘的工作。1952 年我开始在香港大学中文系任教，那时候《正统道藏》还是极罕见的善本，我还记得友人贺光中兄为马来亚大学图书馆从东京购得小柳气司太批读过的《正统道藏》，价值殊昂，当时香港及海外只有两部道藏，无异秘笈。我因代唐君毅讲授中国哲学的老庄课程，前后三载，我又研究索纨写卷（有建衡年号），做过很详细的校勘工作。我和叶恭绰先生很接近，他极力提倡敦煌研究，他自言见过经卷过千件，对于索纨卷他认为绝无可疑（可参看他的《矩园余墨》）。以后我能够更进一步从事《老子想尔注》的仔细探讨，实导源于此。正在这时候，日本榎一雄在伦敦拍制 Stein 搜集品的缩微胶卷，郑德坤先生正在剑桥教书，我得到友人方继仁先生的帮助，托他从英伦购得了一部，在 20 世纪 50 年代，我成为海外唯一私人拥有这部缩微胶卷的人物。我曾将向达《唐代长安与西域文明》中的伦敦读敦煌卷的初步记录核对一遍，这样使我的敦煌学知识有一点基础。我讲授《文心雕龙》亦采用英伦的唐人草书写本，提供学生参考。1962 年，香港大学《中文学会年刊》印行的《文心雕龙研究专号》最末附印这册唐写本，即该缩微影本的原貌。当时我已怀疑榎氏拍摄的由第一页至第二页中间，摄影有遗漏。1964 年我受聘法京，再至伦敦勘对原物，果有遗漏。这一本专号所复印，实际上是唐本的第一个（有缺漏的）影印本，如果要谈《文心雕龙》的版本，似乎应该提及它，方才公道。

1987年在国际敦煌吐鲁番学术会议上，左二为饶教授，右二为澳洲国立大学柳存仁教授

所谓“变文”，本来是讲经文的附属品，源头出于前代陆机《文赋》“说炜晔而谲诳”的“说”，与佛家讲诵结合后，随着佛教在华的发展，逐渐形成一崭新的“文体”的变种。但从“变”这一观念加以追寻，文学有变种，艺术亦有变种，两者同时并肩发展，和汉字的形符与声符正互相配合。文字上的形符演衍为文学上的形文，文字上的声符演衍为文学上的声文。刘勰指出的形文、声文、情文三者，形与声二文都应该从文字讲起。所谓变文，事实上应有形变之文与声变之文二者。可是讲变文的人，至今仍停留在“形”变这一方面。古乐府中仍保存“变”的名称，声变则凡唱导之事皆属之。试以表示之如下：

变文{形文→变相　　图像之属
　　　声文→字音节奏　　韵律唱腔之属

我写过一篇从《经呗唱导师集》第一种《帝释天乐般遮琴歌呗》加以说明的文章。姜伯勤兄因之撰《变文的南方源头与敦煌唱导法匠》，唱导是佛经唱诵音腔的事，我所说变文的声变之文应该是这一类。大家热烈讨论形变之文的变相，只讲到“变文”的一面，对于声变之文这另一面则向来颇为冷落，甚至有误解。王小盾博士对这一点有深刻的认识，可惜不少人至今尚不能辨析清楚。南齐竟陵王萧子良在鸡笼山邸与僧人讲论的是“转读”问题，即谋求唱腔的改进，与声调完全不相干。到了唐代教坊有大量的“音声人”，音声人还可以赏赐给大臣。《酉阳杂俎》记玄宗赐给安禄山的物名单，其中即有音声人一项，《两唐书·音乐志》音声人数有数万人之多。敦煌的乐营有乐营使张怀惠（P·4 640）与画行、画院中的知画都料董保德（S·3 929）相配合，一主声变的事务，一主形变（变相）的事务，两者相辅而行。变文之音声部分，还需再作深入的研究。敦煌乐舞方面，亦是我兴趣的重点，我于1956年初次到法京，看了P·3 808号原卷，写有专文补正林谦三从照片漏列的首见乐曲的《品弄》谱字，由于我在日本大原研究过声明，又结识林谦三和水源渭江父子，对舞谱略有研究。我于1987年初提出研究舞谱与乐谱宜结合起来看问题，我讲敦煌琵琶谱，仔细观察法京原件及笔迹，事实是由三次不同时期不同人所书写的乐谱残纸，黏连在一起，把它作为长卷，长兴四年才写上讲经文，可以肯定琵琶谱书写在前，无法把它作为一整体来处理。叶栋当它全部视为一套大曲是错误的。我这一说已得到音乐界的承认。我主张乐、舞、唱三者应该联结为一体之说，引起席臻贯的注意，他力疾钻研乐舞，把它活现起来，因

日本学者水源渭江教授到香港拜访饶教授

①庄严所藏敦煌《浣溪沙》佚词，起句云：“万里迢亭不见家，一条黄路绝鸣沙。”

有乐舞团的组织，我忝任顾问，他二度到香港邀我参观，深获切磋之乐。1994 年 9 月 6 日我到北京，在旅馆读 *China Daily* 的文化版得悉他病危，十分痛惜。1995 年 7 月，敦煌乐舞团随石窟展览莅港表演，我追忆他写了一首律诗云："贺老缠弦世所夸。紫檀抡拨出琵琶。新翻旧谱《胡相问》，绝塞鸣沙不见家。[①]孤雁忧思生羯鼓，中年哀乐集羌笳。潜研终以身殉古，叹息吾生信有涯。"表示我对他的哀悼。

敦煌各种艺术，尤其是壁画，是我最喜欢的，由于长期旅居海外，无条件来做长期考察，无法深入研究，只得就流落海外的遗物做不够全面的局部扪索。我所从事的有画稿和书法二项。我们深感唐代绘画真迹的缺乏，所谓吴道子、王维都是后代的临本。1964 年我在法京科学中心工作，我向戴密微先生提出两项研究工作，其一是敦煌画稿，后来终于写成《敦煌白画》一书，由远东学院出版。我年轻时学习过人物画像的临摹，有一点经验，我特别侧重唐代技法的探索，

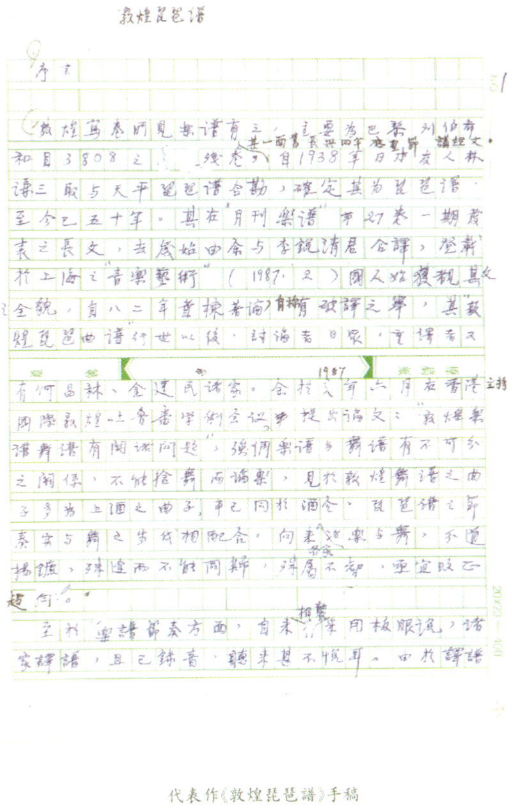

代表作《敦煌琵琶谱》手稿

粉本上刺孔的画本，法京有实物可供研究，亦为指出，我方才明了到，布粉于刺孔之上留下痕迹断续的线条便于勾勒，这样叫做粉本。近日看见胡素馨（F. S. Fraser）的《敦煌的粉本和壁画之间的关系》一文（《唐研究》三期》），文中在我研究的基础上归纳出粉本草稿有五种类型，计壁画、绢幡画、藻井、曼陀罗四类，绢幡画则可分临与摹二类。实则临与摹二者，临是依样而不遵照准确轮廓，摹则依样十足。这些画样，画人运用起来可以部分摹、部分临，亦不必限于幡画。

书法的研究，我在接触过 Stein 全部微卷之后，即加以重视，立即写一篇《敦煌写卷的书法》，附上《敦煌书谱》，刊于香港大学 1961 年的《东方文化》第五卷。后来居法京排日到国家图书馆东方部借阅敦煌文书。先把法京收藏最早的北魏皇兴五年书写的《金光明经》和永徽年拓本的唐太宗书《温泉铭》做仔细的研究。以后遍及若干重点的经卷写本，做过不少专题研究，除做解题之外还注意到字体的花样，1980 年秋后在日本京都讲学，承二玄社邀请为主编《敦煌书法丛刊》，分类影印，从 1983 年

1994年，时任全国人大常委会委员长万里（右二）、全国政协主席李瑞环（右一）在北京会见饶教授

起，月出一册，共二十九册，前后历时三载。每一种文书都做过详细说明或考证。由于翻成日文，在国内流通不广，周绍良先生屡对作者说："各文书的说明，极深研几，应该合辑成一专书，独立出版。"至今尚无暇为之。本书又有广东人民出版社刊印本，题曰《法藏敦煌书苑菁华》，共八册。

我于1963年出版《词籍考》一书，戴密微先生了解我对词学薄有研究，约我合作写《敦煌曲》，由于任老旧著《敦煌曲校录》录文多所改订，与原卷不相符，须重行勘校，我又亲至英伦检读原件，时有弋获，如《谒金门》开于阗的校录、五台山曲子的缀合等等。任老后出的《总编》和我有一些不同看法，特别对《云谣集》与唐昭宗诸作，我有若干专文进行讨论，已收入另著《敦煌曲续论》中（台湾新文丰出版公司1995年出版）。《昭明文选》的敦煌本，亦是我研究的专题，我首次发表敦煌本《文选》的总目，和对《西京赋》的详细校记，我现在汇合吐鲁番写本，另附精丽图版与详尽叙录勒成专书，将由中华书局印行。

《文选》序有"图像则赞兴"一句话，我作了详考，在《敦煌白画》书里面，我有一章讨论邈真赞的原委。法国友人陈祚龙君从敦煌写本邈真赞最多的P. 3 556（9人）、3 718（18人）、4 660（39人）三卷及其他录出，辑成《唐五代敦煌名人邈真赞集》一专书，开辟一新课题，继此有作，得唐耕耦、郑炳林二家。1991年、1992年间余复约项楚、姜伯勤、荣新江三君合作重新辑校，编成《敦煌邈真赞校录并研究》，方为集成之作。

所谓敦煌学，从狭义来说，本来是专指莫高窟的塑像、壁画与文书的研究，如果从广义来说，应该指敦煌地区的历史与文物的探究。汉代敦煌地区以河西四郡为中心，近年出土秦汉时期的简册为数十分丰富，尚有祁家湾的西晋十六国巨量陶瓶。又吐鲁番出土文书中有敦煌郡所领的冥安县佛经题记。所以广义的敦煌研究应该推前，不单限于莫高窟的材料。

1987 年得到香港中华文化促进中心协助，与中文大学合作举办敦煌学国际讨论会。1992 年 8 月，该中心帮助我在香港开展敦煌学研究计划，在中文大学的新亚书院成立“敦煌吐鲁番研究中心”，延揽国内学人莅港从事专题研究，由我主持出版研究丛刊，主编专门杂志。先时于《九州学刊》创办《敦煌学专号》，出过四五期。后来与北京中国敦煌吐鲁番学会、北京大学中古史研究中心、泰国华侨崇圣大学中国文化研究院合作，办一杂志即《敦煌吐鲁番研究》，由季羡林、饶宗颐、周一良主编，每期 30 万字，至今已出版第一卷（1996 年）、第二卷（1997 年），第三卷正在排印中。此外香港敦煌吐鲁番中心复出版专题研究丛刊，由我主其事，先后出版者有八种。我提倡辑刊《补资治通鉴史料长编》，用编年方法，把新出土零散史料加以编年，使它如散钱之就串，经过数年工夫，已稍有可观。

兹将香港敦煌吐鲁番中心已出版《敦煌吐鲁番中心研究丛刊》开列如下。

2000年 10 月 4 日，接受香港特别行政区政府颁授大紫荆勋衔。礼后与特首董建华先生摄于礼宾府

上图 2002年饶教授和香港大学单周尧教授在一起

下图 2002年香港电台摄影师在制作“杰出华人饶宗颐”剧目

（1）饶宗颐主编《敦煌琵琶谱》。

（2）饶宗颐主编《敦煌琵琶谱论文集》。

（3）饶宗颐主编，项楚、姜伯勤、荣新江合著《敦煌邈真赞校录并研究》。

（4）荣新江编著《英国图书馆藏敦煌汉文非佛教文献残卷目录（记录S·6 981～13 624号）》。

（5）张涌泉著《敦煌俗字研究》。

（6）黄征《敦煌语文丛说》。（此书获得董建华基金奖）

（7）赵和平《敦煌本甘棠集研究》。

（8）杨铭《吐蕃统治敦煌研究》。

（9）饶宗颐主编《敦煌学文薮》。

《补资治通鉴史料长编稿系列》，由饶宗颐主编，已出版及排印的有八种：

（1）王辉《秦出土文献编年》。

（2）饶宗颐、李均明著《敦煌汉简编年考证》。

（3）饶宗颐、李均明著《新莽简辑证》。

（4）王素著《吐鲁番出土高昌文献编年》。

（5）王素、李方著《魏晋南北朝敦煌文献编年》。

（6）刘昭瑞《汉魏石刻编年》。

（7）陈国灿《吐鲁番出土唐代文献编年》。

（8）李均明《居延汉简编年》。

其他在撰写中的有下列各种：

胡平生《楼兰文书编年》。

姜伯勤《唐代敦煌宗教文献编年》。

荣新江、余欣《晚唐五代宋敦煌史事编年》。

莫高窟储藏的经卷图像早已散在四方，据粗略统计有数万点之多，目前正在清查，做初步比较可靠的全盘统计。这些秘笈为吾国文化史增

2006年饶教授新作
《敦煌莫高北窟》

加不少的研究新课题，同时开拓了不少新领域，为全世界学人所注目。近日在欧洲方面，特别在英京已有《国际敦煌学项目通讯》（*News Letter of the International Dunhuang Project*，缩写为 *IDP*）的刊物。我和日本藤枝晃教授被推为资深 editor 人物之一，殊感惭愧。目前我所从事的研究工作，还有甲骨学、简帛学部分，忙不过来，只好挂名附骥，聊尽推动之责。我于上文列出的各种工作，我要衷心感谢得到国内多位年轻有为学者的支持，还希望有力者对我们鼎力充分的饮助，使我能够继续完成这一心愿。以渺小之身，逐无涯之智，工作是永远做不完的，我这一点涓滴的劳绩，微不足道，匆促写出，备感惶悚，就到此为止，算是交卷了吧。

（原载《饶宗颐二十世纪学术文集》卷八，新文丰出版股份有限公司出版）

《饶宗颐新出土文献论证》序

◎ 饶宗颐

2002年在香港

近世文物出土之丰富，迈越前古，入 20 世纪，种类越繁，如花园庄之整龟，王家台、里耶之秦简，上海之楚简，尤难能可贵。墨子曾说过：“吾非与并时同时亲闻其声见色也，以所书于竹帛、镂于金石、琢于盘盂，传遗后世子孙者知之。”（《墨子·兼爱》）墨子博览百国春秋，且重视各种器物上记录文献之价值，他的看法，是十分正确的。

沈建华女士承继尊人之瑜先生遗业，二十余年来，从余共治古文字，孳孳矻矻编纂《甲骨文通检》及先秦出土文献输入电脑诸兼人工作，皆亲与其役，早已卓著劳绩。自去年秋天，汇集成《饶宗颐新出土文献论证》一书，前上海古籍出版社晓敏兄很重视我个人的看法，认为可成一家之言，为之刊行，由沈女士细心校雠，引用材料逐条勘核，不辞劳瘁，令人感动。全书校样，现已毕事。沈女士更写了“后记”，对我的治学很多抉发和揄扬的地方，很能切中要害，使我惭感万分。

建华很赞同我谈帝江神话，① 即指四渎的江水，记得蜀史家秦宓说：“蜀有汶阜之山，江出其腹，帝以会昌神以建福，故能沃野千里，淮济四渎，江为其首。禹生石纽，今之汶山郡是也。”《三国志·蜀志》又《水经·江山注》云：“岷山即渎山也。”又谓之：“汶阜山，在徼外，江水所导也。”前贤早已有同样的说法，我用唐兰之说，定舌方为邛方，即蜀地出邛竹杖之邛。沈女士引证最近新疆且末地区出土残竹，考古家认为即邛竹之说，以证古人足迹早已与西域沟通。关于这一问题，史书早有诸多记载，我试列举以下汉、三国时期西南地理发生的历史事件，带出讨论

①饶宗颐：《殷代历史地理三题》，《九州》第三辑，北京，商务印书馆，2003 年，70～73 页。

“叟”与“越嶲郡”的问题，也许有助于我们对卜辞邛方更进一步的认识。

《华阳国志》云：“汉武帝元封二年（公元前 109）叟夷反，郭昌将军讨平之，因开为益州郡。”滇王降，以其地为益州郡，赐滇王印。

“元鼎六年（公元前 111），定西南夷，以为武都、牂牁、越嶲、沈黎及汶山郡。”（《通鉴》686 页）《汉书·地理志》：“越嶲郡，武帝元鼎六年置，属益州，县十五，（治）邛都县，有邛池湾。”《后汉书·邛都夷传》云：“武帝所开以为邛都县，无几而地陷汙泽，因名邛池，南人以为邛河。”

20世纪 60 年代初饶教授（右二）与利荣森博士（左三）在香港大丫湾考古工地上

《史记·西南夷传》云：“自滇以北君长以什数，邛都最大。”《汉书·西南夷传》：“南粤破后，及汉诛且兰邛君，并杀笮侯，以邛都为越嶲郡。”“光武建武十九年（43）将军刘尚讨西南夷栋蚕，路由越嶲，邛谷王任贵袭击尚，尚分兵先据邛都，遂掩任贵诛之。”（《通鉴》1 397 页）《汉书·西南夷传》云：“（王莽末年）粤嶲夷任贵亦杀太守枚根，自立为邛谷王。”盖在地皇时。

建武中元二年（57）“蜀太守掾临邛舒治道造尊阁。”[①] 此为新近在四川荥经县 14 公里的冯家村徒壁发现（见图一），洪适《隶释》著录称为东汉碑碣之首，事在邛谷王任贵平后十四年。

图一 何君尊楗阁刻石

《三国志·蜀志·刘璋传》云：“（刘）璋闻曹公征荆州已定汉中……遣别驾从事蜀郡张肃送叟兵三百人并杂物于曹操，曹公拜肃为广汉太守。”

《三国志·蜀志·李恢传》云：“［后主建兴元年（223）］……先主死，高定恣睢于越嶲，雍闿跋扈于建宁，反叛于牂牁，诸葛亮南征，先由越嶲，而李恢道向建宁。诸县大相纠合，围恢军于昆明（滇池）。”又《华阳国志》云：“越嶲叟帅高定称王以叛。”

《三国志·蜀志·后主传》［后主建兴十四年（236）］云：“后主……登观阪，看汶水之流，旬日还成都。徙武都氐王苻健及氐民四百余户于广都。”扬雄《蜀王本纪》云：“蜀王本治广都之樊乡，后徙成都。”（按：在双流县东南）

①《中国书法》2005 年第 1 期。

1998年与印度汉学家白春晖在一起

《三国志·蜀志·张嶷传》记一趣事云："越巂郡自丞相亮讨高定之后，叟夷数反，杀太守袭禄、焦璜，是后太守不敢住郡，只住安定县，去郡八百余里，其郡徒有名而已。时论欲复旧郡，除嶷为越巂太守。"钱大昕、潘眉皆云：益州郡无安定县，当作"安上县"，具见当时叟夷势力之大。

《三国志·蜀志·张嶷传》又记："武都王苻健之弟狡黠，以四百户就魏。"考《晋书·宣帝纪》，青龙四年，武都氐王苻双、强瑞率其属六千人来降，时司马氏尚未代位。《北堂书钞》卷一〇四引《晋中兴书目》："宣王在关中，与氐羌破铁券，约不役使。"又《怀帝纪》永嘉三年："支胡五斗叟郝索聚众数千，与刘芒荡（称帝于马兰山）合。""苻秦邓太尉祠碑列举各地黑羌、白羌、卢水白虏、支胡粟特、口水杂户七十，夷类十二种。"是时粟特人已入居西北，五斗叟盖叟人信天师道者。

诸葛亮平南至于滇池，国以富饶，其《后出师表》云："突将无前，賨、叟、青羌、散骑一千余人。"叟，《尚书》疏依孔安国传："蜀，叟也。"谓："叟，蜀夷之别名"，羌即青衣羌。《封泥考略》卷三有"跋巂太守"章，又卷四有"跋巂郡都尉"章，字作"跋巂"。[1] 巂州一般指今之凉山。《御览》引《益州记》云："汶上越巂贡盐法。"《元和郡县志》："巂州，汉时为邛都国境，汉武始诛且兰邛君，并杀笮侯……乃以邛都为越巂郡，郡有越水、巂水，出生羌界。"《水经·青衣水注》："邛都县邛地，南人谓之邛河，河中有蟀巂山，有越巂水。"今证之殷卜辞记录，□与戉及□（溲）之交往频繁：

己丑卜㱿贞：令戉来，[曰]戉叟伐□方。……7 月。《合集》6 379 正

己丑卜㱿贞：令戉来，曰：戉叟伐□方。在 10 月。《英藏》1 179 正

己巳卜㱿贞：□方弗允伐戉。10 月　不玄冥。《合集》6 371

戉，殷时亦称西戉（详见拙稿《殷代之西戉》），戉与溲合攻□方，溲即叟也。巨型玉琮在蜀地的出土，证明越人势力之西被，在殷代已是不争的事实。我昔年在法国《王道》讨论《邛竹杖之邛与殷代□方》一文，[1]

①吴式芬、陈介祺：《封泥考略》卷三。

在“叟与邛”一章节已有详细讨论，近期再有专文，考证甲骨文的“溲”与“叟”一字的含义与蜀地之关系，尚待刊布。《华阳国志·南中志》曰：“夷人大种曰昆，小种曰叟。”余义考证《尚书》中称“析支”、“渠搜”、“西戎即叙”，乃叟夷之西迁者。武梁石刻画像题榜“渠[搜]来”。《宋书·符瑞志》记“渠搜，禹时来献裘”，至少可追溯夏代。我所以不殚烦琐去陈述这些史实，由以上叟与邛都所在地合证，□之地望必在邛都，似可论定。

1936年越南北部青化的Tel-ngo地方，出土金印一方，文曰：“晋归义叟王。”（见图二）叟夷活动在越嶲郡，此叟王即三国的叟帅高定之流，时已为蜀所平。入晋统一后，再受封，故其金印有“晋”之号，我在法京时，写有一跋文。[2]

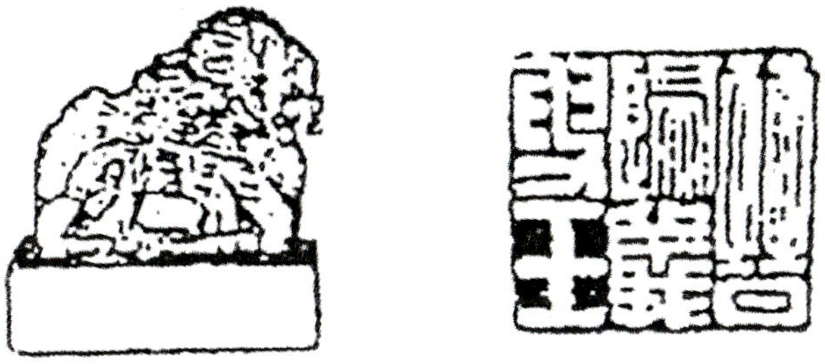

图二 越南清化省Tel-ngo出土的“晋归义叟王”金印

近时，屈志仁兄为美国大都会博物馆举办的“走向盛唐”选出展品，展览在第二组《丝绸之路的开拓》，开端即展出金印一组三件：“晋归义氐侯”、“晋归义氐王”、“晋归义羌侯”，均由甘肃省西河县出土。[3]（见图三）按此与上举与越南的“晋归义叟王”应是同一性质。其他展品，有各种毛织品，及新疆出土的北朝“胡王王胡”连珠文饰锦和粟特文银碗（列展64号）。按《华阳国志》载：“武都郡有氐傁殊缕布。”《说文》：“絣，氐人殊缕布也。”四川的氐罽，非常有名。可见氐族与

2006年11月23日饶教授在阅读当天报纸

①饶宗颐:《邛竹杖之邛与殷代□方》，法国远东学院《王道》，1997年第7期，29～43页。
②饶宗颐:《越南出土归义叟王印跋》，《固庵文录》，沈阳，辽宁教育出版社，2000年，153~155页。
③《走向盛唐》，香港，香港文化博物馆出版，2005年，108页。

图三 三件金印由甘肃省西河县出土，现藏甘肃省博物馆

叟有时又合称曰："氐傁。"三国时武都氐王苻健归蜀，其弟苻双则归魏。甘肃西河县所出氐王金印（武都郡与西河县在甘肃境内），可能是苻健之弟入晋后加封之物。

银碗之有粟特文，不足为奇，我们看士燮为交趾太守时，兄弟并为列郡首长，雄视一方，出入车骑满道，胡人夹车毂焚香常有数十（见《三国志·吴书·士燮传》）。当时交州成为胡商胡僧聚居之地区，如康僧会本康居人，其父因商贾移家于交趾，即其一例。胡人属昭武九姓者，多来自中亚，他们本来就使用粟特文。广东遂溪也出土银碗，口沿就是粟特文。我们看苻秦时邓太尉祠碑列有"支胡粟特"早已入居西北。

西域且末出土邛竹杖遗物，是丝绸之路上正常的事，西南夷以邛都为最大，四川对外有五道，"出邛"是其一，自然可直通西域。其实，汉代的叟族主要有两支：一支居住在南部，一支在云南北部益州，据《后汉纪》所说："又一道与益州塞外通大秦。"即《魏略》所说："大秦即从海北陆路，又循海西南，与交趾七郡外夷北，又有水道通益州永昌，故永昌出异物。"叶其峰列举汉代叟园印便是一个最好的证明。① 中外交通，丝绸之路通道之外，还有许多途径。这几个金印，弄清楚它背后的人事关系，不一定可看作开拓丝绸之路的事例。质诸志仁兄，未知以为然否？

殷代的[illegible]方，相当于汉代的邛都、邛谷，从它的周遭有关系的叟族越人证之，和汉、三国的史事正完全吻合无间。

在"日杲杲"、"花冥冥"②的春天，病中拉杂写此，聊当本书补白。

2005年4月饶宗颐时年八十有九

（原载沈建华编《饶宗颐新出土文献论证》，上海古籍出版社2005年出版）

①叶其峰：《我国古代叟族的印章》，《文物》，1980年第9期，77～81页。
②杜甫诗句："风吹客衣日杲杲，树搅离思花冥冥。"

论古史的重建

◎饶宗颐

远东地区居民，大抵为汉藏语系及印欧伊兰语系。以种族言，前者为夷、越、戎、羌与诸夏所构成，后者自昔统称曰胡。汉、胡对立，为汉、唐记载之所常见。

以宗教信仰言，后者即佛、袄、回诸教入华之媒介人物。百川汇合、万汇交融，以形成今日中华民族文化之共同体。自红山文化发现以来，又知远古东胡琢制夷玉工艺之卓绝，其庙墓坛壝结合形态，具见天圆地方观念之悠远。女神形状与西亚更多类似。余尝举哈拉发（Halaf）女神肩上之亞号，与甲骨文巫字及周原所出白色西域人头部刻符之一致，中外远古文化交流之迹，粲然可睹，非一般想象始料所及。地不爱宝，出土文物上之文字记录，若甲、金、简、帛等，数量之富，与纸上文献资料，可相匹敌。以甲骨文而论，若干万片文字，诚为古史之无尽藏，倘能细心寻究，有无数新知，正待我人之探测，其事有同于开矿。略举其例：濮阳墓地之龙虎图案，足以推证卜辞之侑祭龙虎，非星象莫属。卜

2005年春饶教授与原广东省出版局局长、著名画家罗宗海先生及其夫人在香港

2001年在香港大学钟楼前

2001年在香港大学讲学路上

辞有河字而无江汉，实则漨即漾水，为汉水之源。从卜辞零碎资料，可以重构殷代之日书。凡此种种，皆余近年之新见，有待高明之扬榷。余所以提倡三重史料，较王静安增加一种者，因文物之器物本身，与文物之文字记录，宜分别处理；而出土物品之文字记录，其为直接史料，价值更高，尤应强调它的重要性。

有些未来主义者，着眼于将来，热情去追求他所虚构的理想。其实，如果对过去没有充分清楚的认识，所得到的，徒然是空中楼阁。“未来”必须建筑在“过去”历史的基础之上；否则，所有的虚拟假设，其目标与方向，往往是不正确的误导。反思过去史学界，从洋务运动以后，屡次出现这种过失，不免患了幼稚病。所有新与旧之争，伪经、疑古之争，本位文化与全盘西化之争，都是走许多冤枉路的。回头是岸，现在应该是纳入正轨的时候了。以前许多错误的学说，像说古代只有龟卜而没有筮卦、易卦是从龟的形体演变而来；说五行思想要到汉代才正式发生，把古代某些制度演进的硕果尽量推迟，使古籍上的许多美丽的记录完全无法理解而受到贬视。由于不必要的假设，把事物的年代推后，反而怀疑古书种种的可信性。国史是一条绵延不断的长流，又吸收、汇合许多支流，蔚成大川。世界上没有其他国家像我们这样长远经过多民族融合而硕果仅存、屹立不动的时空体制。西亚、希腊已经过了无数次更易主人、历尽沧桑的文化断层。中国迄今还是那个老样子。中国科学智慧的早熟，如音乐音阶在6 000年前已产生七孔笛，即其一例。近年大量丰富的出土文物，使古史景象完全改观。我们不能不正视历史的真实面貌。以前对于古史的看法，是把时间尽量拉后，空间尽量缩小。我们不能再接受那些的理论。对历史上事物的产生，如何去溯

2002年香港特区政府礼宾府迎宾大厅的荷花屏风是由饶教授创作的

源、决疑，不能够再凭主观去臆断，不必再留恋那种动辄“怀疑”的幼稚成见，应该去重新估定。

我们今后采取的途径有三：

（1）尽量运用出土文物上的文字记录，作为我所说的三重证据的主要依据。

（2）充分利用各地区新出土的文物，详细考察其历史背景，做深入的探究。

（3）在可能的范围内，使用同时代的其他古国的同时期事物进行比较研究，经过互相比勘之后，取得对同样事物在不同空间的一种新的认识与理解。

现在，我们的视野扩大了，不再像以前只局促在本国的阃阈内，作“同室操戈”式的无谓争论；我们不能再像以前那样，仅停滞在几本古书，在纸上文献，翻跟斗式地去任意做先后的安排，来武断事物出现的层次；或者只赤手空拳打几套玄学式的历史学的猜拳游戏。须知，地下层出不穷、浪翻鲸掣似地出现古物，正要求我们须更审慎地、冷静地去借重它们以比勘古书上种种记录，归纳出符合古书记载原意的合理解释，而寻绎出有规律的历史条理。

我们要避免使用某一套外来的不切实际的理论去堆砌主观架构，来强行套入，做出未能惬心餍理的解说，这是懒惰学究的陈腐方法。我们亦要避免使用旧的口号，像“大胆假设”之类，先入为主地去做一些“无的放矢”的揣测工夫，这是一种浪费。总而言之，我们要实事求是，认真去认识历史。今天三重资料充分提供了宝贵的资料记录，我们恍如走在林荫道上应接不暇，好像陈设满汉筵席，让我们好好去品尝，时代要求我们去辨味、去咀嚼。我们现在可以见到的东西——古史文物，已超过束皙时代汲冢所出的若干倍。古史的重建运动，正在等候我们参加，新的成果正待我们去共同努力。揭谛（go）!揭谛（go）!莎婆诃!

刘起釪先生在他的《古史续辨》序言中，劈头儿便谈到《古史辨》第八册的往事，我所拟的该书第八册目录，经于1940年在成都齐鲁大学的《责善》第一卷第三期披露，至今已经历了半个世纪。中间有些出版界人士要我照着该目录重新加以编印，我因为工作关系没有暇晷答应。其实，主要是我的古史观有重大改变了。

学无止境

记起我在弱冠前后，尤其在中山大学广东通志馆工作的时候，馆藏方志千余种，占全国的第二位。那时候，我深受顾先生的影响，发奋潜心，研究古史上的地理问题。曾经把古书所有与地名有关的记载抄录若干册，《楚辞地理考》即其时得以刊布的一种。当日古代地理研究的讨论文字集中在《禹贡》一刊物，该刊亦曾印行过一期《古代地理专号》，我和钱先生讨论的文章亦发表在该期，我对顾老的“古史中地域扩张”论点，已有不同的看法。那些依据地名迁徙，做出推论，滥用同音假借来比附音义相近的地名，建立自己一套想象所考虑到的“地名层累”（“层累”二字可能取自顾先生的层累造成的古史观），许多古史地名都给以重新搬家。于是西周建国改为由秦迁晋，楚的洞庭、沅、湘不在湖南而移至湖北。这些论点从表面看来，似是言之成理，但经不起推敲。我认为关于把古史地域尽量缩小，同名的古史地名可作任意易

2002年在美国波士顿

位，这是不牢固的推理方法，这样连篇累牍的讨论是没有意义的。在我屡次比勘之下，觉得无法接受，只有失望。所以我决定放弃第八册的重编工作，原因即在此，遂使《古史辨》仅留下七册，而没有第八册，这是我的罪过。顾先生把我带进古史研究的领域，还让我参加《古史辨》的编辑工作，结果我却交了白卷。

我的思想改变，不敢说是"入室操戈"，但真理在前面，我是不敢回避的。古史记载出于后代许多增饰附会，王仲任谓之"虚增"，是应该加以廓清的，这无疑是《古史辨》工作的最大贡献。但把古代文明过于低估（如说湘水流域汉初文化尚低之类），把古代空间缩得太小，反而离开史实。近期各地古物的出土，本身已作充分证明，应当重新论证。我的文集第一册开宗明义是讨论古史问题，我所采用的方法和依据的资料虽然与顾先生有些不同，可是为古史而哓哓置辩，这一宗旨老实说来，仍是循着顾先生的涂辙，是顾先生的工作的继承者。谨以此书敬献给顾老，表示我对他的无限敬意。

记得陈寅老在《彰所知论与蒙古源流》一文中说过：

（元代先世系统的构成）是逐层向上增建。其例原不限于蒙古史，其他民族相传之上古史，何独不然！

这无异说是层累造成的。顾老过去何曾不是运用这一观点来处理古史材料的，可惜当时出土东西不多，但方法仍是正确的。

出土文物如果没有文献作为说明的根据，不从当时的人地关系入手取得某历史事件的联系就直接报道，这样则只有考古学上的数据意义，即仅有"物"的意义，没有"史"的实证。许多人轻视纸上记载，我认为二者要互相提携，殊途而必同归，百虑务须一致，才是可靠可信的史学方法。

（原载《饶宗颐二十世纪学术文集》卷一，新文丰出版股份有限公司出版）

《季羡林传》序

◎ 饶宗颐

山东大学蔡德贵先生撰《季羡林传》，来书要我写一篇序文，我是万不敢当，亦万不敢辞；在踌躇和耽延交织的心态之下，几个月不敢下笔。首先让我表示一点歉意。

从我肤浅的考虑，常见的学问家，可能有下面几种类型：一是才士型，一是辩士型，还有探险家型，或者是会计师型。才士型胜处在紧抓问题，入情入理，但易流于感情用事，接近文学家。辩士型长于辨析，鞭辟入里，每每播弄词说，有如哲学家。其他一是比较大胆，有究元决疑的縋幽疏证精神，另一则谨慎、扎实，喜欢校勘、统计，好像核数师。这几种类型有单纯的，亦有复杂的，有一个人时只能属于某一类型，有时亦可同时兼有其中一二者。我不欲举出何人属于哪一类型，让读者自己去思考或遴选代表人物。

我所认识的季先生，很难说是上面的哪一类型。他是一位笃实敦厚、人们乐于亲近的博大长者，摇起笔来却娓娓动听，光华四射。他具有褒衣博带、从容不迫的齐鲁风格和涵盖气象，从来不矜夸、不炫博，

1997年 4 月在北京大学演讲学时，与季羡林教授（中）、荣新江教授(右一)、林悟殊教授（左一)在季府门前

1983年在香港中文大学

脚踏实地，做起学问来，一定要“竭泽而渔”，这四个字正是表现他上下求索的精神，如果用来作为度人的金针，亦是再好没有的。

要能够“竭泽而渔”，必须具备许多条件：第一，要有超越的语文条件；第二，要有多彩多姿的丰富生活经验；第三，拥有或有机会使用的实物和图籍、各种参考资料。这样不是任何一个人可以随便做到的，而季老皆具备之，故能无一物不知，复一丝不苟，为一般人所望尘莫及。

“竭泽而渔”的方针，借《易经·坤卦》的文句来取譬，真是“括囊、无咎、无誉”，又是“厚德载物”的充分表征。多年以来，季老领导下的多种重要学术工作，既博综，又缜密，放出异彩，完全是“海涵地负”的具体表现，为中华学术的奠基工程做出人人称赏的不可磨灭的劳绩，有目共睹，不待我来多所置喙。这本传记的刊行，对于从学者的鼓舞，从而带起严正、向上的学风，一定会“不胫而走”，是可以断言的。

（原载《饶宗颐二十世纪学术文集》卷十四，新文丰出版股份有限公司出版）

《华学》发刊辞

◎饶宗颐

中华文明是屹立大地上一个从未间断的文化综合体，尽管历尽沧桑，经过无数纷扰、割据、分与合相寻的历史波折，却始终保持她的连续性，像一条浩浩荡荡的长河滚滚奔流，至于今日，和早已沉淀在历史断层中的巴比伦、埃及、希腊等古老文化完全不一样。中国何以能够维持七八千年的绵延不断的历史文化，光这一点，已是耐人寻味而不容易解答的课题。

从洋务运动以来，国人对自己的传统文化已失去信心，外来的冲击，使得许多知识分子不惜放弃本位文化，向外追逐驰骛，久已深深动摇了国本。“知彼”的工作还没有做好，“知己”的功夫却甘自抛掷。现在，应该是返求诸己、回头是岸的时候了。

近期，国内涌起追求炎黄文化的热潮，在北京出现不少新刊物朝着这一路向，企图找回自己的文献所遗留下来的传统文化的真义。亡羊补牢，似乎尚未为晚。

我们所欲揭橥的华学趋向，有下列三个方面：一是纵的时间方面，探讨历史上重要的突出事件，寻求它的产生、衔接的先后层次，加以疏通整理。二是横的空间方面，注意不同地区的文化单元，考察其交流、传播、互相挹注的历史事实。三是在事物的交叉错综方面，找寻出它们

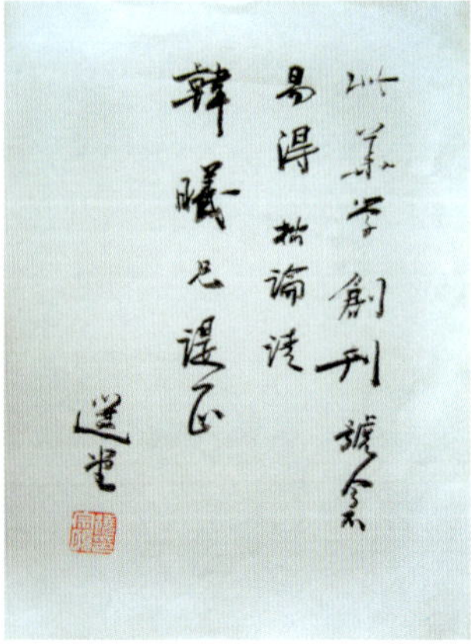

1995年饶教授创办和主编的大型学术刊物《华学》

的条理——因果关系。我一向所采用的史学方法，是重视“三点”，即掌握焦点、抓紧重点、发挥特点，尤其特别用力于关联性一层。因为唯有这样做，才能够说明问题而取得较深入的理解。Assyrian文法上的关系名词(relative pronoun)有一个𒊓(sa)字，具有whom、what等意义，我在史学是主张关联主义的，我所采用的，可说是一种“sa”字观，有如佛家的阿字观。我愿意提出这一不成熟的方法论点，来向大家求教。

泰国华侨崇圣大学创立了“中华文化研究院”，要我来挂名负责。中山大学亦成立“中华文化研究中心”，我被聘为名誉教授兼中心的名誉主任。我和李学勤先生商妥，他代表清华大学国际汉学研究所，亦参加我们这一阵营。我想，和我在香港所服务的机构建立起三角关系，结合南北、汇集东西的友好，大家协力来办这一拥有新材料、新看法的，较高层次的《华学》研究刊物，希望共同垦殖这一块新辟的园地，为华夏深厚的文化根苗做一点灌溉和栽培的工作，开花结果，正待我们的努力。

上图　2002年在美国哈佛大学康桥上

下图　2006年10月28日在家中阳台

1994年2月

（原载《华学》第一辑，中山大学出版社出版）

剑行气铭与汉简《引书》

——附瑜伽安心法

◎饶宗颐

饶教授养生在于坚持练功

气功之说，披靡一时，重要之实物文献涉及气功者有二：一为战国时刻于剑珌上之行气铭，一为1984年在湖北江陵出土的汉简《引书》。前者已有人加以英译①，后者资料公布未久，②尚待深入研究。

行气铭原著录于端方的《陶斋古玉图》（页84摹本），黄浚的《古玉图录》有拓本（《初集》卷四，12页），称之为玉佩铭，后又收入罗振玉的《三代吉金文存》（卷二十四）。向来考释者多家。③兹录其全文如下：

行气宎，＝则適，＝则神，＝则下，＝则定，＝则固，＝则明，＝则泯，＝则逞，＝则天。＝

其㚒在上，坠其㚒在下。巡则生，逆则死。

凡用重文号者（“＝”为重文号）多次，上下缩结，似逻辑之推理连锁式，诸子之文，若庄、荀、吕览，多见此例。文中异形繁体，如適即蓄，泯之即长，已无异议。现须重新论证者为宎与㚒二字。

宎字，于省吾释天，郭沫若谓借为圊。王季星释完，张氏引金祥恒说以宎为军之古文而读为浑。④皆言之成理。但以字形论：《古文四声韵》

①Ancient Way to Keep Fit（Exercises Illustrations，Zong Wu & Li Mao 编，Hai Feng P.Co.,1990）.

②《文物》1990年，第10期，82~91页，包括“释文”及“初探”两篇。

③诸家考释，有于省吾《双剑誃吉金文选》；郭沫若《金文丛考》，169页；又《天地玄黄》中有此器释文。王季星“行氮宎剑珌铭考释”（《学原》第二卷第3期）；张光裕“玉刀珌铭补说”（《雪斋学术论文集》，253~257页）。陈邦怀《战国行气玉铭考释》（《古文字研究》第七辑），他读宎字为吞，以为宎是从宀，从吞省口旁。

④《集韵》二十九，军𡨋古作宎，《类篇》军字重文宎，注云古作宎，似下形误天为夫。《字汇》为古文军，即由此而来，晚出之书，恐不可据。

先部天字下有凨，出华狱碑，凤，出云台碑，形皆与宎相同；《汗简》中之一凡部：凣，天出义云章，乃天加几旁，故此字仍以释天为宜，下文云：“退则天”，表示退后由下而上。前后两“天”字写法不同，其一加几之宎为动词之天。动词之天可读为镇，“天之言镇也”（《春秋说题辞》）。贺氏述《礼统》云：“天之为言镇也，神也，珍也。施生为本，运转精神，功效列陈，其道可珍也。”（《御览·天部一》引）行气之时，先镇（宎）之于丹田，使气聚而蓄，继由聚而散则伸（神），神乃流行自上而下，下复归于丹田，所谓“下则定”是。丹田之气既聚则精固而神完，有大清明者出现，开拓出大觉醒新境界，是为“明则长”。伸而复缩，张而复弛，是为“张则退”。如是更行气由下而上至于泥丸，一再周天，所谓“退则天（颠）”是矣。

至于𡗗字，隶定作舂，其下从臼，故于氏据《三代吉金》十四、八之白[illegible]盉释春。王季星、金祥恒均认𡗗乃《说文》古文本字𣎵之形讹，而径读为本。其文即“天，其本在上；地，其本在下。巡（顺）则生，逆则死”。其义较长。

神则下者，谓行气下降可以及踵。《庄子·大宗师》云：“古之真人，其息深深。……真人之息以踵，众人之息以喉。”《经典·释文》引王穆夜云：

起息于踵，遍体而深。[1]

真人行呼吸是从脚跟做起，遍及全身。穆夜即王叔之，著有《庄子义

2006年新作
《庭前柏子寿》

①天理大学藏宋本《庄子音义》。

疏》三卷，见《释文》，晋末官参军，事迹见陈舜俞《庐山记》引《远公匡山集》。

珌者，是佩刀下饰（《说文》）。《诗·小雅》瞻被洛矣：“鞞琫有珌。”《毛传》：“鞞，容刀鞞也。”《孔疏》：“古之言鞞，今之言鞘。”鞞一本作鞸。段玉裁说：“鞸之言裨也。刀室所以裨护刀者。”行气铭何以勒于剑鞘上?有何用意?王季星以为此行气铭盖为形而上之剑气论，引《庄子·说剑篇》及《吴越春秋》南林处女之论剑道为佐证。余谓印度之瑜伽术亦讲调气之方，奥义书一百多种，有一种名为 Ksurikā Upanisad，Ksurikā 之义即剑，盖取斩除烦恼为喻，而凝神蓄气，宛如刀刃之出于新硎。佛教大部头之书，若《瑜伽师地论》共一百卷，其中言及“觉悟瑜伽”，意思是“从顺障法，净修其心”。亦即行气铭谓“固则明”之境地。能“定则固”已是能掌握神与气的瑜伽术。瑜伽（yoga）犹言驭（yoga 字根出自 yoj，to hold farst)。《庄子·大宗师》云：“浸假而化予之尻为轮，以神为马，予因而乘之。”以神为马可以驾驶上下之气，唯须顺其自然，才不至于出乱子。

张家山汉简《引书》，开端便说道：

春产、夏长、秋收、冬臧（藏），此彭祖之道也。

以下谈四季养生之道，及若干导引术式的名目和功用，最末谈及生病的原因是：

食饮不和，起居不能与寒暑相应，故得病焉；是以春夏秋冬之间，乱气相薄也，而人不能自免于其间，故得病。

是故：“治身必与天地相求。犹橐龠也，虚而不屈，动而俞（愈）出。”引老子《道经》第五章为说。按春生夏长秋收冬藏，周易孔氏《正义》曾取以解周易四德元亨利贞之义，今由此《引书》知其原实出自彭祖之学。是书共竹简一百一十三枚，在书首竹简的背面，自题曰“引书”，导与引是不同的两途，导是“导气令和”，引是“引体令柔”。一是气功，一是体操。

考《隋书·经籍志》子部医方家内，有《彭祖养性经》一卷，《唐书·艺文志》亦有《彭祖养性经》一卷，当是同一书。现收入《道藏》临字五号为《彭祖摄生养性论》，《白云霁道藏目录》详注称：食息起四时调养法。又《道藏》书字号有彭祖导引图一短篇。一向认为这必是出于后人所依记，今以校汉简《引书》，其言浅鄙，显出后人所伪。《引书》抄写年代不会晚于西汉吕后二年（公元前 186 年），则此亦可视为先秦人追述殷代彭祖养生之书。

《引书》谈及“八经之引”，“炊（吹）昫（呴）虖（呼）吸天地之精气”。吹呴呼吸四者见《庄子·刻意篇》，与熊经鸟伸相配，而指出是“彭祖寿考者之所好”。《引书》中言利于身体各部分的动作，起“闭息以利交筋”。以下有一段说道：

鸡信（伸）以利肩婢（脾）；反榣（摇）以利腹心；

反旋以利两胠；熊经以利䏝背；复据以利要（腰）；禹步以利股间；

前厥以利股厀（膝）；反掔（腕）以利足蹄；

跌指以利足气，敦踵以利匈（胸）中；此物皆三而已。

这里出现“熊经”、“鸡信”、“禹步”等动作。“禹步”已见云梦、天水秦简。“鸡信”自即庄子所谓“鸟伸”。而“熊经”则是可以利䏝背。䏝字通膴，《广雅》：“䏝䏝，肥”。也䏝背即肥背。沈从文写有《说熊经》一文，根据马王堆帛书的导引图和河北保定1964年出土西汉车器上的熊经图形，加以考证，[①]《引书》此条可补其不及。从《庄子·刻意篇》所说看来，他必定看过彭祖有关导引的著作，所以他才说“而彭祖乃今以久特闻”（《逍遥游》）。依上推测，庄子所看到的彭祖吹呴呼吸、熊经鸟伸导引一类之书，大抵与《引书》必没有什么差异，因此，我们把这部汉简《引书》看作为彭祖的导引术，应该是合理的。

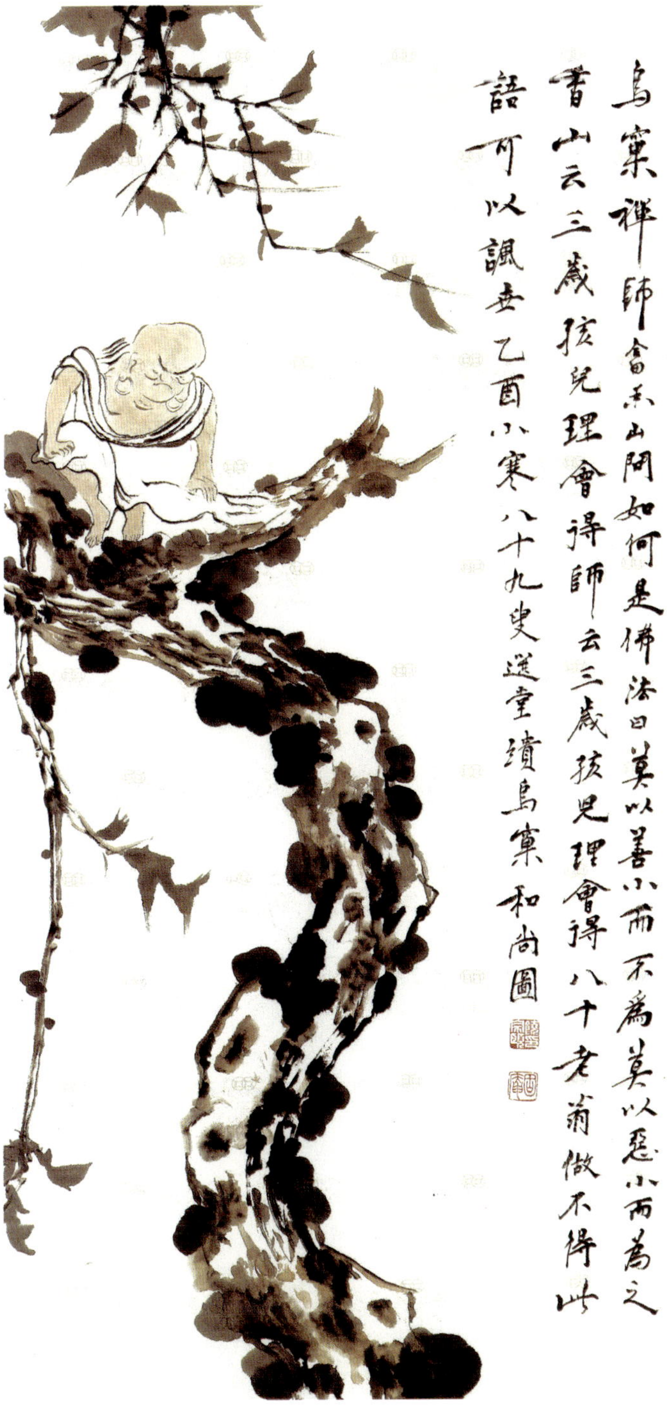

鸟窠和尚图

①沈从文：《说熊经》，《中国文化》，1990年第2期。

《太平御览》卷 720 方术部一养生引《神仙传》：

彭祖云：养寿之道，但莫伤之而已。夫冬温夏凉，不失四时之和，所以适身也。

其文甚长，今不具引。

关于吹呴呼吸各种运气方法，在宋人的《云笈七签》卷 56 中分析更为繁琐，而其渊源实不出此《引书》所指陈，这本《引书》的重要性，可想而知了。

（原载《饶宗颐二十世纪学术文集》卷五，新文丰出版股份有限公司出版）

兰花（局部）

綜合論

《饶宗颐史学论著选》序　季羡林

《清晖集》序　季羡林

重印《潮州志》序　卢瑞华

大学与大师　黄达人

文字起源研究的新视野　李学勤

『以古茂之笔，抒新世纪之思』——序饶宗颐教授《固庵文录》　钱仲联

《选堂诗词集》序　钱仲联

《选堂诗词续集》序　钱仲联

赓扬『四堂』又一『堂』：甲骨学五氏同『堂』——兼谈古文字的破译与释读　刘以焕

建饶宗颐学术馆记　朱维铮

选堂访古随行纪实　曾宪通

家学师承与自修　胡晓明执笔

治学游艺七十春——贺饶宗颐教授『米寿』　曾宪通

中流自在心——读《饶宗颐二十世纪学术文集》　姜伯勤

北閣佛燈

《饶宗颐史学论著选》序

◎ 季羡林[①]

饶宗颐教授是著名的历史学家、考古学家、文学家、经学家，又擅长书法、绘画，在我国港、澳、台地区，以及英、法、日、美等国家，有极高的声誉和广泛的影响。由于一些原因，在我国大陆，他虽然也享有声誉，他的论著也常常散见于许多学术刊物上，而且越来越多；但是他的著作还没有在大陆上独立出版过，因而影响了大陆学人对饶先生学术造诣的了解。这不能不说是一件令人十分遗憾的事。现在应中山大学胡守为教授之请，饶先生自己编选了这一部《饶宗颐史学论著选》，准备在大陆出版，这真是史坛佳话，大陆学人会热烈欢迎，这是毫无疑问的。

2000 年饶教授和季羡林教授在北大

完全出乎我意料之外，饶先生表示希望我能为他的选集写一篇序言。我毫不迟疑地答应了下来，并不是因为我自认有这能力，我的能力是不够的，而是因为我认为这是一个光荣的任务和职责。同声相应，同气相求，古人对此早有明训。大陆和大陆以外的同行们是应该相应、应该相求的。这对繁荣学术、交流感情，会有很大的裨益，更何况是像饶宗颐教授这样一个著作等身的学者呢？几年以前，饶先生把自己的大著《选堂集林·史林》三巨册寄给了我。我仔细阅读了其中的文章，学到了很多东西。在大陆的同行中，我也许是读饶先生的学术论著比较多的。因此，由我来用序言的形式介绍一下饶先生的

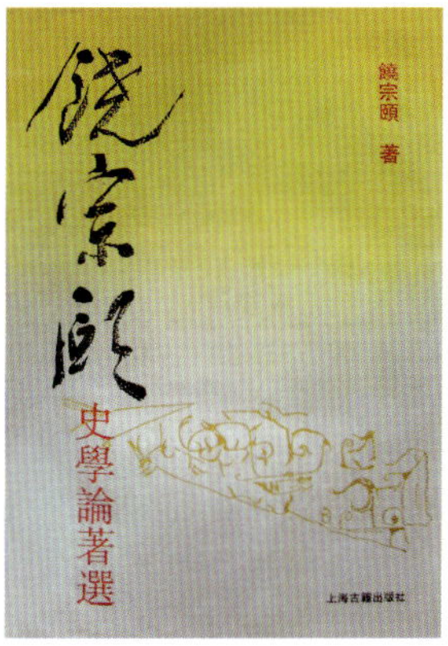

饶教授的史学论著

① 原北京大学副校长、教授。

生平和学术造诣，可能是比较恰当的。中国有一句古话：“桃李不言，下自成蹊。”即使我不介绍，饶先生的学术成果，一旦在大陆上刊布，自然会得到知音。但是，介绍一下难道不会比不介绍更好一点吗？在这样的考虑下，我不避佛头着粪之讥，就毅然答应写这一篇序言。

我首先想介绍一下饶先生的生平。

饶宗颐，字固庵，号选堂，1917 年 8 月生于广东省潮安县。幼承家学，自学成家。自 18 岁起，即崭然见头角。此后在将近 50 年的漫长的岁月中，在学术探讨的许多领域里做出了显著的成绩，至今不衰。为了醒目起见，我在下面列一个年表：

1935—1937 年　中山大学广东通志馆纂修，共 3 年

1944—1945 年　无锡国专（迁广西时）教授

1946 年　广东文理学院教授

1947—1984 年　汕头南华大学文史系主任教授，兼《潮州志》总编纂

1948 年　广东省文献委员会委员

1952—1968 年　香港大学中文系讲师、教授，共 16 年。其间，1963 年，在印度班达伽（Bhandarkar）东方研究所研究

1968—1973 年　新加坡国立大学中文系首任教授兼系主任，共 5 年。其间，1970—1971 年美国耶鲁大学客座教授，1972—1973 年台湾“中央研究院”历史语言研究所研究员，共 5 个月

1973—1978 年　香港中文大学中文系教授，系主任。1978 年 9 月退休

1978—1979 年　法国高等研究院（I’ Ecole Pratique dis Hamtis Etudis）第五组宗教部门，客座教授，共 1 年

1980 年　日本京都大学及人文科学研究所客座教授，共 4 个月

现为香港中文大学名誉教授（中文系）及艺术系荣誉教授。香港大学名誉文学博士。1962 年，获法国儒莲汉学奖（Prix Stanislas Julien, Acadimie dis lnscriptions et Belles Tellres），又曾为法国科学中心（C.N.R.S.）、法兰西远东学院（EFEO）研究员。1980 年，被选为法京亚洲学会（Societi Asiatique）荣誉会员。

现在介绍饶先生的著作。著作涉及的面很广。根据饶先生自己的归纳，分为八个门类：

一、敦煌学

（一）《敦煌本老子想尔注校笺》香港，1956 年

（二）《敦煌曲》与 Panl Demieville 教授合著，法国科学中心印，1971 年《敦煌曲订补》史语所集刊

（三）《敦煌白画》法国远东学院考古学丛刊，1978 年

（四）《敦煌书法丛刊》日本二玄社印，共 29 册，已出 10 册，1983 年

（五）《敦煌本文选》

二、甲骨学

（一）《殷代贞卜人物通考》香港大学出版社，1959 年

（二）《巴黎所见甲骨录》香港，1957 年

（三）《欧美亚所见甲骨录存》新加坡，1970 年

三、词学

（一）《词籍考》香港大学出版社，1963 年北京中华书局重印增订本，在排印中

（二）《全明词》（稿）已交中华书局编辑部，正在补直国内资料

四、史学

（一）《选堂集林》香港中华书局，1982 年

（二）《中国史学上之正统论》香港龙门书局，1977 年

（三）《潮州志汇编》香港龙门书局，1965 年

（四）《九龙与宋季史料》香港，1959 年

五、目录学

（一）《潮州艺文志》、《岭南学报专号》共二期（第四卷第四期，1935 年；第六卷第二、第三期合刊，1937 年）又《潮州志》本

（二）《香港大学冯平山图书馆善本书录》香港龙门书局，1970 年

六、楚辞学

（一）《楚辞地理考》上海商务印书馆，1946 年

（二）《楚辞书录》香港，1956 年

（三）《楚辞与词曲音乐》香港，1958 年

七、考古学、金石学

（一）《韩江流域史前遗址及其文化》（收入《选堂集林》）香港，1950 年

（二）《唐宋墓志》（法国法兰西远东学院藏拓本）香港中文大学与法国远东学院合印，1981 年

（三）《云梦秦简日书研究》香港中文大学考古艺术中心专刊，1983 年

（四）《曾侯乙墓钟磬铭辞研究》 香港中文大学考古艺术中心专刊，1983 年

（五）《楚帛书》（考证现存美国之 Chu silk manuscript） 香港中华书局，排印中

（六）《星马华文碑刻繁年》（收入《选堂集林》）新加坡，1972 年

八、书画

（一）《黄公望及其富春山图》香港中文大学文物馆专刊，1977 年

（二）《虚白斋书画录》日本东京二玄社，1983 年

从上面这个著作表中可以看出，饶宗颐教授的学术研究涉及范围很广，真可以说是学富五车，著作等身。要想对这样浩瀚的著作排比归纳，提要钩玄，加以评介，确非易事，实为我能力所不逮。因此，我只能谈一点自己的看法，而且主要是根据本书中所选的论文，只在十分必要时，才偶尔超出这个范围。

从世界各国学术发展的历史来看，进行学术探讨，绝不能固步自封，抱残守缺，而是必须随时应用新观点，使用新材料，提出新问题，摸索新方法。只有这样，学术研究这一条长河才能流动不息，永远奔流向前。讨论饶先生的学术论著，我就想从这个观点出发。我想从清末开始的近一百多年来的学术思潮谈起。先引一段梁启超的话：

自乾隆后边徼多事，嘉道间学者渐留意西北边新疆、青海、西藏、蒙古诸地理，而徐松、张穆、何秋涛最名家。松有《西域水道记》、《汉书西域传补注》、《新疆识略》，穆有《蒙古游牧记》，秋涛有《朔方备乘》，渐引起研究元史的兴味。至晚清尤盛。外国地理，自徐继畬著《瀛环志略》，魏源著《海国图志》，开始端绪，而其后竟不光大。近人丁谦于各史外夷传及《穆天子传》、《佛国记》、《大唐西域记》诸古籍，皆博加考证，成书二十余种，颇精赡。（《清代学术概论》）

梁启超接着又谈到金石学、校勘、辑佚等等。其中西北史地之学是清代后期一门新兴的学科，在中国学术史上，这是一个新动向，值得特别重视。金石学等学问，虽然古已有之，但此时更为繁荣，也可以说是属于新兴学科的范畴。这时候之所以有这样多的新兴学科崛起，特别是西北史地之学的兴起，原因是多种多样的。赵瓯北的诗句：“江山代有才人出，各领风骚数百年”，应用到学术研究上，也是适当的。世界各国的学术，都不能一成不变。清代后期，地不爱宝，新材料屡屡出现。学人的视野逐渐扩大。再加上政治经济的需要，大大地推动了学术的发展。

新兴学科于是就蓬蓬勃勃地繁荣起来。

下面再引一段王国维的话：

古来新学问之起，大都由于新发见之赐。有孔子壁中书之发见，而后有汉以来古文家之学。有赵宋时古器之出土，而后有宋以来古器物古文字之学。唯晋时汲冢竹书出土后，因永嘉之乱，故其结果不甚显著，然如杜预之注《左传》，郭璞之注《山海经》，皆曾引用其说，而竹书纪年所记禹、益、伊尹事迹，至今遂成为中国史学上之重大问题，然则中国书本上之学问，有赖于地底之发见者，固不自今日始也。(《女师大学术季刊》，第一卷，第四期，附录一：《近三十年中国学问上之新发见》，王国维讲，方壮猷记注)

这里讲的就是我在上面说的那个意思。王国维把“新发见”归纳为五类：(1)殷墟甲骨；(2)汉晋木简；(3)敦煌写经；(4)内阁档案；(5)外族文字。我觉得，王静庵先生对中国学术史的总结，是实事求是的，是正确的。

近百年以来，在中国学术史上，是一个空前的大转变时期，一个空前的大繁荣时期。处在这个伟大历史时期的学者们，并不是每一个人都意识到这种情况，也并不是每一个人都投身于其中。有的学者仍然像过去一样对新时代的特点视而不见，墨守成规，因循守旧，结果建树甚微。而有的学者则能利用新资料，探讨新问题，结果是创获甚多。陈寅恪先生说：

一时代之学术，必有其新材料与新问题。取用此材料，以研求问题，则为此时代学术之新潮流，治学之士，得预于此潮流者，谓之预流（借用佛教初果之名）。其未得预者，谓之未入流。此古今学术史之通义，非彼闭门造车之徒，所能同喻者也。(《陈垣敦煌劫余录序》，见《金明馆丛稿二编》，上海古籍出版社 1980 年出版)

陈先生借用的佛教名词“预流”，是一个非常生动、非常形象的名词。根据这个标准，我们可以说，王静庵先生是得到预流果的，陈援庵先生是得到预流

书法：对联

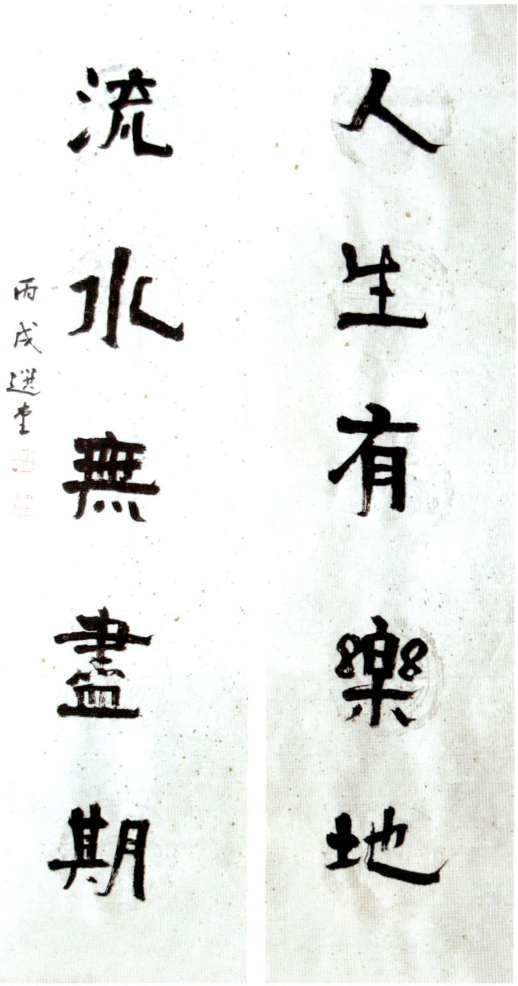

果的，陈寅恪先生也是得到预流果的，近代许多中国学者都得到了预流果。从饶宗颐先生的全部学术论著来看，我可以肯定地说，他也已得到了预流果。

我认为，评介饶宗颐教授的学术成就，必须从这一点开始。

谈到对饶先生学术造就的具体阐述和细致分析，我想再借用陈寅恪先生对王静庵先生学术评介的几句话。陈先生说：

然详绎遗书，其学术内容及治学方法，殆可举三目以概括之者。一曰取地下之实物与纸上之遗文互相释证。凡属于考古学及上古史之作，如殷卜辞中所见先公先王考及鬼方昆夷玁狁考等是也。二曰取异族之故书与吾国之旧籍互相补正。凡属于辽金元史事及边疆地理之作，如萌古考及元朝秘史之主因亦儿坚考等是也。三曰取外来之观念，与固有之材料互相参证。凡属于文艺批评及小说戏曲之作，如红楼梦评论及宋元戏曲考唐宋大曲考等是也。此三类之著作，其学术性质固有异同，所用方法亦不尽符会，要皆足以转移一时之风气，而示来者以轨则。吾国他日文史考据之学，范围纵广，途径纵多，恐亦无以远出三类之外。此先生之书所以为吾国近代学术界最重要之产物也。（《王静庵先生遗书序》，见《金明馆丛稿二编》）

陈先生列举的三目，我看，都可以应用到饶先生身上。我在下面分别加以论述。

一、地下实物与纸上遗文

饶宗颐教授在这方面的成就是非常显著的。一方面，他对中国的纸上遗文非常熟悉，了解得既深且广。另一方面，他非常重视国内的考古发掘工作。每一次有比较重要的文物出土，他立刻就加以探讨研究，以之与纸上遗文相印证。他对国内考古和文物刊物之熟悉，简直达到令人吃惊的程度。即使参观博物馆或者旅游，他也往往是醉翁之意不在酒，而是时时注意对自己的学术探讨有用的东西。地下发掘出来的死东西，到了饶先生笔下，往往变成了活生生的有用之物。再加上他对国外的考古发掘以及研究成果信息灵通，因而能做到左右逢源，指挥若定，研究视野，无限开阔。国内一些偏远地区的学术刊物，往往容易为人们所忽略，而饶先生则无不注意。这一点给我留下了深刻的印象。

把饶先生利用的地下实物归纳起来，约可分为八项：

（1）古陶；

（2）甲骨、金文（鼎彝）；

（3）铁器、丝绸；

（4）秦汉残简；

（5）出土写本（缯书、帛书等）；

（6）碑铭；

（7）敦煌卷子；

（8）吐鲁番文书。

我在下面依次谈一谈。

（一）古陶

在《说卐(svastika)——从青海陶文试谈远古羌人文化》一文中，饶先生从青海乐都县柳湾墓地出土的陶器上的花纹符号联想到古代雅利安人旧有的卐符号，又联想到世界其他各地的，特别是美索布达米亚的类似的符号，从而推论其间的关系，并论到古羌人的文化，时有柳暗花明之妙。可能有人对这种推论方法提出怀疑。但是这毕竟能启发人的想象，开阔人的视野。幻想力和联想力对学术探讨有时候是不可缺少的。

（二）甲骨、金文（鼎彝）

在《谈“十干”与“立主”——殷因夏礼的一二例证》这篇论文中，饶先生利用出土资料，特别是甲骨文，以及古代典籍，比如三国谯周的《古史考》、汉代的《白虎通》等等，还有《礼记》、《史记》等等，来研究夏代文化。在这里，饶先生特别强调甲骨文的重要性。他写道：

我们还得把考古遗存同传世文献结合起来进行考察和研究……值得特别提出的是甲骨文，在甲骨文中有许多关于商代先公先王的记载，在时间上应该属于夏代的范畴，可看作是商人对于夏代情况的实录，比起一般传世文献来要可靠和重要得多，我们必须而且可以从甲骨文中揭示夏代文化的某些内容，这是探索夏文化的一项有意义的工作。总之，我认为探索夏文化必须将田野考古、文献记载和甲骨文的研究三个方面结合起来，即用“三重证据法”（比王国维的“二重证据法”多了一重甲骨文）进行研究，互相抉发和证明。

饶先生的意见同陈寅恪先生的意见是完全一致的。特别值得注意的是他提出的“三重证据法”，虽然王静庵先生对甲骨文的研究也是异常注意的。

在《道教原始与楚俗关系初探——楚文化的新认识》这篇论文中，饶先生一方面利用马王堆出土的缯书论证楚地的月名，另一方面又利用许多出土的钟磬铭推测出楚国使用的律名，又利用宁乡出土的人面方鼎，

推测出楚地信仰黄老之学由来已久；东汉三张之设鬼道，为人治病请祷，这样的活动秦汉之际楚地已极普遍。饶先生把这一些现象综合起来，探讨了楚文化问题，并指出王国维对楚的地域尽量缩小的做法，是不符合实际情况的。

在本书入选的论文以外，还有许多篇论文利用甲骨文、金文和鼎彝等以阐明历史事实，见《选堂集林·史林》等书，这里不再赘述。

（三）铁器、丝绸

在《道教原始与楚俗关系初探——楚文化的新认识》这一篇论文中，饶先生除了利用上面提到的那一些地下遗物之外，还利用了从长沙 186 座战国墓中出土的铁器，从马王堆和江陵马山出土的丝绸，以论证楚文化，从而提出了崭新的见解，解决了一些以前没有解决或者根本没有提出来的问题。我认为，这是有说服力的。

（四）秦汉残简

在利用残简方面，饶先生更显得得心应手。在《唐勒及其佚文》一文中，他利用山东临沂出土的残简《唐革赋》，以及其他一些文献辑出了唐勒的一些佚文。在《汉书》中，唐勒列于宋玉之前，其赋四篇全部佚失。饶先生对唐勒的辑佚工作为楚辞研究提供了新的资料。

在《说零》一文中，饶先生利用了甲骨文、敦煌卷子、《广雅释诂》、《开元占经》等等，论证了中国零字符号与印度等地同一个符号的关系，又利用长沙、信阳竹简及楚缯书研究了零字的形象；在这里，零字的形象不是圆形，而是横式长方形。

（五）出土写本（缯书、帛书等）

在《略论马王堆〈易经〉写本》一文中，饶先生把马王堆三号墓所出帛书《易经》与传世本《易经》对照，研究了这一部经典中的许多问题。在《再谈马王堆帛书周易》中，同样提出了，而且解决了一个新的问题。在《五德终始说新探》一文中，他利用了马王堆出土的《老子甲本》后《佚书》探讨了五德终始说的来源问题。五德终始说向来被认为出自邹衍。饶先生则根据研究结果提出了此说实际起于子思的这一个新看法。

（六）碑铭

饶先生在这一方面的创获是非常突出的。他利用碑铭的范围很广，从中国藏碑一直远至法国所藏唐宋墓志，都在他的视野之内。《论敦煌石窟所出三唐拓》一文主要从中国书法的观点上来研究伯希和携走的三个唐代拓本。在《从石刻论武后之宗教信仰》一文中，他利用碑铭探讨

了武后的信佛问题。几十年以前，陈寅恪先生在他的论文《武曌与佛教》中曾详细探讨过这个问题。他谈的主要是武后母氏家世之信仰和她的政治特殊地位之需要。他指出，武后受其母杨氏之影响而信佛，她以佛教为符谶；他又指出，《大云经》并非伪造；对唐初佛教地位之升降，他做了详细的分析。总之，陈先生引证旧史与近出佚籍，得出了一些新的结论。陈先生学风谨严，为世所重；每一立论，必反复推断，务使细密周详，这是我们都熟悉的。但在《武曌与佛教》这一篇文章中，陈先生没有利用石刻碑铭。饶先生的这一篇文章想补陈先生之不足，他在这里充分利用了石刻。他除了证实了陈先生的一些看法之外，又得出了一些新的看法。他指出，武后在宗教信仰方面一度有大转变，晚年她由佛入道；他又指出，武后有若干涉及宗教性之行动，乃承继高宗之遗轨。陈、饶两先生的文章，各极其妙，相得益彰，使我们对武后这一位“中国历史上最奇特之人物”（陈寅恪先生语）的宗教信仰得到了一个比较完整的了解。

在《法国法兰西远东学院藏唐宋墓志引言》一文中，饶先生详细叙述了法京所藏唐宋墓志的情况。他认为，研究这些墓志的字体，有助于敦煌学者以经卷字体为断代标准的想法。在另一方面，他又强调：“墓志可校补世系，与地志、史传、文集参证，史料价值尤高。”无疑这是非常正确的意见。《李郑屋村古墓砖文考释》一文则是饶先生专门探讨九龙古墓中出土的砖文的著作。

（七）敦煌卷子

饶先生对敦煌卷子十分重视，在他的文章中他广泛利用敦煌卷子。我在这里仅仅从选入本书的文章中挑选几个例证。

在《老子想尔注考略》中，饶先生根据敦煌卷子详细地研究了《想尔注》，并得出结论说，《想尔注》成于张鲁之手，托始于张陵。在《梵文四流母音ṇ ṇ̄ḷḹ与其对中国文学之影响》一文中，他研究了敦煌抄本鸠摩罗什的《通韵》。他追溯了ṇ ṇ̄ḷḹ这四个梵文字母在汉文中的各种译法。其中最早的译法是鲁流卢楼，见于《通韵》，以后还有不少不同的译法。这许多不同的译法表达的音是相同的，它们就成了唐人作佛教赞歌时的和声。宋洪迈《夷坚志乙集》说：“能于席上指物题咏应命辄成者，谓之合生。”“合生”是否即“和声”或“合声”的异体呢？不管怎样，自鸠摩罗什时代起，印度悉昙即影响了中国文学长达八个世纪之久。在《从“睒变”论变文与图绘之关系》一文中，饶先生根据敦煌发现的变文，论述了中外诸家对于“变”字的解释，并提出了自己的看法。《论七曜与十一曜》

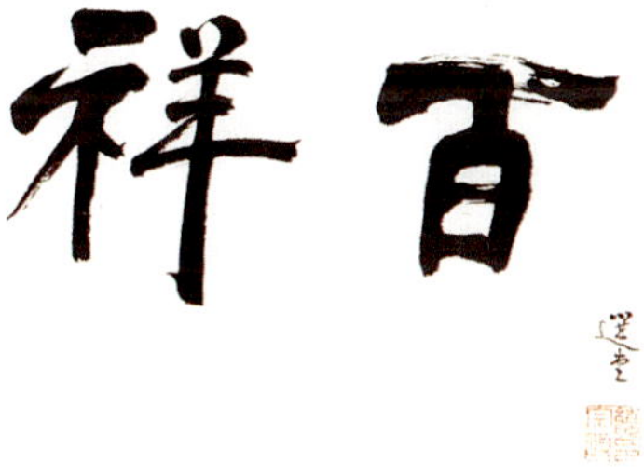

是饶先生关于天文方面的一篇论文。他利用了许多敦煌卷子，其中有宋初开宝七年（974）十二月十一日的批命本子，研究了七曜与十一曜的关系，探讨了屡见于中国载籍《聿斯经》的内容，阐明了古波斯占星学对中国的影响。《北魏冯熙（?—495）与敦煌写经》一文，是敦煌卷子《杂阿毘昙心经》的一篇跋。饶先生在这一篇论文里搜集了许多关于冯熙的材料，指出这一位北魏的大贵族倾心缮写佛经，《杂阿毘昙心经》是他让人抄写的佛经中的一种，是从外面流入敦煌的。

在许多没有收入本选集的文章中，饶先生也利用了敦煌卷子，比如《选堂集林·史林》中的《穆护歌考》等，可以参阅。

（八）吐鲁番文书

饶先生对吐鲁番文书也十分重视。在《说鍮石——吐鲁番文书札记》一文中，他从文书残账中“归买鍮石”一语的“鍮石”一词出发，追溯了鍮石的梵文原文，以及它在中国文献中出现的情况，从而说明了中外文化的交流。

二、异族故书与吾国旧籍

饶先生在这方面取得了很大的成绩。这一方面的内容是很丰富的，中外关系的研究基本上也属于这一类。在饶先生的著作中，中外关系的论文占相当大的比重，其中尤以中印文化交流的研究更为突出。我就先谈一谈中印文化交流的问题。有一些涉及中印文化关系的文章，比如说《梵文四流母音ṇ ṇ̄ḷḹ与其对中国文学之影响》等等，上面已经介绍过，这里不再重复。我在这里只谈上面没有谈过的。

在《安荼论（aṇḍa）与吴晋间之宇宙观》一文中，饶先生从三国晋初学者，特别是吴地的学者的“天如鸡子”之说，联想到印度古代婆罗门典籍中之金胎（hiranyagarbha）说，并推想二者之间必然有某种联系。中国古代之宇宙论，仅言鸿蒙混沌之状，尚未有以某种物象比拟之者。有之，自三国始。汉末吴晋之浑天说以鸡卵比拟宇宙。印度佛经中讲到许多外道，其中之一为安荼论。“安荼”，梵文原文 aṇḍa 之音译，义为鸡卵。他们就主张宇宙好像是鸡子的学说。印度古代许多典籍，比如说梵书、奥义书、大史诗《摩诃婆罗多》等等，都有神卵的说法。估计这种说法传入中国，影响了当时中国的天文学说，从而形成了浑天说。最初宣扬这种学说的多为吴人。这种情况颇值得深思，而且也不难理解。吴地濒海，接受外来思想比较方便。陈寅恪先生的《天师道与滨海地域之关系》，讲的就是这种情况。

綜合論

題解

《蜀布与 cinapaṭṭa——论早期中、印、缅之交通》是另一篇讨论中印交通史的重要论文。在中印文化交流史上，中、印、缅之交通是一个至关紧要的问题。伯希和（Paul Pellist）、夏光南、李华德（Walter Liebenthal）、桑秀云等中外学者对于这个问题都有专门论著。饶先生在他的这一篇论文中对过去的研究成果都加以分析与评价：肯定其正确的，补充其不足的，纠正其错误的，同时提出了自己的看法，把对于这个问题的研究提高到一个新的水平。饶先生在论文中触及很多问题。他引证了《政事论》（arthásastra）以及其他印度古籍中出现的 cina（支那、脂那）一词，加以论列，确定其出现的年代。对 cinapaṭṭa 一词，他也做出了解释。总之，这是一篇很有启发性的文章，我们从中可以学习很多东西。顺便说一句，文中说："又帛叠一名，应是 paṭṭa 的音译。"似可商榷。榊亮三郎《翻译名义大集》五八六七，paṭṭaḥ(汉）失译（和）彩绢。paṭṭa 是丝绢之类的东西，与蚕丝有关。此外，汉译《大般涅槃经》记述佛陀死后，以白叠（帛叠）缠身。梵文原文《大般涅槃经》与此处相当的一句话是 kāyo vihataiḥ kārpasair vẹsṭyate' kūrpāsa 这个字相当于汉文的"白叠"；但此字一般译为"劫贝"，即棉花也，与丝绢无关。法国学者 Przlurki 也把此字理解为棉布。（见 Ernst Waldodinidr，Die ufbenlisfaemny vom Lebensende disBuddha AAWG，Phil-Hisd ue DnitteFc'lge No. 30，1946）

还有一篇有关中印文化交流的重要文章，这就是《华梵经疏体例同异析疑》。中印两国经、疏体例多有类似之处，其中必有密切联系。过去章太炎、梁任公、柯凤荪等皆有所论列。近来牟润孙先生亦有专文论述。印度古代婆罗门教之经，语句极简短之能事，非有注疏，义不能明，故经疏往往合刊。最著名的例子就是伟大的语法学家波你尼之经（Rutsa）、伽迭耶那之注（Vsūi，Vcvstika）与帕檀阇利之疏（即《大疏》，mahā tkaṣya），三位一体，相为依存。在这一方面，中国肯定也受到了印度的影响。《文心雕龙·论说篇》说："圣哲彝训曰经，述经叙理曰论。"其中似有印度影响，柯凤荪说："义疏之学，昉自释氏。"他看出了问题关键之所在。饶先生在本文中追溯了印度注疏的源流，研究了佛教之经与婆罗门教之经不同之处，指出："以文体论，释氏之所谓'经'，多讲论叙述之文，与婆罗门修多罗之为短句奥义，文体迥异。"读饶先生这一篇文章，我们也会得到很多启发。

饶先生论述中印文化关系的文章，不止这三篇。在一些不是专门讨论这个问题的文章中，他也往往谈到中印文化关系。这样的文章，我在上面已经谈到一些，这里不一一列举了。

大家都知道，中印文化交流关系头绪万端。过去中外学者对此已有很多论述。但是，现在看来，还远远未能周详，还有很多空白点有待于填充。特别是在三国至南北朝时期，中印文化交流之频繁、之密切、之深入、之广泛，远远超出我们的想象。在科技交流方面，我们的研究更显得薄弱，好多问题我们基本没有涉及。前几天，我会见了印度国家科学院前执行秘书 Dr. B. V. Suttasayappa，他是著名的化学家，又是蜚声国际的自然科学史专家。他同我谈到了很多中印科技交流的历史，尤其医疗矿物交流的情况。我深深感到，我们在这些方面的知识何等浅陋。我们要做的工作还多得很，我们丝毫也没有理由对目前的成绩感到满意，我们必须继续努力。我们要向饶宗颐教授学习，在中印文化关系史的研究上，开创新局面，取得新成果。

除了中印文化关系以外，饶先生还论述到中国在历史上同许多亚洲国家的关系。《早期中日书法之交流》这一篇论文，讲的是中日在书法方面的交流关系。《说诏》一文讲的是中缅文化关系。《说输石——吐鲁番文书札记》一文讲的是中国同中亚地带的科技交流关系。《阮荷亭往津日记钞本跋》则讲的是中越文化关系。这些论文，同那些探讨中印文化关系的论文一样，都能启发人们的思想，开拓人们的眼界。我在这里不再细谈。

三、外来观念与固有材料

我在这里讲的外来观念是指比较文学，固有材料是指中国古代的文学创作。饶先生应用了比较文学的方法，探讨中国古代文学的源流，对于我们研究中国古代文学史也有很多启发。

在《〈天问〉文体的源流》一文中，饶先生使用了一个新词“发问文学”表示一个新的概念。他指出，在中国，从战国以来，随着天文学的发展，“天”的观念有了很大的转变。有些学者对于宇宙现象的形成怀有疑问。屈原的《天问》就是在这样的环境下产生出来的。饶先生又进一步指出，在《天问》以后，“发问文学”在中国文学史上形成了一个支流，历代几乎都有模拟《天问》的文学作品。饶先生从比较文学的观点上探讨了这个问题，他认为，这种“发问文学”是源远流长的。世界上一些最古老的经典中都可以找到这种文学作品。他引用印度最古经典《梨俱吠陀》中的一些诗歌，以证实他的看法。他还从古伊朗的 Avtsta 和《旧约》中引用了一些类似的诗歌，来达到同样的目的。中国的《天问》

书法：条幅

同这些域外的古经之间是一种什么样的关系呢？苏雪林认为可能有渊源的关系，并引证了印度的《梨俱吠陀》和《旧约》。饶先生似乎是同意这种看法。我自己认为，对于这个问题现在就下结论，似乎是为时尚早。但是，不管怎样，饶先生在这一方面的探讨，是有意义的，有启发的，值得我们认真注意。

在《汉字与诗学》一文中，饶先生从 Ezra Pound 的一段话出发，讨论了汉字与诗的问题。Ezra Pound 认为，埃及人用象形文字表示声音，而中国则保留了象形文字的象形作用。饶先生的看法是，汉字不仅重形，而且也重声。他研究了最古的汉字和最早用韵的叙事诗，探讨了“骈字”的来源，指出在诗的构成中骈字是最重要的骨骼。他又研究了单音字与复词的产生和形声字之美学作用。他认为，形符和声符各引起不同的联想，这对于构成诗的语言有力而方便。他又进一步分析了韵的作用和对偶与声调。在饶先生分析、研究的这些语言现象中，有一些是中国汉字所独具的特点，这些东西对于构成汉诗起决定性的作用。

我觉得，饶先生在本文中提出来的问题，是一个非常重要的问题。前一些时候，我参加了一个座谈会。讨论的中心议题是中国文学的特点，它与外国文学不同之处何在。我个人认为，所谓中国文学的特点应该包括两个方面：内容和形式。内容不大容易说清楚，大体上应该就是表现在共同文化上的共同的心理素质。关于这一点，我一时还说不具体。也许是当局者迷，旁观者清吧！我现在先引一段德国伟大诗人歌德对于中国文学的看法。歌德说：

中国人在思想、行为和情感方面几乎和我们一样，使我们很快就感到他们是我们的同类人，只是在他们那里一切都比我们这里更明朗，更纯洁，也更合乎道德。在他们那里，一切都是可以理解的，平易近人的，没有强烈的情欲和飞腾动荡的诗兴，因此和我写的《赫尔曼与宝绿台》以及英国理查生写的小说有很多类似的地方。他们还有一个特点，人和大自然是生活在一起的。你经常听到金鱼在池子里跳跃，鸟儿在枝头歌唱不停，白天总是阳光灿烂，夜晚也总是月白风轻。月亮是经常谈到的，只是月亮不改变自然风景，它和太阳一样明亮。……正是这种在一切方面保持严格的节制，使得中国维持到几千年之久，而且还会长存下去。（朱光潜译《歌德谈话录》112 页）

我绝不是说，歌德的话就是真理。但是他说的这番话难道就没有一点值得我们深思、值得我们回味的地方吗？

谈到形式，这比较容易说得具体，说得明白。饶先生在《汉字与诗学》一文中谈的正是这个问题。在这里，关键就是汉字。中国汉文诗的特点与汉字有紧密的联系。就拿韵律作一个例子吧。韵律是世界各国诗歌共有的特点（自由诗除外）。印度梵文诗歌绝大多数是用长短音节来表示韵律的，英文诗是用轻重音，中国则用平仄。表示的形式虽然不同，但是根本原理是一致的，这就是，诗歌的节奏必须有高有低，有起有伏，抑扬顿挫，不能平板，不能单调。如果只有一个音，那就成不了音乐。饶先生在他的文章中探讨了一些与诗的形式有关的问题，韵律也在探讨之列。所有这一切都是从汉字这个特点出发的。他虽然没有明确提出要探讨中国文学的特点、中国诗歌的特点，但是他做的工作正是围绕着这个问题进行的。我认为，对中国文学的研究者和欣赏者来说，这是个头等重要的问题，也是一个比较复杂的问题，又是一个尚未得到应有的重视的问题。我们应该把这个任务承担起来。

上面我从三方面介绍了饶宗颐教授的学术成就。尽管这三大方面有很大的概括性，但仍不能包容一切。本选集中还有不少的文章是无法归入这三大方面的任何一个方面的。我现在也把这一类的文章简略地加以介绍。这些文章约略可以分为六类：

第一类：中国史

《明嘉靖汪本〈史记·殷本纪〉跋——兼论殷商之总年》：根据明本的《史记·殷本纪》，探讨了商殷之积年，提出了自己的新看法。

《新莽职官考》：王莽篡位以后，官制复古，创造了一些从古书中抄来的官名。然而名号屡更，苛碎烦赜。饶先生对职官名称和担任这些官职的人，进行了探讨。

《补宋史邓光荐传》：邓光荐宋史无传，饶先生为补之。

第二类：高僧传记

《金赵城藏本〈法显传〉题记》，饶先生在这一篇论文中研究了《法显传》的几个不同的名称。他指出，岑仲勉先生坚持的《佛游天竺记》这个名称，原为胡本，为显师所携来，并不是《法显传》。饶先生进一步又研究了金藏本特异之点。

第三类：人物

第一个是乐产。《史记·封禅书》司马贞《索隐》提到乐产这个名字，但他的生平，向来未详。在《乐产及其著述考》这一篇论文中，饶先生搜索群籍，找到了乐产的片言只句，为我们了解这个人物提供了有用的资料。

第二个是李贽。《藏书》是明代这一位特异的思想家的主要著作。饶先生在《记李贽〈李氏纪传〉》一文中，经过了细致的对勘，确定《李氏纪传》实即未刊刻以前的《藏书》的稿本之一。对李卓吾的研究，这是一个有意义的贡献。

第三个是吴昌硕和沈石友。《缶翁与沈石友信片册跋》考证了二人之间在一段时期内的书信往还，兼及当时流寓上海的一些名流之间的关系。

第四个是刘昉。《钞本刘龙图戏文跋》一文，虽然跋的是戏文，实际上探讨的却是刘昉的生平。

第四类：地志

饶先生不到 20 岁即参加中山大学广东通志馆的纂修工作，后又担任潮州志的总编纂。因此，他对地志有湛深的研究，又有丰富的经验。《〈潮州志汇编〉序》是他为元、明、清、民国各种潮州志汇编本写的一篇序。在这里，他研究了历代潮州志的存佚问题，而且确定了相传已佚的郭春震志实未亡佚，为今后编纂更详细的潮州志做出了重要的贡献。还有一篇与地志有关的文章是《港九前代考古杂录》。饶先生根据香港和九龙地区的考古资料，探讨了许多地名的地望问题。

题写“陈永锵花卉卷”

第五类：《太平经》

《〈太平经〉与〈说文解字〉》一文探讨了这两部书之间的关系。《说文解字》中有许多不甚可解之说，可于《太平经》中获得解答。许慎有时用阴阳五行之说来解释字源，有人颇以为怪。其实这是东汉学术风气使然，不足诟病。

第六类：《说郛》和《梦溪笔谈》

《〈说郛〉——明嘉靖吴江沈瀚钞本〈说郛〉记略》一文介绍了伯希和等中外学者研究《说郛》的情况。对明沈瀚的钞本进行了分析对比，给予比较高的评价。《〈梦溪笔谈〉校证一则》一文对沈存中在《梦溪笔谈》中记郑夬谈易一条进行了校证，使北宋时《易》学一大公案即郑夬与邵康节矛盾问题，得到了澄清。

题铭“心经”

饶宗颐教授收入本选集文章的主要内容，饶先生的学术成就和治学方法，就介绍到这里为止。我的介绍基本上都是根据这一部选集来做的，很少涉及集外的文章。我的意思是说，饶先生学术论著的精华绝不限于本选集；我只根据本选集来做介绍，也难免有其局限性。但是，仅从本选集来看，饶先生治学方面之广，应用材料之博，提出问题之新颖，论证方法之细致，已经能给我们留下深刻的印象，给我们以启发。我绝不敢说，我的介绍全面而且准确，我只不过是尽上了我的绵薄，提出了一些看法，供读者参考而已。

如果归纳起来说一说的话，我们从饶宗颐教授的学术论著中究竟得到些什么启发，学习什么东西呢？我在本文的第一部分首先提出来一个重要的问题：进行学术探讨，绝不能固步自封、抱残守缺，而必须随时接受新东西。我还引用了陈寅恪先生的“预流果”这一个非常形象的比喻。我在这里再强调一遍：对任何时代任何人来说，“预流”都是非常重要的。我们做什么事情，都要预流，换一句通俗的话来说，就是要跟上时代的步伐。生产、建设，无不有跟上时代的问题。学术研究何能例外？不预流，就会落伍，就会僵化，就会停滞，就会倒退。能预流，就能前进，就能创新，就能生动活泼，就能逸兴遄飞。饶宗颐先生是能预流的，我们首先应该学习他这一点。

预流之后，还有一个掌握材料、运用材料的问题。我们都知道，进行学术研究，掌握材料，越多越好。材料越多，在正确的观点和正确的方法的指导下，从中抽绎出来的结论便越可靠，越接近真理。材料是多种多样的，但是我们往往囿于旧习，片面强调书本材料、文献材料，这样从材料中抽绎出来的结论，就不可避免地带有片面性与狭隘性。我们应该像韩愈《进学解》中所说的那样：“玉札丹砂，赤箭青芝，牛溲马勃，败鼓之皮，俱收并蓄，待用无遗。”我在上面已经多次指出，饶先生掌握材料和运用材料，方面很广，种类很多。一些人们容易忽略的东西，到了饶先生笔下，都被派上了用场，有时甚至能给人以化腐朽为神奇之感。这一点，我认为，也是我们应该向饶先生学习的。

中国有一句老话："学海无涯苦作舟。"如果古时候就是这样的话，到了今天，我们更会感到，学海确实是无涯的。从时间上来看，人类历史越来越长，积累的历史资料越来越多。从空间上来看，世界上国与国越来越接近，需要我们学习、研究、探讨、解释的问题越来越多。专就文、史、考古等学科来看，现在真正是地不爱宝，新发现日新月异，新领域层出不穷。今天这里发现新壁画，明天那里发现新洞窟。大片的古墓群，许多地方都有发现。我们研究工作者应接不暇，学术的长河奔流不息。再加上新的科技成果也风起云涌。如今电子计算机已经不仅仅限于科技领域，而是已经闯入人文科学、社会科学的藩篱。我们从事社会科学研究工作的人，再也不能因循守旧，只抓住旧典籍、旧材料不放。我们必须扫除积习，开阔视野，随时掌握新材料，随时吸收新观点，放眼世界，胸怀全球；前进，前进，再前进；创新，创新，再创新。这就是我读本选集以后的主要感想，也是我写这一篇序言的主要用意之所在。愿与海内外志同道合者共勉之。

1984年9月10日

时为旧历中秋，诵东坡"但愿人长久，千里共婵娟"之句，不禁神驰南天

（原载《饶宗颐史学论著选》，上海古籍出版社1993年出版）

荷鸭图（局部）

《清晖集》序

◎ 季羡林[1]

北大校友薛亮先生来函转达选堂先生之意，邀予为其新著《清晖集》作序。乍闻之下，顿感觳觫难安。选堂先生才高八斗，学富五车。藐予小子，曷敢佛头着粪！继思选堂先生之意不可违，薛亮先生之情不可却，而个人对当今诗歌创作颇多外道腹诽，如骨鲠在喉，何不借端一吐为快耶？

窃以为中国诗歌创作已有两千余年之历史，其间云蒸霞蔚，名家辈出，为中国，为世界之诗坛增无量之光辉。然而内容与形式之矛盾至今未解，且有日益发展之势。其故焉在？盖大千万象变动不居，宛如逝水，不舍昼夜。诗人之思想感情亦文必随之而变，此可谓之为内容。欲将内

1992年5月13日，在季羡林教授的北大书房

容表而出之，必乞灵于文字，此可谓之为形式。然而内容之变速，而形式之变迟，矛盾产生之根源即在于此。论者有瓶酒之喻，所谓新瓶装旧酒或旧瓶装新酒者，即此是也。

五四运动以来，白话诗兴。羡林平生不为诗，白话诗之成与败，得与失，实不敢赞一辞。然而，既称之为诗，必有诗之形式。今之为诗者，实为散文，而必称之为诗，且侈谈理论，滔滔如悬河泻水，意气昂然。

①原北京大学副校长、教授。

饶教授 89 岁时的作品《双寿桃》

以外道如不佞者视之，诚属方凿圆枘，又如丈二和尚，摸不着头脑。内容与形式之矛盾，登峰造极矣。间亦有从事旧体诗词之创作者，又多不识平仄，无论诗韵，致为新派所诟病。

选堂先生读万卷书，行万里路，世界五洲已历其四；华夏九州已历其七；神州五岳已登其四。先生又为性情中人，有感于怀，必发之为诗词，以最纯正之古典形式，表最真挚之今人感情，水乳交融，天衣无缝，先生自谓欲为诗人开拓境界，一新天下耳目，能臻此境界者，并世实无第二人。谨以高山仰止之心情，粗述个人之感想如上。选堂先生必有以教我。是为序。

1998年 9 月 17 日

（原载《清晖集》，海天出版社 1999 年出版）

重印《潮州志》序

◎ 卢瑞华[1]

饶宗颐教授是誉满寰宇的著名汉学大师、国际学术和艺术大师，亦是现代方志界宗师。先生曾称："余自三十以前颇留心地志之学，既于中山大学参与粤志之修纂，复于新修潮志，忝董其役，遭时多艰，两无所成。"先生学识之深，成就之大，为世人所知，而他自称"两无所成"，实乃过谦之词。于地志之学，先生确为经历艰辛，求深愿达。1935 年，先生年未弱冠，即继先君饶锷老先生遗志，僶勉奋发，远绍旁搜，订讹补遗，殚心缀录，续编成《潮州艺文志》刊行，被誉为"一郡文献之帜志"，为现代潮州方志事业开创先河，在当时文坛传为佳话。尔后，先生对地方志之研究、发掘、整理、纂修、传播诸多方面，均有卓荦建树，驰骋掉鞅于史志文场。

忆当年，社会动荡，世事纷扰，时艰加剧，经费不济。面对如斯困境，饶先生暨纂修诸乡贤，专心致志，含辛茹苦，同舟共济，钩沉辑佚，纤悉不遗，历三寒暑，终于编成卷帙浩繁之《潮州志》鸿篇巨著。为纂修巨型之潮州治书信史，饶先生及诸同仁备尝艰辛之情境与鞠躬尽瘁之精神，实令吾辈乡晚后学无限感慨钦佩而肃然起敬！

民国时期按旧府范围修志，可谓创格，在粤省唯此一次，诚属首举，全国亦甚罕见。《潮州志》承续近 200 年前清代乾隆《潮州府志》，然沿旧志者祗十之四。志书内容与编辑方法，均不蹈常袭故，而是变通前规。其体例承前启后，新立门类，兼备众长。其内容方法则是义取存真，事皆征实，专家撰稿，科学为归。显示饶先生跟随时代步伐，为地方志开创新体例，增添新内容，使志书不仅发挥"存史、资治、教化"之功能，而且对济世利民，于地方经济建设与文化建设，均裨益宏多。因此，饶先生总纂之《潮州志》，可谓现代纂修地方志承先启后、求实存真之典范，在地方志史上树立起一座重要里程碑。

限于历史条件，50 多年前《潮州志》刊行仅 20 册，未能首末完帙出版。历经半个世纪之后，原出版之《潮州志》，传世不多不广。当年参与其事诸长辈乡贤多已仙逝，未付梓之志稿亦多散佚。实为一大憾事。

今逢盛世，文化建设方兴未艾，再造志书善本，传承中华文明，乃

潮州志汇编

① 原广东省人民政府省长。

时代赋予方志工作者之历史使命。中共潮州市委、市政府重视乡邦文献工作，潮州市地方志办公室诸君，经多方寻根探踪，从汕头市档案馆检索得当年修志档案资料，复于热心人士处获取部分未付梓之志稿，精心增编卷首、志末及部分未刊志稿，连同前已刊行各分册，重新编辑出版，使世人得以了解当年《潮州志》之纂修经过及其概貌。该志之刊行，将为潮州历史文献库增添宝贵典籍，为建设文化潮州增添历史文化内涵，为现代修志工作树立范式典范，为潮学研究提供翔实史料，促进潮学研究之广泛开展。饶先生之道德文章，将嘉惠士林，辉耀典册，永垂青史。此部宝贵志林巨著，传承于子孙后代，传播至海内海外，将使潮州优秀人文传统更加发扬光大。

2003年7月与卢瑞华先生在广东省潮州市金山中学参加“选堂书廊”揭幕仪式

香港潮属社团总会创会主席、爱国实业家陈伟南先生，秉承潮人崇韩笃于文行之传统，具崇文重教之卓识，对地方文化建设与饶先生之学术活动，出钱出力，贡献殊多。此次又慷慨解囊，促成重印饶先生总编纂之《潮州志》，为传承潮州优秀人文传统做出新贡献。爱国实业家与国际汉学大师互相呼应，声气相投，发扬幽潜，传承文明，堪称双星同辉，足为潮州文化发展史上之佳话美谈。

余曾主管广东省史志工作，深知修志乃中华民族之优秀文化传统，编修地方志是一项重要的文化建设事业。饶先生总纂之《潮州志》重印发行，人们将受到启迪，获得教益。甚望史志工作者、热心文化之实业家与各界人士，以饶宗颐教授与陈伟南先生为光辉榜样，关心乡邦史志文献工作，推进地方文化事业之发展，使中华民族优秀文化传统代代相传。此所至盼。

谨以为序。

时 2004 年 8 月　卢瑞华于广州

（原载《潮州志》）

大学与大师

◎ 黄达人[1]

中山大学“永芳堂”全景

1992年饶教授为“永芳堂”题匾

梅贻琦先生说：“大学者，非谓有大楼之谓也，有大师之谓也。”梅先生的话影响了几代中国人。每当我们提到大学时，必然想到的就是大师。

大学的传统，是由一代又一代大师的学术和精神传统凝聚而成的，一所缺乏大师的大学，很难想象能够成为人们心目中的名校。中山大学由孙中山先生于1924年亲手创立，至今已在风风雨雨中走过了80年的光荣历程。作为中国南方的学术重镇，在中山大学80年的历史中，有着许许多多蜚声海内外的学术大师的身影，他们孜孜不倦地追求真理，在科学技术领域和人文社会科学领域不断探索前行，取得了一个又一个的辉煌成就。他们大多是各个学科的奠基者，其研究方法、学术成果、学术态度依然在中山大学的校园里薪火相传。大师们为中山大学奠定了良好的学风，丰富了“博学、审问、慎思、明辨、笃行”的学术传统，积聚成为中山大学最为珍贵的一笔财富。

随着中国社会经济的不断发展，中山大学迎来了新的发展机遇，在大学高速发展的过程中，大师们的深厚积累越来越发挥着重要的作用。尤其是在人文社会科学方面，陈寅恪教授所倡导的“独立之精神，自由之思想”，谆谆教诲，历久弥新。大师们严谨求实的学风和开创学术新领域的勇气，是后学者在各个领域积极探索的楷模。前人给予我们的不是立竿见影的物质财富，而是无形

①中山大学校长。

1994年12月，中山大学礼聘饶宗颐先生为名誉教授和中山大学中华文化研究中心名誉主任的宴会上，与曾汉民校长（右一）、欧初先生（右二）、曾宪通教授（站立者）在一起

且无穷尽的精神力量。好风凭借力，正是有藉于这种精神力量，学校在学科建设、学术研究等方面均取得了可喜的成就，焕发出勃勃生机。

时光荏苒，我们迎来了中山大学80周年校庆，为弘扬传统，凝聚人心，塑造形象，建设精神家园，我校将举行80周年的系列庆典活动。庆典并非只为了简单的热闹，我们的目的，是要通过庆典回顾中山大学80年的兴衰变化，从而更多地了解这所大学的学术思想、学术成就和学术传统，更是为了展望明天、建设未来。从大学的角度看，我们理应引导人们走向历史的深处，思考这些历史背后的意义，理出大学发展的脉络，阐述大学一以贯之的精神。其中最重要的内容，是要发掘大师们在大学中留下的精神财富，这是中山大学的风骨所在，也是让中山大学继续屹立于祖国南方的精神原动力。

在庆祝中山大学创立80周年之际，适闻另一件喜事：长期旅居香港的国际著名学者、中山大学名誉教授饶宗颐先生今年也将迎来88岁米寿之喜，这于我校而言，真是双喜临门。饶先生与中山大学渊源甚深，1935年，饶先生接受邹鲁校长的礼聘，担任中山大学广东通志馆艺文纂修一职；1993年，饶先生又兼任中山大学名誉教授及中山大学中华文化研究中心名誉主任。因此，饶先生的喜事，自然也是中山大学的喜事。

1998年与陈摩人（左一）、曾宪通（左二）、陈伟武（右一）一起在中山大学黑石屋前

饶先生曾经屡次提及中山大学对他治学生涯的影响。我以为，饶先生的成就首先来源于他对学术的专注和热爱，几十年如一日的耕耘劳作，遂能在人文领域写下鸿篇巨著，誉满寰宇。此外，大学与大师的命运，确是休戚相关的。大师在大学的怀抱里，受人文传统的熏陶，利用大学的有利条件，不断攀登学术高峰，故可成其为大师。也因此，饶先生才念念不忘中山大学，并不遗余力地为中山大学做出种种贡献。时至今日，前辈学术大师多已凋零，而饶先生犹如南山不老松，让我们看到他老人家旺盛的学术和艺术生命力，也让我们可以时时就教于先生，向他请教发展中山大学人文学科的妙计良方。

这又让我对大学与大师的关系，有更深的体会：大学与大师之间，还有另一方面的内容，大师的存在，不仅可以使大学的声名远播，大师的精神和情怀，则更是大学作为研究学术的场所而异于其他机构的关键所在，所以，大学与大师，是相得益彰的。饶先生因为中山大学而踏入学术殿堂，而中山大学也因为有饶先生等学术大师的存在而得以光大其学术，延续其传统。

因此，值此中山大学80周年校庆及饶先生米寿大喜之际，我愿借《华学》一角，向饶先生表示祝贺之忱，并向他致以崇高的敬意。同时也寄望中山大学的未来岁月精进开拓，再创辉煌，无愧于中山先生的英名，成为中国高等教育的骄傲。

（原载《华学》第七辑，中山大学出版社2004年出版）

文字起源研究的新视野

◎李学勤[①]

中国文字起源问题，由于与文明起源关系密切，近年已成为学术界广泛重视的研究课题之一。由于早于殷墟甲骨文的材料和线索大量出现，探讨这一问题的条件渐趋成熟，考古学、古文字学、历史学等学科的学者，都付出了很大的精力，做出了有益的成果。中国原始文字的秘奥，正在逐步被揭示阐明。

香港饶宗颐先生多年关注这个重大学术问题。他花了30多年的工夫，撰成《符号·初文与字母——汉字树》一书，以全新的角度与方法，对中国文字起源做了深入的研究。这部书于今年7月由香港商务印书馆出版，在商务书展上推出，迅即在学术界产生甚大影响。我有幸及早读到这部书，谨写下几点感想，为读者作一引介。

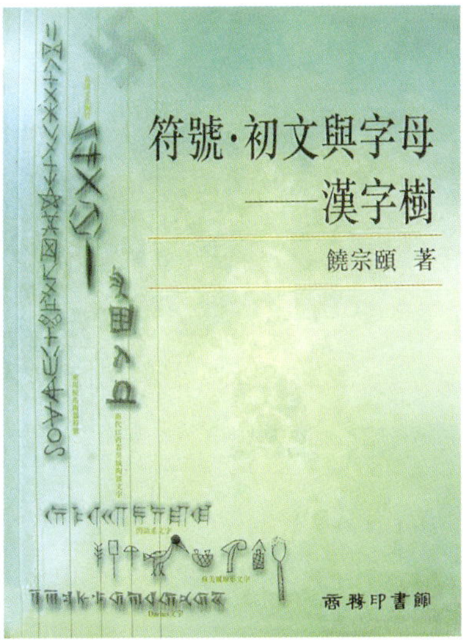

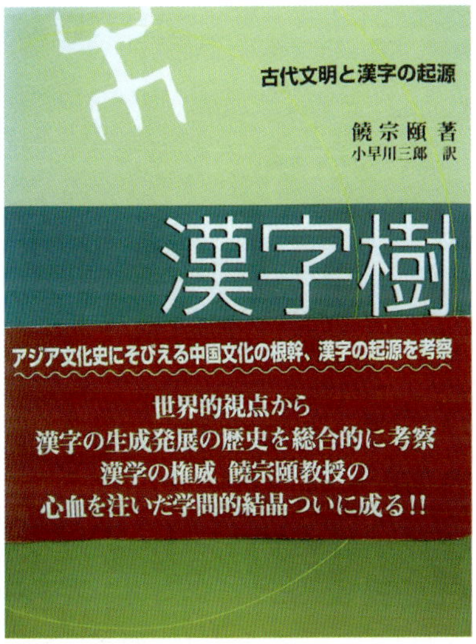

1998年饶教授著作《符号·初文与字母——汉字树》的中文本和日文本。他纠正了外人把汉字起源置于世界文字树印度图文之下的错误

以新发现考古材料，主要是史前陶器上面刻画或绘写的符号为依据，来探讨中国文字的起源，是在20世纪60年代末、70年代初开始的。参与讨论的各家，意见尽管不同，所运用的方法，基本上都是与商周时期的甲骨金文相对比。这是因为甲骨金文是迄今大家能够确定的最早的文字，学者试图从之上溯，推求文字的渊源，是顺理成章的。不过史前陶器及其他文物的符号，年代同最早的甲骨金文相距每每有千年，甚至几千年，用甲骨金文研究积累的知识来推断，实在是非常危险的。史前符号究竟和甲骨金文那些文字有没有相承的联系，也无法证实。

众所周知，饶宗颐先生对甲骨金文有精湛研究，富于著述，但这部《符号·初文与字母——汉字树》，却不限于以商周文字为凭借，而是开拓了广阔得多的比较范域。书的“引言”开宗明义便说：“本书主旨在结合考古学和民族学一些最新资料，从世界观点出发，对汉字的成就做一总的考察，探

①当代著名历史学家，清华大学教授。

索原始时代汉字的结构和各自演进的历程以及它何以能延续数千年，维持图形不变的缘由。”这里提出的“从世界观点出发”，正是饶先生所做研究的独到之处。

饶先生对世界各古代文明的研究有深厚素养。例如他曾于1963年在印度班达伽东方研究所作专门研究；1976年在法国巴黎师从勃蒂洛(J. Bttéro)教授研治西亚历史与楔形文字，随后翻译了阿卡德开辟神话泥版《近东开辟史诗》。饶先生认为：“人类从远古以来，不同地区的部族和人民，即有频繁的接触。旧石器时代劈割器形式的互相模仿、吸收，打破了洲际的限制，近期考古家已证明这一桩事实。一入新石器时代，有了陶器的发明，生活方式由长途旅行从事渔猎与游牧，进而改变为定居耕植，可是高山地区及沙漠地带的居民仍然以畜牧为生，逐水草而居……彼此之间接触的机会较多。”书中对中国西北和西亚的史前符号进行了详细的分析、比较，提出两者“远古时候必有许多接触，才留下使用相同符号之种种交流痕迹”。

可能有读者在饶先生《梵学集》中读过《卐考》一文，该文是1985年以日文发表在《三上次男七十七岁颂寿集·历史篇》书中的。现在饶先生这部书的这方面研究更丰富和系统了，比如对十(巫)、卐、⊕等符号都有详细的考察，有许多极具启发性的观点。

饶先生这部书的新见解，还在于提出了“字母型符号”的概念。书内专设两节，以中国陶器符号与闪族字母、苏美尔线形文字相对比。他发现，仰韶文化半坡类型陶器符号，同腓尼基字母比较，竟有20个以上是完全同形的。这无疑会引起学者们的注意。

1993年与国际汉学界学者巴比伦大学蒲德侯（左二）、汪德迈（右一）、马克（左一）在一起交流

实际上，饶先生对于中国境内各地区古代符号，也同样采取比较研究的方法。如书中有《陶器的空间分布与南北交流》专节，就各地符号做了广泛的综合和对比，真是妙趣横生。接着又有一节题为《越族迁徙蓝图与陶符出土地区之对应》，以越族作例，说明“陶符之传播与民族分布、迁徙有密切关

系”，尤其有示范意义。

饶先生从“字母型符号”出发，对字母学作新的探索，是其“世界观点”的又一体现。由此，他在书中修正半坡类型一类陶器符号只具有标记作用，无关于文字的看法。不过，中国既有“字母型符号”，何以不使用字母？在《符号·初文与字母——汉字树》书中，对这个疑问给出了精彩的回答。饶先生指出，中国语言方音复杂，“且习惯施行以文字控制语言的政策，而让‘语、文分离’——即所谓‘书同文’，使文字不随语言而变化。字母完全记音，汉字只是部分记音，文字不作言语化，反而结合书画艺术与文学上的形文、声文的高度美化，造成汉字这一大树，枝叶葰茂，风华独绝，文字、文学、艺术(书法)三者的连锁关系，构成汉文化最大特色引人入胜的魅力”。

波斯大流士大帝时期刻有三种文字即古波斯文、埃兰文和楔形文的碑

这已经超越文字起源研究的范围，直探中国传统文化的堂奥，所以我认为关心研讨中国文明者，都会从饶宗颐先生这一新著中获得裨益。

（香港《大公报》1998 年 12 月 4 日）

“以古茂之笔，抒新世纪之思”
——序饶宗颐教授《固庵文录》

◎钱仲联[1]

1993年12月7日，由饶教授（前排右三）发起的“首届潮州学国际研讨会”在香港中文大学举行，前右二为郑午楼博士

文集之名，昉自中古，前此无有也。刘《略》班《志》，唯列诗赋，著诸家篇数，初无集名。东京而次，文章朋兴，云构风骇，然范、陈史，于文士诸传中，记其文笔，第云著诗、赋、碑、箴、颂、赞、诔、七、吊、连珠、书记、论、奏、令、策若干篇，不云文集若干卷，实斋章氏所以云：“文集之实已具，而文集之名犹未立。”“《隋志》：‘别集之名，东京所创。’盖未深考。”曹丕《与吴质书》称道徐、陈、应、刘，谓“撰其遗文，都为一集”，此殆总集之嚆矢。陈寿于晋初定诸葛亮故事，奏上《诸葛氏集》，此殆别集之嚆矢。然观亮集目录内涵，诚如太炎章氏所云：“若在往古，则《商君书》，而《隋志》亦在别集。”阮孝绪《七录》，经典、纪传、子兵、文集之四录，已全为唐人经、史、子、集之权舆，故实斋以为“集部著录，实昉于萧梁，而古学源流，至此而一变，亦时势为之也”。

所谓古学源流者何也？请循其本。盖在先秦，文哲一体，诸子论道述事之专撰，寻其质，皆别集也。儒、道、墨、法，显学争鸣，自孟、荀、老、庄、墨、韩以迄吕氏，岂徒其学之六通四辟，“皆以其有，为不可加”而已，即其文亦高出于后代，并风格亦各异焉。孟之雄肆，荀之密栗，老之精约，庄之諔诡，墨之素朴，韩之刻深，吕之闳博，是皆专家之作，虽偶有弟子或他人附益者，要无害其为一家之文也。荀书且以美文《成相篇》、《赋篇》纳入矣，韩子之《内、外储》，启连珠之先路，此其名为子部，与后世文章别集奚异焉。此诸葛氏法家之书，所以得谥

①国学大师，苏州大学终身教授。

为集也。至于刘《略》诗赋，更属实斋所云“成一家之言，与诸子未甚相远”者，厥初未尝哀而称为文集而实即是集，然则所谓“文集之实已具”者，固不待东京而始然。文家别集之名既立，“后世应酬牵率之作，决科俳优之文、亦泛滥横决，而争附别集之名”。“势屡变而屡卑，文愈繁则愈乱。”呜呼唏矣！

1994年4月27日，在潮学奖首次颁奖会上，潮汕历史文化研究中心名誉理事长吴南生先生为饶教授颁发特别荣誉奖

盖自昭明以沈思翰藻为文，“以文辞之封域相格”，唐以来变本而加厉，自宣公、昌黎、柳州、宾客诸集外，学与文歧而为二，无论偶体或散文，凡一家为一集者，往往以文为主也。宋儒见理邃密深沉，《晦庵集》选言雅驯，诚文以载道者之雄。《水心集》之言经制者次之。下此者黄茅白苇，洽学者文不工，能文者中无实，一命文人，便不足观，别集云者，遂为博学高流所诟病，非无由也。曼珠一代，集部如林，张广雅《辅轩语》称其中有实用胜于古者，特举朱彝尊、方苞、杭世骏、卢文弨、戴震、钱大昕、孙星衍、翁方纲、李兆洛、全祖望、顾广圻、阮元、钱泰吉、武亿、严可均、张澍、洪颐煊、包世臣、曾国藩之撰，谓其或可为掌故之资，或可为学术流别之镜，或可考辨群书义例、古刻源流，或可諟正史传之差误。此诚可谓见其荦荦大者。而独以专集属之词章家，则隅见矣。刘《略》诗赋，固词章也，亦何害其为一家言之近于诸子也。广雅列举朱氏以下诸家之书以别于专集，而其书实皆别集，并明标集之名者也。歧学术与文章为二，宜其论之自陷于矛盾而不能中肯綮矣。

若论文质彬彬，融两者于一治，则在胜国二百数十年中，殆无逾于汪中《述学》之美且善者。《述学》不称集，而实集也。其书既有平章子部之文，为清学创辟蹊径，复有美文，睥睨三唐，世尊为八代高文，独出冠时。斯诚别集之翘楚，上承先秦诸子暨屈赋之脉者。《定庵文集》亦其亚，则揭文集之名矣。晚近王国维《观堂集林》，允称独步，《海日楼文集》、《太炎文录》，亦名世巨帙，斯皆言其学之精兼文之美者。《寒柳堂文集》，时流所重也。其学淹贯中西，信为弘博，而文差不逮，持较乃翁《散原精舍文集》之雅言，则有间矣，此可知文质并茂之难也。

余今读选堂饶先生《固庵文录》，乃喟然叹曰：此并世之容甫与观堂也。抑又有进者，容甫生今二百年前，其学固不能不为乾、嘉学风之所囿。观堂生近世，精殷墟甲骨，考古史，通域内外于一杭，融文史哲为一境，世推为现代学派之祭尊与开山，良非虚誉。然观堂之学，究不能谓其为广大教主，无所不包，峻不可攀，河汉无极也，如释藏道笈，即非其所措意矣。沈、章巨子，殚精国故，亦探梵典，而不谙西国之文，则创新遂不能与观堂敌。今选堂先生之文，既有观堂、寒柳融贯欧亚之长，而其精通梵文，亲履天竺，以深究佛学，则非二家之所能及。至于文章尔雅，二家更将敛手。斯录也，都俪体篇、散体篇于一帙，其为赋十三篇，皆不作鲍照以后语，无论唐人。其余颂、赞、铭、序、杂文、译文，皆能以古茂之笔，抒新纪之思。所颂者如法南猎士谷史前洞窟壁画，所赞者如马王堆帛书《易经》，所序者如《殷代贞卜人物通考》，所译者如《梨俱吠陀无无颂》、《近东开辟史诗》，非寻常笃古之士所能措手也。俪体得此，别开生面。容甫如见，得毋瞠目。至其散体，所考释者，自卜辞、儒经、碑版以迄敦煌写本；所论说者，自格物、奇字、古籍、史乘、方志、文论、词学、笺注、版本，旁及篆刻、书法、绘画、乐舞、琴艺、南诏语、蒙古语、波斯语，沉沉伙颐，新解澜翻，兼学术文美文之长，通中华古学与四裔新学之邮。返视观堂、寒柳以上诸家，譬如积薪，后来居上。九州百世以观之，得不谓非东洲鸿儒也哉！

1996年在澳洲悉尼作巨幅山水画，后为孙女

先生不以余不学，以文录序言，诿诿相属。余反复循诵，有如《大智度论》所云：如入宝山，自在取宝。不辞弇陋，敢为引喤。盖将为当代学苑悬此鹄的，并为集部树中天之帜也。先生啸傲于红香炉顶，俯视海天，鲸波浡潏，百灵狂沸，其将许我拍肩，逌尔一笑，以为若斯人者，始可与言集部也矣。辛未季夏，钱仲联序于苏州大学，时年八十有四。

（原载《固庵文录》）

《选堂诗词集》序

◎钱仲联[1]

余序选堂先生之《固庵文录》，先生曰：我诗词集亦将重梓，子不可无一言。余敬诺。

选堂诗词，夏、苏、罗诸君子之序，言之详且善矣，余宁能越其樊。无已，则先依文录序中以先生与观堂、寒柳相衡量者论其诗，并进而与人境卢、万木草堂絜短长。观堂、寒柳，我国近世学人通中西之邮以治学者也，余事为诗，亦非墙外。今选堂先生之学，固已奄有二家之长而更博，至于诗，则非二家之所能侔矣。观堂诗早岁从剑南入，取径未高，不足与其蕴含之哲理相副。清亡后所作，最著者《颐和园词》，辞诚工矣，而为纳兰后颂德，一不可，为曼珠王朝抒采薇之思，二不可，非如王湘绮《圆明园词》之足称一代诗史也。旋与寐叟游，受其熏染，五言近体简雅有寐叟风，以言内涵，则与叟同病。寒柳亦能诗，而功力不能与其兄衡恪、隆恪敌，亦非如其季方恪诗之风华绝代也。其名篇即挽观堂之长庆体长诗，身处共和，而情类殷顽。其余短章，时羼酬应牵率，且有猥托贞元朝士之感者，皆张茂先我所不解也。今以选堂先生之诗较王、陈，高下立判。创新与继承，今之恒言也。必有所承而后能变，有所变而后能通，有所通而后能大。斯必胸蟠百氏，弸中唐内之学

饶教授髫龄学画，12岁正式拜金陵画家杨栻为师。今见杨师之“五十自述诗”，欣然题笺

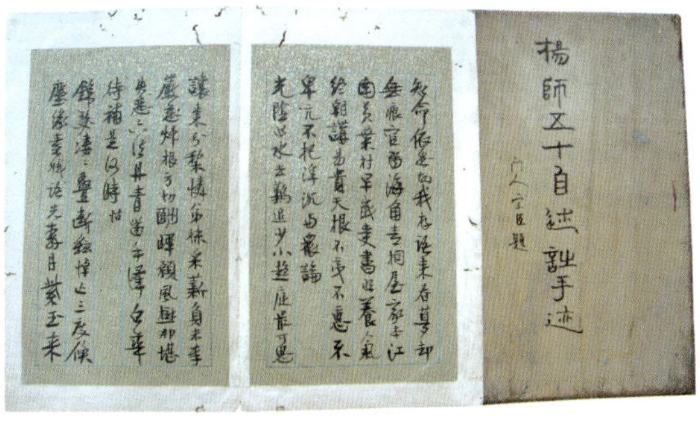

2005年饶教授题“杨师五十自述诗手迹”

①国学大师，苏州大学终身教授。

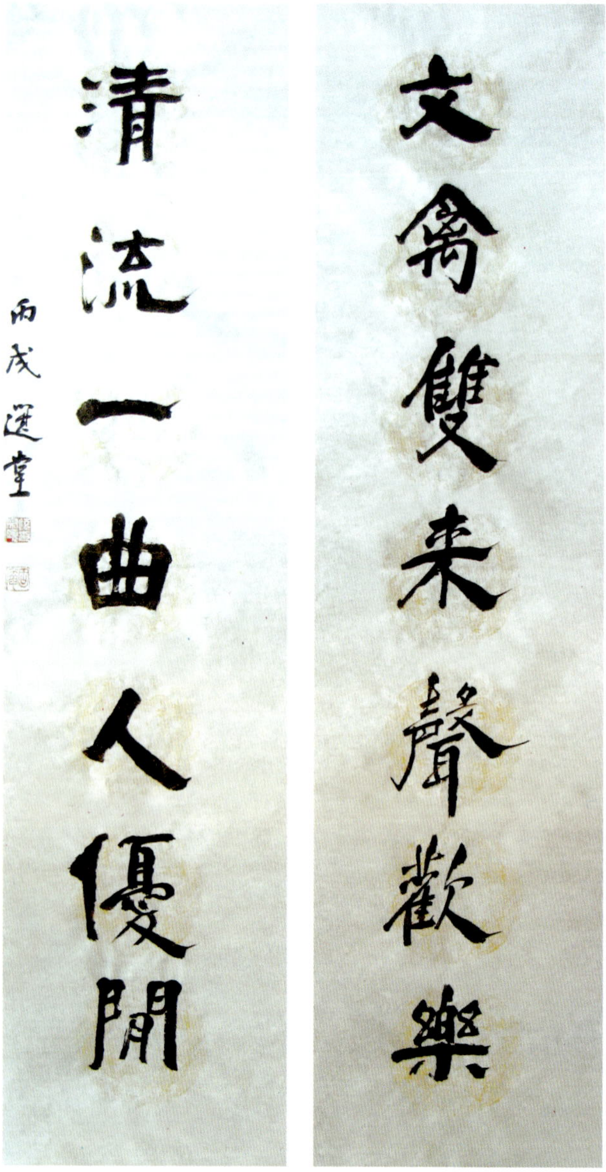

书法：对联

人而后能。学与诗合，随所触发，莫非灵境，而又锻思冥茫，径路绝而风云通。选堂于此，掉臂游行，得大自在，所谓华严楼阁，广博无量，弥勒弹指即现者也。此岂持“诗有别材，非关书也”，“一味妙悟”论者所能几乎？就诗言诗，选堂先生之所承，亦至博矣。盖尝上溯典午、下逮天水，一法不舍，一法不取，而又上自嗣宗、康乐，下及昌黎、玉局，历历次其韵，藉其体，澜翻不穷，愈出愈奇。尤使人洞精骇瞩者，《大千居士六十寿诗用昌黎南山韵》、《哥多瓦歌·次陆浑山火韵》、《阿含伯勒歌·用昌黎岳阳楼韵》、《楚缯书歌次东坡石鼓歌韵》诸篇，在近世，唯沈寐叟《审言今年六十余欲为寿言无缘以发审言忽以西城员外丞请如其意为之》、《隘庵先生五十寿言用昌黎送侯参军韵》二篇乃能之。此言选堂诗之大，然第就其艺事精能言耳。选堂诗之大，尤在于先生飙轮所至，五洲占其四，皆古诗人谢、李、杜、韩、柳、刘、苏、黄、范、陆屐齿所未尝历，而先生履鲸海若户庭，千诗喷薄，百灵回荡，此在近世，唯黄公度、康更生庶几能之。然先生椽笔拏云，能事所及，非黄、康所能逮也。何以言之？公度随持英簜，所临仅日本、旧金山、西贡、锡兰、苏伊士运河、伦敦、巴黎、新加坡、槟榔屿、麻六甲、北蜡各地而已。其集中名篇巨制如《西乡星歌》、《都踊歌》、《赤穗四十七义士歌》、《罢美国留学生感赋》、《流求歌》、《逐客篇》、《纪事》、《八月十五夜太平洋舟中望月作歌》、《锡兰岛卧佛》、《今别离》、《登巴黎铁塔》、《以莲菊桃杂供一瓶作歌》、《番客篇》，数不逾三十，合其他写海国风光与旅途所作，亦不过一百四十余首而已。更生以逋臣流寓海外十余稔，亥步广矣，诗篇富矣，几近于早岁所期“地中山海遍登楼”者。状绝域山水如《美洲观瀑》之篇，吊中东史迹如《所罗门城墙》之作，怪伟雄奇者沉沉伙颐。然总计篇什，亦无以远超公度。况黄、康所精者，汉土之学，不谙邪寐尼书等西国之文，其所见闻，资图经重译以征故。二家于诗，黄邻现实，康近浪漫，然皆长于外籀，未能内视返听，以究幼眇之思，以是才气磅礴则有余，心性奥密则不足也。选堂先生乃不然。以言行迈之遥，《佛国》一集，所历山川风土，已多法显、玄奘、义净所未经；《西海》一集，探大秦诸邦之奇境；《白山》、《黑湖》之集，遨游法兰西、瑞士；《羁旅》之集，于归卧炉峰以后，又数访秋津，三践西牛货；《南征》一集，纪爪哇之鸿泥。此胜于黄、康者一也。以言篇什之富，括囊大瀛，为篇三百数十。此胜于黄、康者二也。不唯如是而已，集中和阮，会心于“渊放”“遥深”之旨；和谢，得意于神理遣情之外。而皆假步韵以自写新吾，不为貌袭。其内籀之工，有突过浙西村人者。至于小诗截句，神韵风力，上继半山、白石，下取近贤闽派之长，沧趣楼南海之游诸什，庶几近之，此又黄、康之所望尘莫蹑者已。抑更有进者，梨洲黄氏之论诗也，于“诗之为道，从性情而出”之说，必结合变风变雅之时运言之，谓是“盖天地之阳气”，“阳气在下重阴锢之，则击而为雷；阴气在下重阳包之，则抟而为风”，“厄运危时，天地闭塞，元气鼓荡而出，拥勇郁遏，坌愤激讦，而后至文生焉”。今选堂先生之诗，宁徒张域外之闳观以一新诗家之耳目而已乎？盖有向上一着者在。试以公羊家三世之言证之。公度、更生所处，所传闻之世至所闻之世也。晚清甲午一役，中华大邦，败北于带方东南之小倭，鲲身千里，痛作珠崖之弃，驯致列强虎视鹰瞵，禹域布瓜分豆剖之图，然中华一家之鼎犹未沉也。选堂先生所处、所见之世也。芦沟炮火迸发，神州寓县，未沦于敌者，回、藏而外，西北鄜州及西南滇、蜀残山一角耳。板荡凄凉，虫沙载路，其犬牙交错之壤，亦敌蹄蹂躏所恒及也。此皆选堂与余身亲而目击者。常是时，海内诗人起而为定远投笔者有之矣，愤而为越石吹晋阳之笳者有之矣，遁迹香江，坐穿幼安之榻者有之矣，讲道交州，为成国之著书以淑世者有之矣，拾橡空山，歌也有思，哭也有怀，借诗骚以召国魂者有之矣，杨云史、马一浮、林庚白、杨无恙诸君之作，世之所乐颂，而选堂先生《瑶山》一集，尤其独出冠时者也。时先生方都讲粤西，甲申夏桂林告警，西奔蒙山，蒙山踵陷，窜身荒谷，两入大瑶山，与峒氓野父相濡呴，继复南游勾漏，探葛洞之灵秘，长吟短咏，出自肺肠，入人肝脾。以视浣花一老《悲陈陶》、《悲青坂》、《塞芦子》、《彭衙行》以及《发秦州至入蜀初程山水奇峻》之作，亡胡洗甲，世异心同。余亦尝隶永嘉流人之名矣，桂峤南北，违难时哀吟之地，今诵《瑶山》一集，所以感不绝于余心也。是集也，盖继变风变雅、灵均、浣花以来迄于南明岭表义士屈翁山、陈独漉、邝

上、中、下图　书法：蛇、兔、吉羊

湛若之绪而扬之，其谁曰不然。

至于词，固庵先生所甚措意者，《固庵词》、《榆城乐章》、《晞周集》、《栟榈词》，都为《选堂乐府》。取法乎上，直凑渊微。其短令，妙造自然，乃敦煌曲子、南唐君臣、欧、晏、淮海、饮水、人间之遗。其慢词，密丽法清真，罙入人其阻，清空峭折，得白石之髓，不落玉田圈缋。集号《晞周》，志瓣香所在，和周词百二十七章，才大如海，亦犹其诗之遍和阮、谢诸家集也。溯游而下，遂及梦窗，其《莺啼序》次吴韵大篇，感时清角，绝类离伦。虾夷之难，天挺此才，为倚声家《哀江南赋》。彼以“流苏百宝”、“富艳精工”、“七宝楼台”为清真、梦窗者，曾不知周、吴之真际者也。先生于胜清三百年词坛，非绝不顾视，但未屑盘旋于其间。至于词中抚绘异域风土，以及汲取西哲妙谛及天竺俄罗斯诗人佳语以拓词境，尤其为诗之长技也。大鹤、沤尹诸翁，对此能无缩手？

余于诗词，笃好之，亦曾奉绪论于石遗、松岑、兰史、蛮巢、遁庵、吷庵、鹤亭、忏庵、誉虎、墨巢诸前辈胜流，风骚推激，敢曰知津？封于古域，不出户岂知天下。而于先生合志同方，营道同术，声气应求，夔蚿相怜，自谓能读先生诗词而得帝之县解者，故覼缕言之如此。舍瑟之对，先生倘亦有与点之叹乎？先生之于诗词，帝网交融，优入圣域。敢借《唵声奥义书》乔荼波陀之《颂释》，为先生礼赞曰：“已得大全智，圆满大梵道。”愿以是因缘，随先生同升妙音之天。岁在重光协洽，且月，吴兴钱仲联序于苏州大学，时年八十有四。

（原载《选堂诗词集》，新文丰出版股份有限公司 1993 年出版）

《选堂诗词续集》序

◎ 钱仲联[1]

春阴漠漠，弥月不开。丈室隐几，维摩一榻，如对水墨之画。于斯时也，南海仙人之咳唾，来自九天，则选堂先生之诗词续集也。循诵数四，抵几而兴，无殊得七发之起疾。先生命如前集之例，更为弁言，余奚敢辞。

此续集者，先生退居后之所撰也。历览前修，往往窈窕之哀，驰骛之思，易钟于绮岁，而代谢之感，每积于暮年，情以境迁，境以时易。陈芳一老，夔州后诗，“平淡而山高水深”，“不烦绳削而自合”，胜义遂为双井所拈出，此不足与飞扬跋扈辈言也。今选堂先生此集，亦何独不然。文章成就，斧凿痕尽，而大巧出焉。如是则游戏神通，复奚施而不可。今观续集，用杜、韩、苏诸大家古体之韵者，固足以觇先生法乳所在，而凡前集所澜翻不穷者，续集复奇外出奇，千江一月，掉臂游行，得大自在。求之并世胜流，斯诚绝尘莫蹑者已。

但果谓选堂诗以次韵为能事，则读续集中沉沉伙颐之其他古近体诸篇而知其不然。至其中卓异之作，有如《论书次长春真人青天歌韵》七古大篇，正国内画论家所谓徐渭早年作品说之误，斯已足宝矣，复据道藏元混然子之注，以琴律通书道，抉发其奥秘，更非治学博邃如先生者不能，余子无从措手，自不待言矣。此言其论古卓识，当大笔特书者一也。集中游览之作，老庄告退，山水方滋，固已诗中有画，而又不域此藩。《揽辔》一集日本纪行之作，往往咏人境庐主人屐齿所未经者。《九州稿》、《北海道稿》，皆足补人境《日本杂事诗》之阙。宁徒补其事而已，其诗之芬芳玄邃，为秋津绝代江山施以粉黛，使人生“此乡不住住何乡”之感，又岂人境之所能匹乎？此言其游览之作，有关扶桑文献之巨，当大笔特书者二也。其余如《黄石集》之域外诗，《江南春集》之禹域周游诗，读斯集者，自当一一寻其幽绪，挹其古馨者也。

更有进者，《古村词》一帙，以白石空灵瘦劲之笔，状瑞士天外之观，追摄神光，缠绵本事，传掩抑之声，赴坠抗之节，缥缈千生，温凉一念。求之近哲，唯吕碧城《晓珠词》能之。而选堂贺新郎用后村韵者，

①国学大师，苏州大学终身教授。

2006年新作《莫高三百一十四号隋窟》

则岸异可与青兕挹拍，又碧城之所未能为也。

读选堂诗词续集竟，钻味敛襟，倾倒曷极。标举微尚，同彼美之晤言，爰志数言，以酬诿诿，与先生固将相视而笑，莫逆于心也。岁在壬申，吴兴钱仲联序于吴趋，时年八十又五。

（原载《选堂诗词续集》）

赓扬“四堂”又一“堂”：甲骨学五氏同“堂”
——兼谈古文字的破译与释读

◎ 刘以焕[1]

香港大学饶宗颐学术馆的“梨俱室”

王国维说：“古来新学问之起，大都由于新发见。”[2]陈寅恪也说：“一时代之学术，必有其新材料与新问题，取用此材料，以研求问题，则为此时代学术之新潮流。”[3]从世界范围审视，西亚两河流域淹没了五千多年的钉头文字，在19世纪40年代（1846）被破译并释读其文献。这种文字消亡后就淹没了，何时再为人发现，目前尚不清楚。1700年，英国东方学家、牛津大学的钦定教授（Regius Professor）、讲授希伯来语文的海德（T. Hyde，1636－1703）根据这种文字的外形将之称为“楔形文字”（cuneiform）。[4]殊不知，此前500年，阿拉伯人就已经将之称为“钉头文字”（mismari）了。由于这样，笔者就将之称为钉头文字。这种文字的破译和释读其文献，是由近及远向上追溯的：最先破译的是波斯的钉头字母，随即破译的是新埃兰钉头音节字，接下来又破译了亚述及巴比伦的钉头字，最后把书写苏美尔语的钉头字也基本破译了。[5]破译钉头文字及释读其文献，英国军人罗林逊（H. C. Rawlinson，1810－1895）之功不可没。古代埃及圣书体碑铭文字，以及它的僧侣体和人民体，较钉头文字晚，为法国学人商博良（J.I. Champellion，1778－1867）所破译并释读其文献。商氏之所以能破译这种古文字，得力于在埃及开罗附近发现的“罗塞塔碑”（Rosetta stone），因为上面镌刻着圣书碑铭体、人民体及与之对照的古希腊文。这两件学术史上的伟大成就，是在19世纪出现的，因此可以说19世纪是古文字破译与释读的前弘期，也可以说是治古文字学的前弘期。凡此皆是新发现之所赐，亦是新学问所兴之故矣！

19世纪末，即晚清光绪二十五年（1899），当时京城（北京）有一位

---

① 黑龙江省社会科学院研究员，希腊研究专家。
② 王国维：《最近二三十年中中国新发见之学问》，《学衡》第45期，1925年9月。
③ 陈寅恪：《陈垣敦煌劫余录序》，《金明馆丛稿二编》，上海，上海古籍出版社，1980年。
④ D. Diringer. The Alphabet: A Key to the History of Manking . New York:Philosophical Library，1953， 41.
⑤ 周有光：《世界文字发展史》，上海，上海教育出版社，1997年。

香港大学饶宗颐学术馆的“选堂文库”

对我国古文字素养很深的官员王懿荣（1845－1900），患胃病服药，因为其中有一味称为“龙骨”的药，于是王发现在“龙骨”上刻有在当时已认识并较其他汉文字更为古远的文字——甲骨文。这一发现就导出了一门世界性的显学——甲骨学。在王懿荣发现甲骨文的第二年（1900），发生了庚子事变，八国联军侵占北京，王懿荣殉国。他来不及留下治甲骨文的任何著作，就是他搜集到的 1 800 片甲骨也辗转归刘鹗（1850－1910）所有了。随后，刘鹗在古文字学家罗振玉雪堂（1866－1940）的促使与襄助下，1903 年出版了第一部甲骨文著录的书籍——《铁云藏龟》。翌年（1904）古文字学家孙诒让（1848－1908）读了《铁云藏龟》之后很受启发，随即写出了《契文举例》(因当时未被发现，直到 1913 年方始付梓)。从 1899－1999 年的 100 年中，已搜集到的甲骨已超过 15 万片，整理出了 4 000 多字，已经释读了 1 000 多字。截至 20 世纪 80 年代末，国内已经出版的甲骨文著录书籍不下 80 余种。在 20 世纪 50 年代之前，治甲骨学的中坚有“四堂”及其他学人。治甲骨学的中坚——“四堂”，是五四新文化健将，语言文字学家钱玄同（1887－1939）所称誉的“甲骨四堂”的简称。他们是罗振玉(1866－1940)，号雪堂；王国维(1877－1927)，号观堂；董作宾(1895－1963)，号彦堂；郭沫若(1892－1979)，号鼎堂。“四堂”治甲骨学的业绩，正如古文字学家唐兰(1901－1979)所说：“卜辞研究自雪堂导夫先路，观堂继以考史，彦堂区其年代，鼎堂发其辞例。”唐氏所说言简意赅。文学家陈子展（1898－1979）写过一首《题战后南北所见甲骨录》的诗，其中有句云：“堂堂堂堂，郭董罗王，观堂沉渊雪堂化，彦堂入海鼎堂忙。”“四堂”治甲骨学的建树分别表现如次：罗、王与孙诒让是同乡，他们两人继孙氏的《契文举例》后，在这一领域内有创获，其功不可没。彦堂亲自赴殷墟发掘，其著作《殷历谱》具有极高的学术价值；另外，其断代研究的创获也甚多。鼎堂则是以甲骨文资料对我国古代社会做了系统研究，所持的是马克思主义的观点。总之，治甲骨学的“四堂”都各具特点。

古希腊有句名言(可能出自先哲柏拉图之口)：

ευεα τα? Μοθσα? φασιυ τιυε? ω? ολιγωρω?

ηυιδε και Σαπφω Λεσβοθευ η δεκατη.

（有人说，缪斯是九人；多么粗心！还有累斯博斯岛的缪斯是第十名）

这就是说，在古希腊神话中，司文艺的女神缪斯一共有九位，而累斯博斯岛的女诗人萨福（公元前 612—？）应该是第十名。古希腊的这句名言同样可以印证于我国：1925 年成立的清华国学研究院，人们都说，这一研究院当时有四位导师，即梁启超（1873—1929）、王国维、陈寅恪（1890—1969）及赵元任（1892—1982）。实际上，在这四个之外还有一个导师，这就是李济（1896—1979）。1992 年 11 月，清华大学召开纪念赵元任教授百岁诞辰学术座谈会，季羡林（1911—）教授主持这次会议。他发言指出："清华国学研究院成立时的导师应五位，其中李济（济之）先生当时的职称是讲师，但是他属于五位导师之一。"[①] 治甲骨学也应是"五堂"：20 世纪 50 年代以降，治甲骨学又涌现出一"堂"——"选堂"。这就是饶宗颐（1917—）先生：他字固庵，号选堂。饶先生现为香港中文大学中文系的名誉教授及艺术系的荣誉教授，香港大学名誉文学博士，多次荣获国际学术方面的奖，1980 年被遴选为法国亚洲学会荣誉会员。饶先生治甲骨学的著作主要有：

1.《殷代贞卜人物通考》，香港大学出版社，1959 年出版。

2.《巴黎所见甲骨录》，香港，1957 年出版。

3.《欧、美、亚所见甲骨录》，新加坡，1970 年出版。

4.《甲骨文通检》，饶宗颐主编，沈建华编辑，香港中文大学中国文化研究所出版。

其中《甲骨文通检》开创了一种新体例，即按专题分类检索。该书已出版了以下分册，即：（1）《先公、先王、贞人》，1989 年出版；（2）《地名》，1992 年出版；（3）《天象》，1993 年出版；（4）《田猎》，1995 年出版；（5）《职官人物》，即出；（6）《祭祀》，尚在排印中。饶先生主编的这套工具书在资料建设方面打下了极好的基础，对今后治甲骨学，特别是有关专题方面的研究裨益更大。饶先生在自己的论著中运用了甲骨文，并且强调了甲骨文的重要性。如在《谈"十干"与"立主"——殷因夏礼一、二例证》一文中，饶先生写道：

我们还得把考古遗存同传世文献结合起来进行考察和研究。……值得特别提出的是甲骨文，在甲骨文中有许多关于商代先公先王的记载……总

① 季羡林：《李济与清华》，北京，清华大学出版社，1994 年。

之，我认为探索夏文化必须将田野考古、文献记载和甲骨文的研究结合起来，即用“三重证据法”（比王国维“二重证据法”多了一重甲骨文）进行研究。[①]……

饶先生是著名的历史学家、考古学家、古文字学家、文学家、经学家、梵学家，还兼擅书法、绘画等。在古文字学这一领域内，饶先生除治甲骨、金文、简牍及帛书外，还治梵学，尤其对20世纪20年代在印度河谷发现的印章图形文字着手进行破译与考释；[②]这或许是域内学人治这门学问的嚆矢。

前面已经谈到，19世纪是破译与释读古文字的前弘期。20世纪以降，随着甲骨文字的发现，研究甲骨文已成为一门世界性的显学。域外：

在土耳其的首都安卡拉（Ankala）东边的Bagaskoy村庄附近，1906年出土一批古代赫梯（Hittete）王国的国家档案，开拓了钉头文字的新领域。赫梯人在公元前二千纪曾统治小亚细亚。他们早期有自己的图形文字。[③]

1947年秋，在土耳其境内的卡那泰坡发掘出一块碑，上面铭刻着腓尼基文与赫梯图形文字对照的碑文，于是破译这种文字就有所突破。德国考古与古文字学家奥滕（H. Otten）之功不可没。还有：

1939年，在希腊大陆皮洛斯坡发掘“涅斯托尔宫”时所得到的石板和泥板最多，这些石板和泥板上的铭文，断代为公元前1200年之先不长时间。这批泥板上的铭文是乙种线形文字，这种线形文字经破译并释读相关的文献，说明这种文字是用来记录克里特的阿该亚人征服者所使用的上古希腊语。[④]

这种文字是英国建筑家文特里斯（M. Ventris，1922－1956）在语言学家恰得威克（J. Chadwick，1920－）的襄助下破译的，随即他们又释读了用这种文字书写的文献（泥板）。这是20世纪破译与释读古文字的又一伟大成就。20世纪五六十年代，苏联学者克诺罗佐夫（Ю. Кнорозов，1922－）治玛雅图形文字，取得了突破性的进展，破译了这种文字，相继又释读了用这种文字撰写的文献。克诺罗佐夫具有极高学术价值的专著《玛雅印地安人的文字》在1963年出版。

18世纪以降，探险与考古兴起，不少湮没与消亡的古文字浮出水面，如佉卢字母（因与之无相应的语言故称为字母）、甲与乙两种吐火罗

① 饶宗颐：《饶宗颐史学论著选》，上海，上海古籍出版社，1993年。
② 饶宗颐：《梵学集》，上海，上海古籍出版社，1993年。
③ 周有光：《比较文字学初探》，北京，语文出版社，1998年。
④ 刘以焕：《希腊上古线形文字说略——比较、参折乙种线形文字与甲骨文的“桼”字》，《华学》第四辑，北京，紫禁城出版社，2000年。

香港大学饶宗颐学术馆摆设的选堂书画

语语文、于阗语文、古突厥语文（或称鄂尔浑语文）、西夏语文、契丹语文（含大小字）、女真文（含大小字），这些语文都相继得到破译，也释读了某些文献，有关这些在此就不多说。

以上种种说明，19 世纪是破译与释读其文献的前弘期，20 世纪是破译与释读其文献的繁荣期，也就是治古文字学的繁荣期。21 世纪已经到来，可以预测，新世纪将是破译古文字与释读用这类文字撰写的文献的更辉煌的时期，也就是治古文字学更辉煌的时期。

（原载《华学》第七辑，中山大学出版社 2004 年出版）

建饶宗颐学术馆记

◎ 朱维铮[1]

1995年饶教授在“建饶宗颐学术馆记”碑文前留影

潮州饶先生宗颐，幼承庭训，钟情艺文；长以诗鸣，驰誉岭表。及丁国艰，寄迹香江。淡泊守智，屏禄利于身外；热腹育人，延华学于一脉。陶文殷契，楚帛汉砖，流沙坠简，石室遗书，靡不多识；音声诂训，孔经墨辩，老庄重言，佛道教理，皆曾穷究。综文史于一途，辨道艺非两歧。通晓亚欧古今辞语，比较东西文明真谛。证前史论正统之非，述先哲求大同之是。为天地四方之学，固庵奇胜定庵而尤正；索中印梵藏之奥，选堂博逾观堂而益精。兼擅丹青，妙善飞白；叉手成韵，弹指皆乐。德行才艺，世罕其俦；学贯中西，史鲜其匹。复曾授业三洲，证道解惑。是以海内名儒，洵颂巨擘；域外专家，群推大师。鉴于先生弘扬中华文化，沟通中西学术，著作等身，声播寰宇；生辉乡里，增光祖国，潮州市委、市政府决定兴建饶宗颐学术馆，以庋藏陈列先生图籍文物，永垂范以作后学矜式，亦便海内外学人之研究交流。馆址居潮城东侧，建筑面积 700 平方米，主楼四层。投资人民币 150 万元，内由香港潮安同乡会陈伟南会长捐助 50 万元，湘桥区人民政府捐助 15 万元。工程奠基于 1993 年 11 月 12 日，竣工于 1995 年 11 月 10 日，同日对外开放。

谨泐石为记。

1995 年 11 月 10 日 后学朱维铮撰文

---

① 复旦大学教授，中国思想文化史研究室主任。

新落成的潮州
饶宗颐学术馆

黄苗子先生为香港大学饶宗颐学术馆题额。广东省潮州市于1995年建立潮州饶宗颐学术馆。2003年在香港大学亦建立了饶宗颐学术馆。这是一个有正式编制的高层次研究机构，馆长由副校长李焯芬讲座教授兼任。近20年间，饶宗颐先生在文、史、哲、艺等方面的各种研究成果为数不少，汇成“饶学”

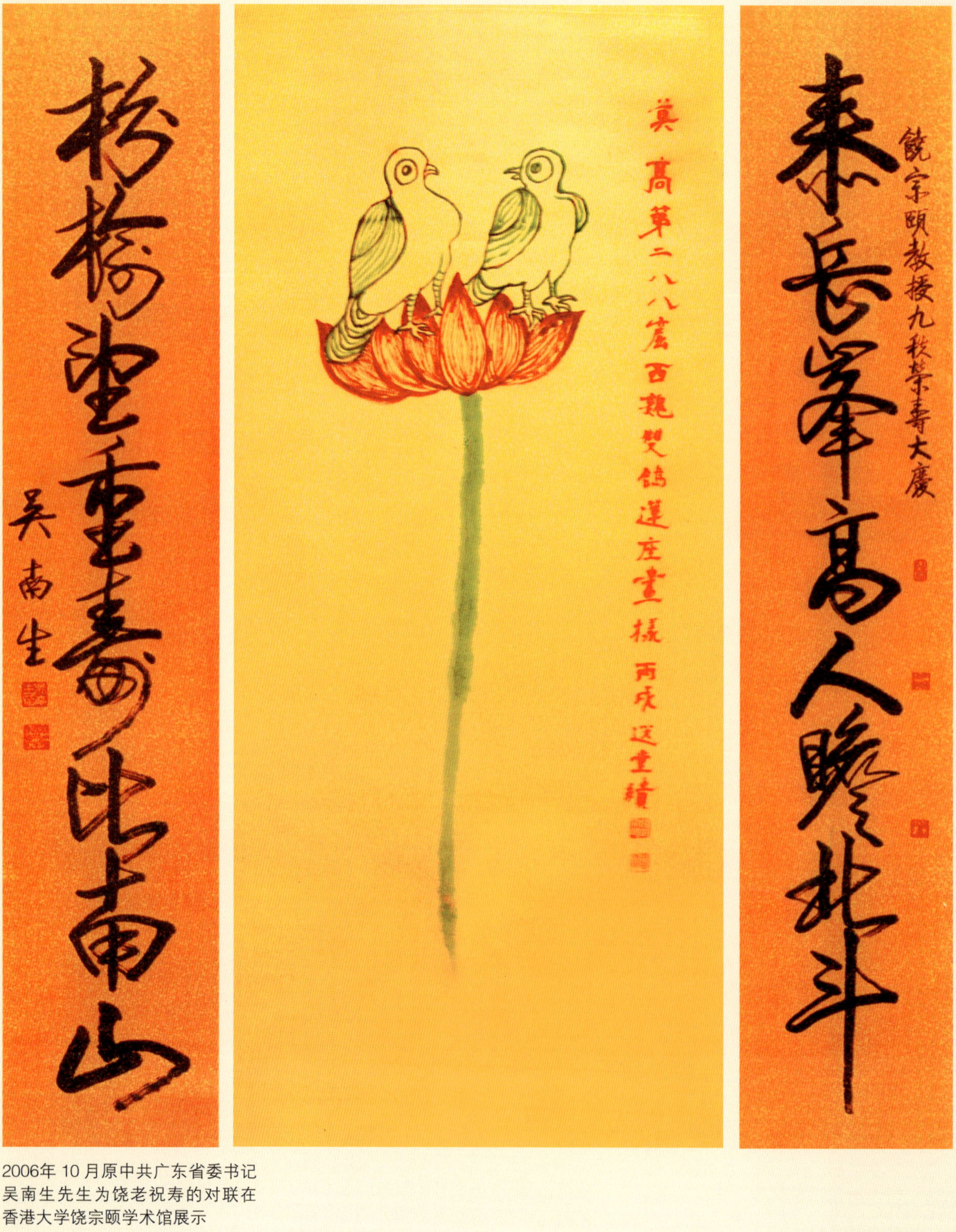

2006年 10 月原中共广东省委书记
吴南生先生为饶老祝寿的对联在
香港大学饶宗颐学术馆展示

选堂访古随行纪实

◎曾宪通①

1980年深秋，饶选堂（宗颐）先生应文物出版社王仿子社长的邀请，在往成都出席第三届古文字学术年会后，即到全国各地进行学术考察。历时近三个月，行程达数万里。在这次旅行中，饶先生饱览了祖国的名山大川，接触到大量新出土的文物考古资料，兴奋异常。回香港后特意请名家刻了“九州历其七，五岳登其四”一方印章作为纪念。笔者有幸作为广东省高教局派出的随行人员全程陪同，深感饶先生不但学问渊博，而且精力充沛，兴趣广泛；几乎一景一物都对他有无穷的吸引力，常常有精警的发挥，使同行者备受教益。先生既读万卷书，又行万里路。这近三个月的旅行和考察，是他一生中第一次在内地作如此广泛和深入的调查研究，也是他人生中在学术和艺术领域内一次很有意义的实践和升华，是值得细细回味的。值此先生喜逢“米寿”之际，谨据笔者记忆所及，略加整理，题名为《选堂访古随行纪实》，以为先生贺寿。

广州 1980年先生继欧洲、日本之行后，于9月20日从香港乘直通车到广州，住广东迎宾馆。当天会见了广东省高教局林川局长，广东省社科院文学研究所研究员、《学术研究》主编杨越先生。第二天，与中山大学赴成都参加学术会议的学者一同乘机前往成都。

2004年与曾宪通教授在一起

成都 中国古文字研究会第三届学术年会于9月21日至27日在四川成都举行。这次会议有不少海外学者参加，尤其是日本学者来得最多。年会的热门话题

①中山大学教授。

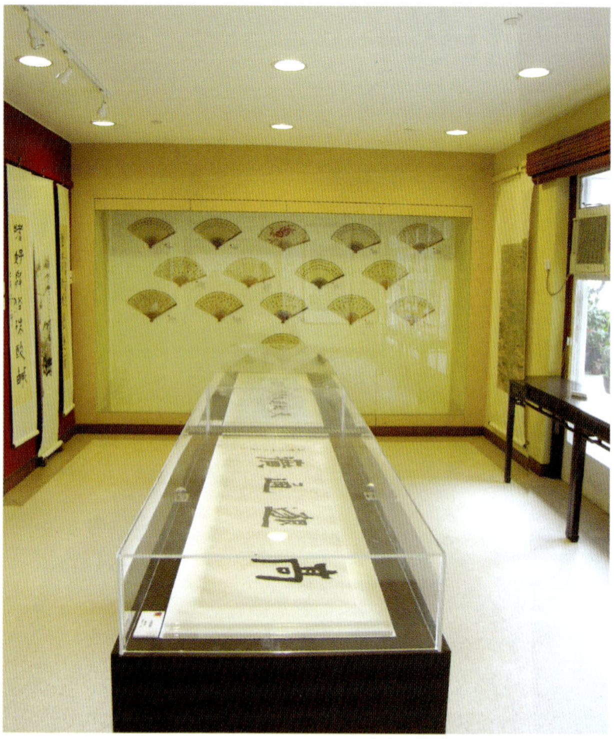
香港大学饶宗颐学术馆展览厅一角

主要有两个：一是卜辞的分期，二是卦爻的辨识。卦爻问题是继第一、第二届年会上讨论的热潮而有新的发展。在本届年会上参与讨论的有管燮初、张政烺、张颔、刘雨和饶宗颐先生等学者。饶先生宣读的论文题为《略论马王堆易经写本》（后刊于《古文字研究》第七辑），一方面对管先生的《商周甲骨和青铜器上的卦爻辨识》一文提出了补充意见，另一方面比较了马王堆帛书本《易经》和汉“中古文本”《易经》的异同，并高度评价了马王堆帛书本《易经》的价值，引起了与会者的广泛兴趣。马王堆帛书《易经》整理者张政烺先生说：“饶宗颐先生论文中对帛书《易经》卦序的推测完全正确，符合实际。帛书《易经》中假借字特别多，可能是文化程度不高的人根据师承口说记下的，别字连篇，对研究当时的语言是一篇非常有用的材料。饶先生根据一片帛片，就写出这篇质量很高的文章，是研究帛书《易经》的第一篇论文，是非常了不起的。饶先生既是文学家，又是历史学家，学问是非常渊博的。”

研讨会于 9 月 27 日上午举行闭幕式。下午，文物出版社派郑昌政先生从北京专程到成都来迎接选堂先生，开始为期近三个月的神州之旅。28 日上午 8 时 35 分，我们一行三人乘 146 次“成兰直快”离开成都。

兰州 饶先生这次自费旅行所带的行李十分简单，但却随身带有《徐霞客游记》和《杜诗镜诠》常常在列车上不时翻阅。在向兰州奔驰的列车上，先生总是喜欢离开软卧车厢到走道上来，隔着车窗看野景；当列车穿山越岭的时候，他总是留心观察峭壁上有没有留下古栈道的痕迹，想象当年李白、杜甫入川时的情景，寻找着“蜀道之难，难于上青天”的感觉。

29日上午 10 时抵达兰州。在我们到达之前，国家文物事业管理局已行文到饶先生所经各地的文化局、文物局或文管会，请为协助接待饶先生和安排参观事宜。故在先生抵达时，甘肃省文化局乔南先生即到站台迎接，下榻友谊宾馆，住后楼二楼，并落实从柳园至千佛洞的交通与参观活动。

下午到甘肃省博物馆参观，会见了陈炳应馆长。饶先生对博物馆的藏品都有极大的兴趣，从新石器时代的彩陶到近代的民间抄本，他都要仔细地观察、琢磨。甘肃省博物馆藏品有两大特色：一是彩陶多。甘肃新石器时代的古文化遗存已知有各类遗址 1 000 多处。包括仰韶文化、齐家文化、火烧沟类型文化、辛店文化、寺洼文化和沙井文化等，出土了大量的彩陶。不但展厅里展出了色彩浓艳、体态各异的彩陶，仓库里也到处堆满了大大小小的彩陶，令人目不暇给。二是简牍多。甘肃自汉武帝元狩二年（公元前 121）开辟河西走廊为中西交通要冲之后，一直成为“丝绸之路”必经之地，故汉代遗址遍布全省，出土了一批批重要的文物。如武威、甘谷发现的汉代简册，中有《仪礼》、《王杖》、医方药简以及优待宗室诏书简等。特别是居延地区发现的两万多枚汉简，则是历来发现简牍最多的一次。饶先生还应邀到甘肃省文物考古研究所参观，看到排列密集的架子上堆满着一盒盒的简牍，工作人员正根据照片做分类整理工作。据了解，这批简牍是 1972－1976 年对居延地区的甲渠侯官遗址及第四燧与肩水金关所作的发掘时发现的。绝大部分是木简，竹简极少。计有简、两行、牍、检、符、觚、签、册等，内容非常丰富，已初步整理出 70 多个簿册，如诏书、律令、牒书、爰书、军纪、赏罚、名籍、兵器、奉廪、钱粮簿等，都各有一定的行文程序和文牍格式。其中有纪年的简达 200 多枚，上到西汉武帝，下至东汉初年，而以宣帝时期的简最多。先生后来有关汉简，特别是王莽时代的简的论作即得益于此。

晚上乘车游览兰州市容，并步兰州黄河大桥，登北塔山公园，9 时方归。

9月 30 日上午 8 时 19 分乘 52 次“沪乌直快”离开兰州，前往敦煌。

敦煌 从兰州到柳园，列车运行 24 小时。当列车在河西走廊上奔驰，武威、张掖、酒泉、玉门，一座座城市从车窗前掠过，作为诗人的饶先生心潮澎湃，他玩味着唐人的有关诗作，像骑上骏马，在“丝绸之路”上来回飞驰。可是“西出玉门”之后，人烟稀少，偶尔有一两个“土围子”出现在一片沙砾之中，已经进入大戈壁的范围了。列车于 30 日上午 8 时 14 分抵达柳园。由甘肃省文化局通知敦煌县派车到柳园来接饶先生。为了减少先生旅途的疲劳，这次派来的是一部绿色的小轿车。小轿车在沙漠上飞奔，先生毫无倦色，一直在等待着据说是沙漠上常见的海市蜃楼的出现；但只见远处有一片湖泊，虚幻朦胧，似是而非，可望而

不可即，始终不能满足心中的欲望。偶尔见到沙漠上的骆驼群，先生便让司机把车停下来，走近骆驼群照相留念。经过三个多小时的车程，于中午抵达敦煌县城，夜宿县招待所。这里还没有专用于招待外宾的宾馆，似乎饶先生是第一位从境外来到这里住宿的客人。不过还算安静和清净。饶先生生活上非常简便，没有什么特别的要求，是最容易侍候的。过去先生在国外亲手摸过多少遍敦煌卷子，现在第一次在敦煌过夜，尽管条件并不尽如人意，可精神却格外兴奋。敦煌的夜晚要到 9 点多钟才天黑，县城只有一条长街，我们便一直在街上蹓跶。偶尔天上飘过一阵乌云，脸上虽有雨点的感觉，地上却一点湿的踪影也没有。

莫高窟 在敦煌城东南 25 公里的鸣沙山东麓，莫高窟（又称千佛洞）深藏于一条山沟中，周围有林木覆盖，呈绿色条带嵌于荒漠之中。洞前有大泉河，属间隙散流水沟，河床早年流经千佛洞侧，沿河自北至南布满洞窟，绵延二三公里。从敦煌到莫高窟大约需要二三十分钟的车程。因为每天的交通工具无法保障，只好在莫高窟的敦煌研究所临时找个地方住下来。这样，对饶先生来说更加是求之不得的了。莫高石窟工程开始营造于东晋永和九年（353），经北魏、西魏、隋、唐、五代直至宋、元，历代增修。在莫高窟接待饶先生的除敦煌研究所负责人段文杰和樊锦诗两位先生之外，还有施娉婷女士。当即由施女士陪同游览大泉、鸣沙山。饶先生又写诗，又作画，兴致勃勃。晚宿莫高窟招待所。

第二天由施娉婷女士陪同参观千佛洞。这里现存洞窟 550 余座，其中 492 座存有精美、细致的壁画和塑像，都有极高的艺术价值。饶先生看了其中 30 多个。次日又入洞看了 20 多个，前后共看过五六十个。记得 1978 年初夏在西安参加考古学会成立大会之后，曾与麦英豪、陈振裕二兄同游敦煌，几乎跑遍千佛洞所有的洞窟，结果没有留下多少印象。这次有施女士导游，饶先生讲解，专找最具特色和最有代表性的洞窟参观，学到不少相关的知识，留下深刻的印象。施女士还特地带饶先生参观当年（1900）王道士发现的藏经洞。据介绍，藏经洞中保存着自晋至宋包括近十个朝代的各种历史文物和文书约三万多件，除大量的唐人写经和画卷之外，还有买卖契约、借贷典当等文书，涉及文学、历史、天文、地理、历法、医学等内容。除汉字外，还有古藏文、梵文、回纥文、龟兹文等，并有抄本、雕本、印本各类品种，具有重要的学术价值，形成了国际著名的敦煌学。可惜大部分已在发现后不久为英国人斯坦因和法

国人伯希和运往国外，但国内尚有一些剩余，尚有不少重要资料。接着施女士陪饶先生到研究所阅览敦煌经卷，下午又乘车到敦煌县城，参观了敦煌博物馆收藏的写本和烽火台的其他遗物，收获颇丰。

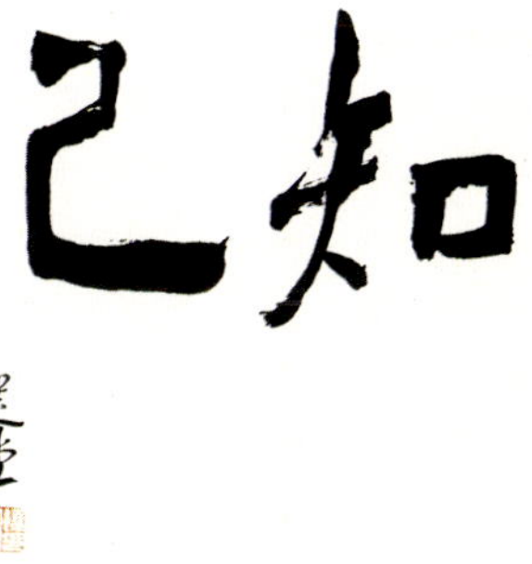

饶先生是海内外著名的敦煌学大家。早年即有《敦煌本老子想尔注校笺》(敦煌六朝写本张天师道陵著)之作，其后又在法国与著名汉学家戴密微（Paul Damieville）教授合著《敦煌曲》(于 1978 年在巴黎出版)，及出版《敦煌白画》、《敦煌本文选》等著作，为敦煌学研究增添异彩。前不久又为日本二玄社编纂《法藏敦煌法书》29 册，在国际敦煌学界享有盛誉。先生这次到敦煌来作实地考察，主要有三个目的：一是通过参观有代表性的洞窟，了解不同时期敦煌绘画的整体结构和特色；二是具体了解没有流失国外的国内藏卷的情况及其实物资料；三是考察敦煌白画与整个敦煌艺术的关系。饶先生是对敦煌白画进行系统和专题研究的第一人。所谓敦煌白画，是指藏经洞出土的敦煌遗画中的各种白描画。这些白描画，有的是洞窟壁画的底稿，有的是佛经故事或变文的插图，有的是用于供养的佛教尊像，甚至是画工的信手练笔之作。先生将它们分成人物画和动物画两大类，结合中国古代白画资料，探讨敦煌白画与敦煌画风的关系。尤其是对敦煌白画所反映的若干"技法"，先生进行了深入细致的揭示和分析，在敦煌白画艺术史研究中占有重要的地位。通过这几天的参观活动，先生真切地认识到要研究藏经洞的白画资料，必须同敦煌石窟的壁画结合起来，才能做出令人信服的结论。所以，几乎每个洞窟，每卷画卷和经文，都对饶先生产生无穷的吸引力。在离开千佛洞前夕，先生作《莫高窟题壁》诗：

河湟入梦若悬旌，铁马坚冰纸上鸣。
石窟春风香柳绿，他生愿作写经生。

10 月 4 日乘小车离开莫高窟和敦煌县城至柳园，于 12 时 30 分转乘 72 次"乌郑直快"离开柳园赴西安。5 日(星期日)整天在火车上。

西安 10 月 6 日清晨抵达西安。陕西省文物局办公室马振民主任和博物馆薛铸同志到站迎接，下榻人民大厦。西安古称长安，是我国历史上建都较久的古城，几乎遍地皆有文物古迹，是古代文化遗迹、遗址和遗物荟萃的地方。当天即参观陕西省博物馆，由该馆青年书法爱好者薛铸作陪。这里原是一座文庙，陈列以周、秦、汉、唐文物为主，而以西周青铜器尤具特色。下午在碑林欣赏历代书法和碑刻，摘录了一些材料。

中午在东亚饭店吃包子，先生还被薛铸邀到家中喝茶并挥毫。晚饭后，饶先生和我到住处附近的人民广场散步。在回宾馆的路上，小铸急匆匆地跑来对饶先生说："我有个请求，不知先生能否帮忙?"先生关切地问："什么事?"小铸说："我家需要一台缝纫机，但只有友谊商店才能买到。我们已备好买缝纫机的外汇券，想麻烦先生到店里帮我们买下。"先生表示同意说："商店离这里远不远?""不太远。""有车子吗?""有。"小铸很快从路旁推来一辆自行车，来到先生跟前，用手拍拍自行车的后架说："请先生坐上来吧!"先生愕然。我连忙阻止道："这成何体统?先生从来就没有这样坐过，万一出事，你担当得起吗?"先生看着小铸一副沮丧的神情，便又说道："走路来得及吗?"小铸连声说："来得及、来得及，只要走快点就一定来得及。"就这样，小铸推着自行车在前头快跑，我和饶先生在后面紧跟。来到友谊商店，只差一刻就九点钟了。当即凭饶先生的护照办了买缝纫机的手续，待到把缝纫机搬上自行车，商店也就关门了。回到宾馆，小铸挨了国家文物局郑昌政先生一顿严厉的批评。然而，饶先生这位大学者急人所急、助人为乐的精神却深深地感动着每个人。

第二天驱车临潼，沿途参观半坡遗址，华清池。在华清池用餐时，先生问服务员："洗手间在哪里？"服务员说声"请稍等"，便端来一盆清水，弄得先生不知如何是好。可见当时内地仍处于封闭状态，接待部门对境外这种委婉说法还不了解，才弄出这样的误会来。下午参观临潼博物馆、秦始皇陵和秦俑坑，先生对秦俑坑赞叹不已，说"作为陪葬的队伍竟如此壮观，当日的盛况更是可想而知了"。第三天参观乾陵、永泰公主墓和章怀太子墓壁画，在乾陵用餐。下午到咸阳市博物馆参观，该馆与临潼博物馆各具特色。再回西安参观小雁塔、大雁塔，见到许多有关唐玄奘的材料，先生向有关部门建议作一《塔志》。夜，先生作《荐福寺》（原注：旧为义净译经处，小雁塔在焉）诗云：

唐都双塔著高标，相去慈恩一里遥。
膜拜遐方还踵接，象胥译事已冰消。
空余行纪传天竺，想见驮经越灞桥。
落日古槐人迹少，西风台殿叶萧萧。

又步杜甫韵作咏塔诗——《登慈恩寺塔次杜韵》：

发迈自岷陇，我行殊未休。顾瞻千里原，莽荡已忘忧。
四塞有山河，古迹难尽搜。塔势可撑天，凿险更縋幽。
万国争登临，声教东西流。俯窥一气青，蒙蒙值残秋。

汉武拓河西，宛马复可求。
西胡断右臂，苕草入吾州。
太宗置安西，突厥安足愁。
耽耽强邻迩，尚阻昆仑邱。
登高感喟生，凌虚足可投。
向来论形势，所贵在人谋。

9日上午8时30分乘180次列车离开西安。饶先生本拟顺道登游西岳华山，因闻华岳悬空断链，伤及游人，只好作罢。

1980年在洛阳白马寺

洛阳 10月9日下午4时抵达洛阳，住洛阳友谊宾馆。洛阳素称“九朝之都”，地上地下文物不计其数。次日由龙门石窟保护所李小妹小姐陪同，参观伊阙龙门石窟。除著名的宾阳洞和奉天寺外，还到伊水东参观香山寺及附近三石窟。下午由洛阳市博物馆陈新先生和王城公园马爱君小姐陪同，到洛阳博物馆和王城公园参观汉墓及汉画艺术展览，至18时55分才回到宾馆。第三天原计划到登封少林寺，临开车时接到电话，说大雨不能通车，只好改到白马寺参观。白马寺是东汉佛教传入中国后兴建的第一个寺院，山门正中门额上嵌有“白马寺”石匾，是明嘉靖年间司礼监太监黄锦所立。饶先生说：“亦有一位海阳人名叫黄锦的。”先生仔细地考察了寺里目前仍保留着的三块北宋的石碑，还有清代著名和尚如琇的许多碑记，感触良多。先生说齐云塔也有两块宋碑和一块金碑，让导游带着大家来到齐云塔，真是大饱眼福。接着又到汉魏故城参观狄仁杰墓以及灵台、辟雍、太学等著名遗址。下午回宾馆休息，饶先生诗兴大作，成《白马寺三景和释源如琇原韵》三首：

其一：清凉台

珐琅礼器尚玲珑，曾是龙川兜率宫（原注：女真人龙川和尚元大德间开山于此，壁间嵌其遗嘱记）。犹有天禧遗记在，低徊苍桧立冥蒙。

其二：齐云塔

耶律镌碑在此间（重修白马寺塔记为金大定十五年耶律垂立石），落星高塔不能攀。欲寻坏壁余秋草，白马何年绕碧峦（旧传寺壁画绘白马

1980年饶教授（左二）与曾宪通（右一）在洛阳龙门石窟

成群，绕塔悲鸣）。

其三：腾兰墓

衣冠设冢壮山隈，汉殿长年掩绿苔。不及二僧名字在，西来榆欓久成灰（此处有焚经台，如琇句云“榆欓其文是亦非”）。

12日上午由洛阳市文化局副局长蒋若是先生陪同参观关林。关林在“文化大革命”中受到破坏，现正在修复中，本不开放，故须由领导特许方能进入。当时正是雨后放晴，庭院遍地堆满邙山出土的唐宋墓志。先看三大殿，两侧殿准备陈列石刻和墓志，估计有三四百方。据蒋先生说，洛阳出土的碑志约有五千多方，现存一千多方在洛阳，其余散在各地，如加以集中，确是一个大博物馆，其中保存有很多珍贵的资料，可补正史之失。当时饶宗颐先生正协助法国法兰西远东学院整理该院收藏的中国唐宋时代墓志拓本，成《唐宋墓志·远东学院藏拓片图录》一书（此书已于1981年由香港中文大学出版社出版），故对蒋先生的介绍倍感兴趣。下午游邶邙山。汽车沿公路盘旋而上，至山顶一片平地，真是“上山不见山”，整个洛阳城就在脚下。四周望去，邶邙山东连龙门山，西接嵩山，绵延至大别山，中间一席平原。饶先生说：“此处登高望远，气象万千，难怪周公当年即选定此地经营洛邑。”东眺上清宫，为当年武则天避暑胜地，顺访魏王墓，虽不甚高，但雨后路滑，须互相援手牵引，方能攀登。远眺四方，顿觉心旷神怡。大家纷纷在墓顶留影纪念。

13日上午10时30分乘8/11次“成沈特快”离开洛阳，经登封、巩县，前往郑州。

郑州 10月13日下午3时到郑州。河南省博物馆裴明相先生到月台迎接，下榻于中州宾馆。稍事休息，即出发参观商代古城，由杨意彬先生负责讲解。在古城址适遇文物出版社金冲及、俞晓尧两位先生。晚上饶先生打电话回香港报告行程，我到郑州大学拜访张静副校长和崔灿先生，打听到中国语言学会开会的确切消息。次日上午参观郑州市博物馆，遇张松林先生，并由他陪同参观大和村新石器时代遗址，看到1～4号房基，基础及墙壁残部十分清晰，有明显的火烧痕迹，这是当时建屋的一道重要工序，因其地层可以把仰韶文化和龙山文化连贯起来，是一处十分宝贵的考古遗址。时逢雨后遍地泥泞，车不能进，只好步行，但地湿路滑，如履薄冰，至中午12时30分才回到宾馆。下午由裴明相先生陪同参观河南省博物馆。馆藏展品十分丰富，尤以各种品类的文字资料最具特色，还有不少新出土的材料尚在整理之中。从河南发现的考古文物来看，夏代文化的确大有研究价值。从他们把传说中的夏代迁都地点同早商文化联系起来考察，可以看到某些早商文化确有夏代文化的特性。在今天的河南境内，几乎自夏商周至秦汉，都有丰富的文化遗存，由此证明中原地区确是中华民族的发祥地。

少林寺 10月15日一早，由郭建邦先生陪同到登封参观少林寺。驱车至登封县城，趁着天气尚好，饶先生建议立刻上山。只见太室、少室二山环抱，气势雄伟。因山路崎岖，不得不换乘旅行车在山道上盘旋爬行，仍然颠簸不已。直至进入深山密林之中，寺庙即出现在转弯处。门额上赫然出现“少林寺”三个大金字，乃康熙御书。入门便见五进间，两边碑刻林立，中有李世民、武则天御书各一石，十分珍贵。余者以禅宗派系谱录最多，而以明碑为盛，从中可见明清时代少林寺的盛况。惜遭军阀石友三放火焚烧，破坏极为严重。大雄宝殿至今只剩遗址，后殿尚大致完好，如清代壁画“少林寺拳术图”及“救李世民图说”等，都保存甚好，并正在修葺中。中午在招待所用餐，遇张颔先生，并一起欣赏香港演员表演武术，拍电影《少林寺》。下午参观中岳嵩山庙。庙宇整体建筑为五进间，前有汉阙，后有黄盖峰亭，前后相隔达2 000米，内有宋刻三碑，铁人四品，其中以汉阙所存汉石刻碑最为珍贵。可惜因时间关系，不能到周公观星台及嵩山书院参观，只好归去。途经密县大虎亭村，参观汉墓二座，一为壁画墓，一为浅雕石刻画墓，规模空前，令人叹为观止！

开封 10月16日清晨由郑州驱车至开封，由开封市文物管理委员会徐先生陪同参观开封铁塔、龙亭、相国寺、禹王台及繁塔等四处古迹。

饶先生知道我在 1961 年陪商承祚教授到过开封，问我有什么变化。我说，铁塔、龙亭还是老样子，相国寺当年是个市场，沿街唱戏叫卖，人群熙熙攘攘。回看今日两边盖起新建筑，殿庙正在修建中，其中八角殿整个提高地层 1 米，看来工程不小。饶先生说，繁塔是三国时繁钦住过的地方，后五代在此修塔，原有九级，今只剩下三层，但高大巍峨，可以想见当日的雄姿。先生指出，开封是宋代盛都，现在地上的文物所存无几，令研究宋史的学者无限感慨。午饭后驱车至柳园口，这里是黄河河面最宽的地方，与兰州河面相较，自有天壤之别。每逢汛期，这里十分壮观。可惜我们到河岸上看时，只剩中间一线河道可以通航，很不过瘾。此处引河灌溉成绩十分显著，难怪我们在开封可以吃到香喷喷的大米饭，比南方的粳米更加诱人。

当晚 19 时 15 分乘 2 次"长京特快"离开郑州赴安阳。

安阳 10 月 17 日晨到安阳，安阳市文化局局长及博物馆四位领导前来迎接，住安阳宾馆。上午参观殷墟研究所，由杨锡章所长介绍安阳发掘情况，接着参观陈列室。饶先生于 20 世纪 50 年代研究甲骨文，出版《殷代贞卜人物通考》一书，始创以贞人为纲研究卜辞内容和时代的体例，在国内外很有影响。这次来到安阳，便急于到小屯村和洹河两岸凭吊殷人，当即驱车到小屯村口大路边发现大批甲骨的小屯南地和妇好墓地照相留念；又特地来到洹河边，看到这条数千年的古河依然静悠悠地流淌着，可惜河水已被污染得不像样子。下午参观市博物馆，该馆设在袁世凯的陵墓内，其实是袁氏发迹史的展览馆，文物大多是复制品，却也十分丰富。墓道上有石人、石马，整个墓冢不古不今，非中非洋。墓冢上的土堆在"文化大革命"中被红卫兵铲平，石块被推到小树上，十多年来，树和石头盘根错节，更加显得不伦不类。最后登上了文峰塔（又名天宁寺塔）。这座在五代建造的古塔，上大下小，结构特殊而牢固，令人叹服！在陪人的导引下，饶先生和大家一道，一口气登上塔顶，眺望安阳这个具有三千多年历史的古都。当晚饶先生和我乘 141 次列车赴武昌，郑昌政先生先返北京。

武昌 列车于 18 日晨抵达武昌。舒之梅先生前来车站迎接，宿于东湖翠柳村客舍。这里是别墅式小楼，环境幽雅，虽是深秋气节，仍然芳草鲜美，落英缤纷，真是休闲的胜地。中午在舒家午宴，舒夫人做了 12

道地道的东湖菜色，请饶先生尝一尝。先生与新朋老友欢聚一堂，大饱口福，十分痛快！下午参观湖北省博物馆，重点看了随县曾侯乙墓出土的竹简，以及所有共出器物。其中最突出的是 8 种 124 件的古代乐器，包括一套 64 件的青铜编钟，以及编磬和鼓、琴、瑟、笙、排箫、横笛等，简直是一个地下的乐宫。在谭维泗馆长的陪同下，饶先生还观看了编钟演奏的录音表演，仿佛把人们的思绪带回到二千多年前的曾侯国去了。

第二天继续在馆里参观，我们把所有随县出土的编磬铭文全部录下，基本上能够通读。在库房里看到一对随县出土的漆衣箱，箱子上写有漆书铭文，其中一件书有 28 宿名，左下角有文 6 行 20 个字，尽是古文奇字。展厅上只有摹本，没有释文，不可通读。谭维泗馆长遂请先生为之考释。当晚，先生深入考察了漆箱文字的整体内容，推断其必与天象、乐律有关，再联系有关古文奇字的形体、意义与音读，经过反复推敲，终于写出“民祀隹坊（房），日辰于维，兴岁之四（驷），所尚若陈，经天尝（常）和”20 个字。次日先生向谭馆长交了一份令人满意的答卷，为博物馆展厅填补了一项空白。有意思的是，二、三句末字之 “维”与“四” 竟与谭馆长大名相应，更是巧合，闻者无不莞尔、折服！（今按：末句“经天”二字，先生根据新出楚简资料改释为“琴瑟”，整句应读作“琴瑟常和”）

第三天上午，根据照片和拓本在博物馆对照实物，细读编钟和编磬铭文，尤其注意钟体的大小和标音铭、乐律铭之间的关系，颇有收获。还观看了编钟的仿造工艺。下午，接到严学窘老先生的通知，邀请饶先生和我参加中国语言学会成立大会。4 时许，由华中工学院语言所办公室刘主任和严武先生前来接我们到珞珈山路军区第四招待所报到。当晚同中山大学的与会代表高华年、黄家教、李新魁诸先生会面，并拜会了王力、吕叔湘和朱德熙三位先生。

中国语言学会成立大会 10 月 21 日上午，中国语言学会举行成立大会，由吕叔湘先生主持开幕仪式，王力先生致开幕词。出席大会代表共 180 多人，平均年龄在 60 岁以上，许多著名的语言学界老前辈都到会了，过去只读过他们的著作，这次有机会聆听他们的教诲，真是太荣幸了。下午分组讨论，饶先生和我都被分在古代组，由殷孟伦老先生当组长。饶先生提出题为《秦简日书中“夕”（栾）字含义的商榷》一文（后来刊于《中国语言学报》第一期），此文根据战国阴阳五行家的理论解释秦

简所记楚月名中“夕”和“𡰥”的意义以及每个月里“日”和“夕”的对立和消长。因为文中涉及秦简和楚简的许多新材料，又是同朱德熙、梅祖麟两位先生进行讨论，引起大家极大的兴趣。老先生们发言很热烈，小组会开到很晚才结束。晚上看电影《第十个弹孔》，十分感人。

第二天举行学术报告会，吕叔湘先生作题为《我国语言学的现状和展望》的主题报告，谈到当前语言学界要注意处理好几个关系，即中和外的关系；虚和实的关系；动和静的关系；通与专的关系等，并提到语言学的规划问题。很受教育和鼓舞。

第三天继续进行学术交流。晚上我们整理行装，准备明天一早出发到荆州去。

荆州 10 月 24 日早晨，语言所陈章太先生前来给饶先生送行，同行的还有周祖谟先生。车送至东湖边湖北省博物馆后，即转乘小车。由武昌出发，经汉阳、沔阳、潜江、江陵四县，行程 230 多公里，历时近 5 个小时，于下午 1 时抵达荆州，住荆州宾馆。滕壬生馆长前来迎接，并安排有关活动。

午饭后稍事休息，即到纪南故城参观。故城在荆州城北 7 公里处，因处于纪山之南，故名。城周经钻探为 31 公里，有 8 个门，以南、北城墙保存最好。我们站在东北角的城垣上，面对纪山，东为雨台山，西为八岭山，城内有凤凰山，即出古尸的 167 号、168 号墓所在地。但这里的所谓山，实际上只是高地，故在山并不见山。出有大批楚简的望山在西北角，天星观在东南方。不到实地考察，根本就弄不清这些著名地点的地望和方位，现在终于明白了。离开纪南古城，驱车来到荆州城。城门和城墙保存得非常完好，难怪许多古装片都到这里来拍摄外景，远观近看都十分逼真。同饶先生、周先生漫步在古城垣上，大家不约而同地谈起三国时孔明的故事，希望周祖谟先生来一段京腔清唱，可惜天色已晚，只好赶回宾馆休息。

25 日与周祖谟、舒之梅先生一起到荆州博物馆参观，看到好些战国铜剑，大多是越剑，也有巴蜀剑，还有一把叫“郙君用宝”的奇字剑，铭文是刻款，虽很工整，但字形讹变得很厉害。“郙”有释作“楚”者，殆误。还参观凤凰山 167 号、168 号墓出土的两具古尸，可能是一对夫妻的墓葬。男的体魄非常健壮，所有关节均能活动，经解剖证明，他的全部内脏都很正常。尤其是那对足足有 40 码大的西汉麻鞋，看起来就像新的

1980年在长江夔门峡

一样。从这具古尸口中所含的玉片得知，死者的名字叫做“遂”。

下午在沙市码头候船，2 时正，“东方红 64 号”驶靠码头。即同周祖谟先生等话别，周先生回武汉，饶先生、舒之梅和我三人登上游轮，准备畅游三峡。晚抵宜昌，当晚在船上歇息。

长江三峡 10 月 26 日凌晨 3 时 30 分从宜昌开船，在南津关开始进入三峡范围。6 时整，饶先生叫我起身看风景，揭开卧室窗帘，只见船头两道白光射向两岸，红绿二色相间的航标指示航道，两岸高山耸立，群峰突起，一轮明月离峰数尺，举手可摘。整个峡谷像披上一层薄纱，浸浴在喷薄欲出的晨曦之中。天一亮，我马上举着相机，对景拍摄。两岸奇峰独秀，目不暇接。9 时到香溪，传说为王昭君当年洗脚处，有一碧绿小河从香溪流出，那便是王昭君的故乡。10 时到秭归，这里是战国爱国诗人屈原的故里。过了西陵峡，便到巴东，巴东县城倚江而立，气势雄伟。中午开始进入巫峡，所谓“长江三峡巫峡长”，一点不虚。这里有巫山十二峰，峰名各异，风采殊别。当船到神女峰时，甲板上站满了看风景的人，饶先生正聚精会神地对着神女峰写生。忽然传来呼救声，说是有人落水。船身一个急转弯，饶先生正在写生的铅笔，冷不防便掉到江里去了。原来指挥台正在组织营救，急把船头转向，顺流跟踪，并从甲板上放下救生小船，四处寻觅。大概找了半小时，仍了无踪影，眼看水深流急，险滩暗礁，即使获救，也难活命，只好放弃。据轻生者的同伴说，投江者是因生意失败，血本无归，故而自沉江底，悲哉！待回头赶到神女峰，已过了一个多小时。神女依然无恙，她仍屹立在顶峰之侧，神态自若，十分清晰，似乎还不知道在她脚下刚才发生的悲剧。逆水而上正是写生的好时刻，为了不错过这个机会，我从验票员处借来一根红蓝铅笔，好让饶先生继续写生。

神女峰过后，游轮进入瞿塘峡。瞿塘以“险”著称，两岸高山壁立，峭壁奇峻，一舟居中，仿佛在一线天中行驶。可惜天色已晚，不能尽览。8 时 30 分到达奉节县城，登岸拾级而上，迎面为“依斗门”，进入“天街”，平坦如原，不知高山上竟有如此平旷之山城。夜宿县政府内之接待室，通透宽敞，空气清新。由县外事办公室主任冯俊强先生安排明天活动，饶先生和我们都十分满意。

奉节 奉节山城虽小，名气可大。历史上曾经有过许多著名的诗人在这里住过，如李白、杜甫、白居易、陆游、苏轼等，尤其是杜甫，他前后在这里住过三年，至今还留有杜公祠、草堂河等遗址。饶先生说："杜甫到夔门后所写的诗是最好的。他写的夔门诗共有 430 多首，杜诗里所描绘的许多景物，都可以在这里找到见证。"难怪先生随身带着《杜诗镜诠》经常翻阅，还不时讲述给我们听，让听者受益无穷。

10 月 27 日清晨和先生一起在接待室的院子里散步，据说这里原来是刘备妻子甘夫人的墓地，她原死于襄樊，在刘备死后由诸葛亮命人移尸骨埋葬于此。附近还有张飞的守灵处。根据饶先生和考古学者的分析，张飞为甘夫人守灵之说不可信。倒有可能此地原来就是刘备坟，才有张飞守灵处，又移甘夫人尸骨与刘备合葬的道理。也只有这样，才与白帝城为刘备临终托孤之地的传说相符。据说前几年在附近基建时发现有大墓道，则此处为刘备坟的可能性是很大的。然则成都武侯祠后的刘备坟实为衣冠冢而已。

8时 30 分由奉节县城乘船赴白帝城，经过 7 公里的水路，于 9 时 30 分来到白帝城。先在白帝庙前照相留念。由文化馆主任袁仁林先生陪同，参观白帝庙内刘备、孔明、关云长、张飞塑像和碑林，以及本地出土的文物展览。在碑林处发现有清代著名古文字学家刘心源的碑刻四方，他前后三次来到白帝庙，留下不少墨迹。午间在庙后餐馆用餐，这时，袁主任向先生求赐墨宝，饶先生遂于饭后到后院挥毫留念。诗云：

黄昏莫辨瀼东西，赤甲白盐天更低。
重讽苍藤古木句，惜无两岸夜猿啼。

由白帝庙休息室可以看到赤甲、白盐二山所形成的峡谷如门，这就是著名的夔门峡。两山之下原有滟滪堆，是杜甫诗中常见的诗景之一，因其有碍航道，已被炸去。站在休息室外的岩石上，便可居高临下，眺望赤甲、白盐，两岸风光尽收眼底，十分惬意。先生中午没有休息，仍然兴致勃勃地站在岩堆上写生。我用相机的镜头留下了这一难忘的时刻。

因昨晚船过瞿塘时天色已晚，不及细看。为填补这一遗憾，今天下午特租一小艇，畅游瞿塘。1 时出发，先到夔门的白盐山下摩崖处观看历代名人题记。来到凤凰泉，这里洞窟已修葺一新，拾级而上，有石桌、石椅供人野餐。饶先生立马创作一幅妙趣横生的素描画，笑得大家前俯后仰。登步至摩崖处，有南宋乾道七年（1171）的大碑，乃赵不忧所撰文，赵公硕书写，尚有一大宋碑，已经风化，仅数字可辨，但关键的人名则剥蚀严重。和尚们的题记倒是不少，也较清晰，多是无关宏旨。最有意思的是冯玉祥于1939年的题刻："踏出夔门，赶走倭寇!"日本投降后，1945年他又补记此事。特别显眼的是李端刻的"巍哉，夔门"四个大字。先生在这里低吟细画，流连一个半小时才依依不舍的离去。

乘汽艇来到风箱峡，这里以保存战国时巴人的悬棺葬而著名。因悬棺于十数丈高的悬崖上，形如风箱，故土人附和为鲁班师的风箱而得名。因岸边地势险峻，不易攀登，饶先生便留在艇上写生，我和舒之梅、李适田两先生又爬又攀地登上峭壁的岩堆上，除遥望高处的悬棺葬外，还艰难地走了一段古栈道，亲自体味一下"蜀道之难，难于上青天"的滋味。4时30分准备返航，但因水情不好，不敢按原路回去，便绕道八阵图、艳滪堆，饱览夔门壮观，委实"巍哉"！当晚，县外事办公室冯科长和李适田先生在招待所餐厅设宴款待饶先生。大家尽兴而饮，十分高兴。晚上，先生作《夔门登舟拨蒙密，观大宋中兴颂摩崖，次简斋游浯溪韵》，诗云：

字大如斗杂藓碧，舍舟入岬扪赤壁。中兴词句何庄严，长江至此有正色。
滟滪堆已上下通，方舟无复愁人力。即今化险以为夷，万古路难缘此石。
渔者休歌巫峡长，玄猿罢哭千山侧。盘涡犹有白鹭眠，独树依然怀忧恻。

28日晨6时30分起身，天色大白，今天仍是少有的好天气。7时30分饭后，由冯科长陪同参观永安宫遗址。这里现在已变成县的师范学校，只有几棵古树还略存古意。大家在树前留影纪念。最后，冯科长领着大家去凭吊江姐的丈夫彭咏梧烈士墓，据说当年彭政委被杀之后，身首异处。解放后群众为了给烈士恢复全躯，做了许多调查工作，终于把身首的骸骨复合了。这是群众对烈士的爱戴，可慰烈士于九泉之下矣。

上午10时30分乘"东方红123号"从奉节出发，沿江顺流而下，一路风景，与逆水而上自有不同。但比较而言，顺水行舟，好景稍现即逝，不如逆水可停留片刻，细细品尝。沿途峰回水转，重岩叠嶂，形势十分险峻。从宜昌到奉节历时17个小时，而从奉节到宜昌只需7个多小时，可见顺水与逆水是大不一样的。"东方红123号"二等舱只有饶先生、舒之梅和我三人。我们坐在船头的休息室里，两岸风光尽收眼底，饱览着三峡的顺逆和始终。下午5时30分抵达宜昌。途经葛洲坝，它是当代中国最大的水力发电站，规模很大，发电量达 270 万千瓦，相当于 1949 年全国发电量总数的 3 倍，十分壮观。船进码头，宜昌博物馆的小杨前来迎接，到宜昌宾馆进餐后，在会议室稍事休息，于 8 时正乘火车返武昌。

29 日，从宜昌经当阳、荆门、丹江、襄樊，再南下经随县、安陆、云梦，于 9 时到达武昌。刘彬徽先生已在月台迎候。遂驱车至汉阳归元寺参观，寺院保存完好，香火甚盛，十八罗汉威严逼真，达到很高的艺术境界。中午在寺内餐厅吃素餐，饭后游翠微古池。4 时至武昌车站，乘 16 次“广京特快”北上京华。

1980年与曾宪通教授
在北京故宫太和殿前

北京 10 月 30 日 9 时 10 分抵达北京，文物出版社王仿子社长及郑昌政先生前来迎接，住华侨大厦。上午到民族文化宫参观少数民族古文字展览，内容非常丰富，琳琅满目，是我国民族大家庭光辉文化的一个缩影。中午在华侨大厦遇见老同学邓秉钧夫妇，下午在大厦附近的中国美术馆参观关山月画展，荣宝斋藏画和木刻水印画展览，还看到张大千的好几张名画。当晚，王仿子社长在西单“同和居”设宴为饶先生接风，考古所夏鼐所长，文物出版社高履芳老社长，故宫博物院顾铁符老先生以及文物局金冲及、郑昌政等先生都出席宴会。饶先生再三感谢在座各位先生的邀请和关照，才有今次到内地参观考察的机会。这次幸会，大家开怀畅叙，频频举杯，十分痛快！晚宴结束时，王仿子社长将文物出版社刚刚出版的《云梦睡虎地秦墓》发掘报告送给饶先生。回到大厦，先生发现发掘报告中有秦简《日书》两个写本，是首次发表的新材料，非常高兴，遂提出“楚地出土文献研究” 的新课题，打算以随县曾侯乙墓的钟磬铭辞、长沙楚帛书和云梦秦简日书三项内容为主，邀我共同研究。于是笔者才于 1981—1983 年到香港中文大学做访问学者，在先生指导下从事相关课题的研究。

31 日，由顾铁符先生陪同参观故宫。除主体三大殿外，还观看了在乾清宫举办的晋隋唐宋元画展。中午由顾先生在萃华楼招饮。下午参观工艺馆和北海公园。原计划看青铜器馆，因展馆正在施工，未能如愿。晚上，郑先生带阎清先生来访。阎先生正在写一部有关康熙的电影剧本，经常到承德避暑山庄。阎说已联系好明天到承德旅行的事，今天晚上需略作准备，明天一早启程。

承德 11 月 1 日晨 5 时 30 分起床，6 时到小吃店买早点进餐完毕，即与阎清先生一道坐出版社小车到火车站，乘 242 次列车前往承德。整个软席车厢只有五位乘客，除我们三人外，还有两位中途下车的干部，显得格外冷清。中午 1 时 30 分到承德站，住承德地委宾馆。3 时进餐毕，即步入避暑山庄。

避暑山庄就在宾馆对面，山庄的丽正门与宾馆大门正面相对，两者只有一步之遥。承德山庄是康熙、乾隆时期修建的避暑行宫，它汇集全国各地不同的建筑风格，既有像西藏拉萨的小布达拉宫，又有风吹草低见牛羊的草原蒙古包，还有像江南水乡的典型园林建筑。它既是清初皇朝与少数民族首领联络感情的圣地，也是历代皇室到此避暑的胜地。整个范围分为山庄区和外八大庙区，山庄区又分为宫殿、平原和湖区三处。饶先生一口气就走完湖区的许多建筑物，5 时 30 分回到宾馆，边休息边翻阅《承德府志》。

第二天整天上山，上午 9 时已登上东峰的“垂峰日照”，然后沿着山巅上的小城墙西行，大约 20 多华里，几乎把山庄高处的周围都走遍了。中午在“四面云山”处用餐。这是一顿丰盛的野餐，可能因为肚子饿了，感到特别可口。这时，陪同导游小周正色地向饶先生报告说，他正在酝酿一个剧本，叫做 “江洋大盗三进山庄”，接着便绘声绘影地表演起来，说得很动听，也表演得很动人。饶先生笑着对他说：“你不但是个很优秀的导游，也是一个很出色的导演呀！”说得大家哈哈大笑。下午 4 时 30 分回到宾馆，因为太累了，大家都早一点休息了。

第三天游山庄的外八庙。因旅游车未到，待到近 9 时才出发。先到普宁寺，再到须弥福寿之庙。12 时回到宾馆，为钱云、李立二位姑娘照相，感谢她们为我们调了一间有暖气的房间。下午 2 时 30 分出发，先后游了普乐寺、安远寺、普陀宗乘庙和殊象寺等，5 时 30 分回到宾馆。晚饭后，市文物局田地局长来访，他向饶先生介绍他最近到蒙古包参观的情况，十分有趣。又同阎清先生谈了有关《康熙传》的脚本问题，10 时离去。

第四天上午 9 时到山庄宫殿区参观，先看慈禧太后的住所，以及嘉

1992年在北京郭沫若故居，右二为曾宪通

庆、咸丰在山庄逝世的地方。然后由小周陪同，参观金山塔，登塔眺望，只见回廊依山而建，盘旋于山岭之间，周围假山怪石参差错落，疏密有致，与宫殿区的金碧辉煌相映成趣，相得益彰。山庄文物商店就在假山后面的二楼，应文物商店主人的邀请，先生在雪白的宣纸上写下两首山庄的即景诗。

一曰《题烟雨楼用王荆公韵》：

弱柳沿堤绿绕，
夕阳山背红酣。
莫问前朝烟水，
断肠塞北江南。

二曰《山庄远眺围场》：

车书混一信无俦，
来往燕云十六州。
想见木兰秋狝罢，
武功文治已全收。

数天来在山庄的耳闻目见，尽在字里行间，围观者不禁为之喝彩。最后，大家簇拥着诗翁在“热河泉”前照相留念。12 时回到宾馆，准备乘车回京。

北京 11 月 4 日晚又回到王府井华侨大厦。第二天上午，与郑昌政先生安排在京活动，并打长途电话与天津大学陈国符教授联系，两次均无结果。下午到中国历史博物馆参观。博物馆筹建于 1959 年，当年从全国各地抽调最好的文物参展，按郭沫若“中国通史”的社会发展框架，分馆展出。每个馆的展品都十分丰富。一般的浏览也需要好几天，何况饶先生几乎对每件文物都有浓厚的兴趣，所以看得很慢，花了一个下午，连“奴隶社会”部分都没有看完，只好另找时间再来了。

第三天一早，由娄师傅开车送饶先生游八达岭和十三陵。9 时许到达八达岭。1959 年我随容庚先生到北京时，曾经和老同学到过长城。同当年相比，八达岭最陡的一段已经重新铺设，可以拾级而上，减少攀登的难度。先生这次一口气就登上了八达岭的制高点。只见长城内外山峦起伏，古城垣随山势绵延至无边的天际。先生深深地吸了一口气，极目四方，饱览塞北风光。大家都夸他是条好汉！照相机镜头留下了不少先生飒爽的英姿。离开八达岭，来到居庸关，参观云台少数民族石刻。因时间关系，驱车直奔十三陵。

记得 1959 年发掘十三陵定陵时，出土文物曾经在故宫神武门城楼展出，现在已经转移到十三陵的陈列室，分东西两个厢房。再入地宫，除皇帝和皇后的大型棺木外，还有众多随葬妃嫔的小棺，可以看到明神宗朱翊钧当年随葬的豪华和奢侈。在外宾接待室用完午餐，即驱车长陵。这里有明成祖的陵墓，进门有白色的石牌楼，接着是连绵不断的石人、石马和碑亭，均由乾隆重修。陵墓正殿全部是楠木结构，殿柱可三人合抱，足见其大。殿旁有顺治皇帝的护陵碑和乾隆皇帝的碑文，两侧还有嘉庆的题记，都为护陵歌功颂德。饶先生说："清朝开国皇帝注意保护明陵，而把损毁破坏明陵的责任推给李自成起义，可见历代统治者对于农民的立场是相同的。所以尽管清朝推翻了明朝，但对其陵墓的态度也莫不如此。"看完长陵，已是下午时分，饶先生还是兴致勃勃地建议一鼓作气到颐和园，于是驱车前往，参观了五殿古色古香的陈设，看到慈禧当年的显赫和光绪皇帝的软弱无能，折射出旧中国积贫积弱的原因。然后像走马看花般通过十里画廊，登佛香阁，上万寿山，眺望昆明湖十七孔桥。3 时 30 分来到白石舫，想起当年王国维来此自沉，了此一生，顿觉凄楚。4 时 30 分返回华侨大厦。晚间于豪亮先生来访，9 时离去，10 时就寝。

10 月 7 日天气转凉。昨天还是天高云淡，初冬和煦的阳光洒满京畿郊野。今晨虽北风凛冽，饶先生仍坚持按原计划到天坛公园一游。先到东门参观菊花展览，群芳争艳，色彩斑斓。然后经过回廊，登祈年殿，进皇穹宇。与饶先生相约听回音壁，上圜丘，目睹古代建筑家的杰出智能：整个圜丘分为三层，每层九重，凡 22 块石砖组成一道直线。据说这是几何学上的空前创举，是一种富有哲理的几何图式。离开天坛来到北海，冒着寒风登白塔山，沿着画廊步行至仿膳堂，参观三希堂法帖，吃了两个小笼包，就再也找不到地方用膳了。两人只好又回到中国历史博物馆来了。这次是补课性质，主要针对重点器物，走马看花，做了详细的记录。至 3 时 30 分，先生仍舍不得离去，又上楼看了其他的展品，直到管理人员下逐客令，才不得不下楼离开。

回到大厦，胡厚宣先生已在大堂等候多时了，当即由胡先生陪饶先生前往北京医院探望顾颉刚老先生。胡先生说，顾老前些时候发烧至40℃，现已恢复正常，但患有老年支气管炎和糖尿病，所以还需继续住院治疗；不过老人家记忆力还特别好。果然一见面，顾老就说他和饶先生已有五十多年的交情，现在还保存着饶先生20世纪30年代为《古史辨》写的好几篇文章。饶先生马上说："那是我小孩子时写的东西，还请顾老多多批评。"顾老虽然年近九十，但五十多年前的往事却记得如此清楚，真不简单。饶先生说，顾老十分注重培养年轻人，奖掖和提携后进是他对中国学术的重要贡献，也是他深受敬重的原因之一。回到大厦，胡先生说顾老的学生们正在为顾老的九十大寿准备出版祝寿文集。饶先生立即表示，他一定与大家一道，共襄盛举。

8日上午到文物出版社，与高履芳、金冲及、郑昌政等先生商量下一段的行程。回到大厦，正遇见周祖谟先生和夫人前来邀约饶先生到东来顺吃烤鸭。来到东来顺，周小姐已在座等候多时了。菜色十分丰盛，加上主人的盛情，喝得有点醉意。周先生特意送给我两张唐代的拓本。本来在江陵告诉我是碧落碑文，可以供我补充古文的材料，现在虽然不是古文而是篆文，也足珍贵，周先生对我的关爱实在令人感动。下午饶先生同周先生及夫人一道来到广济庙，由中国佛教协会副主席巨赞法师迎入寺中，参观在北京的佛教中心，看了不少法器和房山刻石。3时30分，由巨赞法师领着来到雍和宫。当时雍和宫还没有对外开放，没有巨赞法师是进不去的。先后参观了五个大殿和两个侧殿，法师边走边讲解，回答了我们提出的不少问题，还不时同两位先生进行讨论，使我得益匪浅。最后一大殿有用整木雕成的大佛，高18米，宽8米，还有8米埋入地下。佛像衣褶流畅自然，目光炯炯，神采奕奕，令人惊叹不已。侧殿有些小型的欢喜佛，色彩造型各异。时间关系，只好走马而不看花，匆匆而过，各自回去休息了。晚上姜伯勤、阎清、于中航诸先生来访。

9日是星期天，饶先生和我陪友人到友谊商店买电视机，8时30分到达。初无黑白机，但排队甚长。不一会儿，来了10台日本三洋牌12寸黑白电视机，价钱260元，便宜极了。可是我们没有经验，当我们正在数外汇券时，电视机已被人们一抢而光。原来许多是由本店职工代熟人买下的，难怪如此神速！等到10时左右，还无新货到来，只好离去。由赵诚兄陪饶先生造访张政烺先生。因为是不速之客，张先生住的地方又很小，没有余地招待客人，张先生感到很不好意思，连声表示歉意，并把一本新出的马王堆帛书本《老子》送给饶先生。饶先生表示感谢，也连连说道“很对不起”。下午回到大厦，在大堂里见到夏承焘老先生夫妇。原来是前天饶先生过访不遇，今天特来回访的。夏老当年 81 岁，他老人家总是不停地介绍自己的夫人吴闻，前后达七八次之多。临别时走到门口，又回过头来大声介绍说“她叫吴闻”，深怕人家听不到似的，弄得大家捧腹大笑。晚上王尧、马雍、姜伯勤先生来访。

10 日上午 9 时，饶先生到沙滩红楼国家文物局和文物出版社作学术讲演，题目是“谈谈敦煌曲子”。先生重点介绍法国和日本藏的敦煌卷子上的词曲材料。他说：“敦煌写本中有一些是小和尚写的曲子，附着在卷子的背面或文本的空白处，这是文学史上罕见的材料，可以补一般文学史的不足。”还指出日本印刷精美的墓志，是很好的骈体文。并介绍日本学习汉字的情况，说日本出土的铁刀和铁剑上面都是汉字，其书法全是北朝的作风，可见其受汉字的影响甚早。最后还回答了大家感兴趣的一些问题，至 11 时结束。中午先生在红楼“打坐”，休息片刻便又兴致勃勃地观看居延汉简照片。晚 10 时乘 187 次“京济直快”离开北京，前往济南。高社长等前来送行。

书法：对联

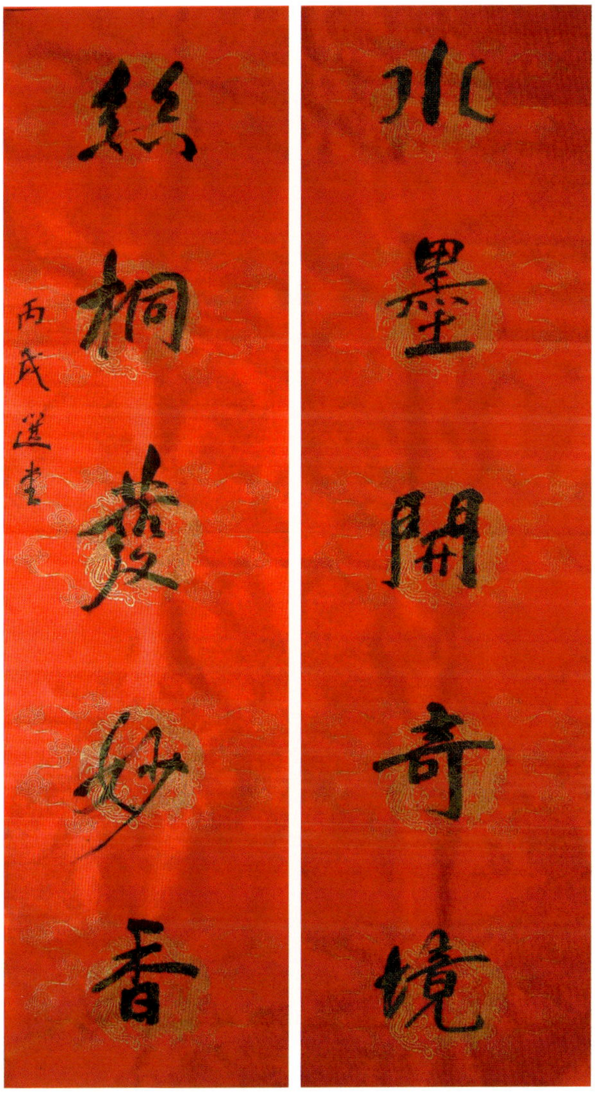

济南 11 月 11 日清晨 8 时 30 分抵达济南。因北京通济南的长途电话打不通，没人来接。只好租车到山东省文物局。9 时，卢传贞同志派车送至济南饭店，住 215 房。午饭后即到山东省博物馆参观。这里原是一座道观，规模不大。展室以大汶口文化和龙山文化为最具特色。对于大汶口陶尊上的刻符，唐兰和于省吾两先生都认为是文字，饶先生颇持异议，他以为刻符分明是祭坛上日、月二形的结合，很可能是古代祭祀“明神”的标识。在馆里会见了朱活老先生，他是研究古泉币的老专家，陪同饶先生观看了所有的展室。到 4 时 30 分开始看馆藏字画，因为天色转黑，灯光不足，看得很吃力。至 5 时回饭店休息。

12 日上午参观趵突泉，由萧健莹女士陪同。三

书法：匾额

眼突泉已比1959年低了很多，但周围溪流仍泉涌如注，清澈见底。又参观了李清照纪念馆，有郭老和吴无闻等人写的诗词书画，遍地菊花，令人想起易安居士“人比黄花瘦”的名句。接着来到大明湖，古诗有“四面荷花三面水，一城山色半城湖”，写的就是大明湖的湖光山色。又乘汽船登上古亭岛，这里曾经是杜甫和李北海畅饮抒怀的地方，杜诗有“海内此亭古，济南名士多”，至今仍脍炙人口。岛上还保存着不少碑刻，有阮元、翁方纲等人的手迹。最后参观了辛弃疾纪念堂，对稼轩词中倾注着满腔的爱国热情留下了深刻的印象。下午到济南博物馆观看馆藏书画，饶先生对几位宋、明名家的画作的看法，得到在座多位书画鉴赏家的赞赏。观后饶先生即席挥毫，为李易安居士、辛稼轩纪念馆题词留念。

灵岩寺 13日上午8时30分，山东省文物局派车送饶先生到长清县灵岩寺参观。这里是泰山的余脉，依然保存着挺拔秀美的雄姿。灵岩寺是我国古代四大名刹之一，保存十分完好。除碑亭、大殿之外，以千佛殿了身藤胎髹金、铜铸佛像和四十身泥塑罗汉像最负盛名，是我国古代雕塑艺术的宝库之一。据说这些罗汉像体内还藏有各种重要文物，如铜镜、钱币、丝制内脏以及墨竹题记等。这些罗汉身高1.6米左右，呈环状置列于殿内四周下层壁坛之上，形象逼真，体态各异，衣纹刚劲有力，又富于质感，体现不同的人物性格和精神状态，达到很高的艺术水准。午饭后游三眼泉，泉水清澈甘甜，用来泡茶特别提神醒脑。乾隆下江南时三到此地，留下三块诗碑。还有李世民的“御书阁”篆书，苏东坡的《醉狂歌》，以及梁启超的“海内第一名塑”题匾等。苏氏《醉狂歌》云：

醉中走上黄节岗，满山乱石如群羊。岗顶醉倒石作床，仰观白云去茫茫。歌声落谷秋风长，路人举首东南望，拍手大唤使君狂。

苏氏书法笔走龙蛇，恣肆放荡，诗情字境，尽在“醉狂”之中，给人留下深刻印象。

泰安 13日傍晚到达泰安，泰山文物管理局李先生接待，住泰山下岱庙对面的泰山宾馆。14 日早餐毕，即乘车从西路上山。由长寿桥到中天门是一段黄土路，比较平坦，很少盘道，可以行车。西路景点除长寿桥外，还有黑龙潭、扇子崖和白龙池，但因不是雨季，虽有飞瀑细流，不甚壮观。接近中天门一段正在修路，只好下车绕过一道颇陡的山坡，众人搀扶着饶先生，在两棵树间排成人墙，攀援前进，终于登上中天门。这里有牌坊一座，伏虎庙三间。庙内祀黑虎神像，神像身旁伏着二虎，传说是为了镇压山上各种野兽。大家在庙前小憩、喝茶和照相。从中天门仰望南天门和泰山绝顶，高耸入云，中天门就像在山脚下一样。据茶亭的老板说，从中天门到南天门山路特别陡峭，别看只有 1 700 多级台阶，脚力好的年轻人不停步地一口气走也要 2 小时，平常人需 3 小时，年纪大的更需要 5 个小时以上。回忆 1959 年容老带研究生来泰山，我们一群年轻人爬到南天门便躺着不动，第二天下山时，有人竟是一级级“坐”下来的。估量一下时间和体力，只好取消走天街的念头，从中路边看风景边下山。

中路是泰山景点比较集中的旅游路线，有朝阳洞、御帐坪和五大夫松亭、壶天阁、歇马崖、水帘洞、斗母宫、罗汉崖、万仙楼、王母池和八仙桥，以及孔子登临处石坊等。一路走走停停，在景点稍事歇息。饶先生建议去看“经石峪”。于是从三官庙翻过小岭，来到了经石峪。这里相传为晒经石，宋时称为经石谷，明代才叫经石峪，是在成片的石坪上，刻着金刚经的全文。字径在一尺以上，是历代大字的鼻祖。有人称它为榜书之宗，列为妙品。但经石写于何时？书者是谁？由于没有记载，说法很多，无法确指；饶先生认为北齐韦子琛写的可能性大些，因为韦氏在邹县也有刻经，字体大致相若。经石原有 1 000 多字，因年久风化，现仅存数百字而已，且大多已模糊不清。为防止继续风化和裂塌，已楔下大钉加以保护，并准备在上游建造水库，防止因大水的冲刷而被破坏。饶先生对经石峪情有独钟，除仔细琢磨外，还留下多张照片继续观摩。十多年后，先生更以如椽大笔书写《心经》，如此鸿篇巨制，正可与经石峪之丰润恢宏相媲美，二者实有异曲同工之妙。

15 日参观岱庙。古时的岱庙分上庙、中庙和下庙。上庙在岱顶的东岳庙，中庙在王母池前的岱岳观，都因年久失修，早已倾颓不存。现在的岱庙就是下庙。这座岱庙建于泰安城内的西北角，原占泰安城总面积的四分之一，可见规模之大。经过历代时毁时修，已经大不一样，但也可以想见当年的盛况。目前见到的岱庙仍具有四大特色：

一是宏伟的古建筑。岱庙大院的南面有正阳门和遥参亭。亭子共五间，建筑在一个方台上。据文献记载，遥参亭为入庙之初阶，古代帝王先在这里举行简单仪式，然后才通过正阳门、配天门和仁安门，进入岱庙的主殿——天贶殿举行大祭。这里是仿照古代帝王宫殿模式建成的古建筑群。

二是丰富的古碑林。岱庙大院古碑林立，分别有四类，一为秦汉古碑，以秦李斯与秦二世的小篆残碑和汉朝的衡方碑为最古，它们在金石学上极有价值。二为当年来不及运到山顶或后来从山上移到山下保存的碑，如“大观峰”碑原应立在绝顶；“五岳独尊”、“翔凤岭”和“飞龙岩”的大字碑本应立在南天门下。三为历代重修泰岳庙碑及祭告碑等。四为历代文人咏泰山的诗刻，其中以杜甫《望岳》诗碑最为著名，“会当临绝顶，一览众山小”成为千古绝唱。

三是古松古柏参天。岱庙满院古柏苍翠，遮天蔽日。作为岱庙名胜的“龙升”、“凤落”，指的就是古老的龙柏和凤柏。院内保存有汉柏六株，遂有“汉柏院”之称。还有咏赞汉柏挺拔葱郁精神的的诗图碑群，成为岱庙的一大奇观。

四是保存完好的古代壁画。天贶殿内祀东岳泰山之神，是古代帝王祭岳神的主殿。大殿九间，重檐八角，彩绘斗拱，黄瓦覆盖。殿内东、北、西三面画着高 10 尺，长 170 尺的壁画。以北面墙壁中间为界，东向为“启跸图”，西向为“回銮图”，描绘东岳神启跸回銮的情景，衬托当世帝王的威严，是十分难得的古代壁画。

下午 3 时 30 分离开岱庙，乘车前往曲阜。

曲阜 16 日晚 6 时抵达兖州，由兖州外事办孔繁林先生安排，入住曲阜中旅社。这里原是孔府的一部分，在明代建筑的基础上加以改装，外观仍保持古建筑形式，室内安装现代化设备，周围亭台楼阁，古木苍翠，是一座园林式的旅舍，十分舒适。由于曲阜活动内容安排得很丰富，饶先生建议多呆一天。

第二天一早，由兖州文管会副主任孔繁银先生陪同参观孔庙。孔庙是历代祭孔的圣地，规模非常宏伟：碧水桥前有三坊二门，即金声玉振坊、棂星门、太和先气坊、至圣坊及圣时门；碧水桥后又有三大门，即弘道门、大中门和同文门。进入奎门阁，两旁立有十三座碑亭，为元、金、明、清所立大碑。经大成，进杏坛，就是大成殿。据孔主任介绍，

大殿正中原有孔夫子巨型塑像，两旁有颜回、曾子、孟子和子思四人的塑像，“文化大革命”中已被捣毁，现仅存一些法器而已。两庑原有七十二弟子像，今则改成汉石刻和碑林，内有汉碑 17 块，可谓集大成者矣。其他还有不少唐宋元明的碑刻，都十分珍贵。大成殿后是寝殿和圣迹殿，最后到了阙里。阙里是孔子的故居，庭院里长着汉柏和唐银杏树，枝叶繁茂，色彩缤纷，我特地在这里为先生留下一帧彩照。院子正后方有一堵围墙，前面树一块碑，上书“鲁壁”二字，据传孔子九世孙孔鲋，当秦始皇焚书时藏书壁中，其后参加陈胜军，曾为秦博士，死后无人知道壁中藏书。直到汉景帝时，鲁恭王为广其宫，坏孔子宅，才在壁中发现竹书多种，即所谓壁中古文书者是也。由于我在成都会上宣读过《三体石经古文与说文古文合证》一文，与孔子壁中古文一脉相承，故先生特地为我在“鲁壁”留一彩照，作为本人游心于鲁壁古文的一个纪念。

下午参观孔府。孔府就在我们下榻处的隔壁。大门有李东阳书 “圣人之门” 四个大字。二进门为重光门。孔主任说，过去凡迎圣旨及要官员皆由此门进入，入前先在钟鼓楼鸣钟鼓十三响，然后开门迎入，仪式相当隆重。正厅为衍圣公办公及接待宾客的地方。二堂、三堂和前堂楼、后堂楼为日常理事及家眷住处。后花园又叫“铁山园”，以园中有礦石铁为假山而得名。孔家为世袭封衍圣公，由长子继承，故只有长子才能住在孔府。孔府里至今还保存有孔子第 76 代孙衍圣公孔令贻的资料和第 77 代孙孔德成当年住所的陈设，俨然同王府一样尊贵。在文物库里还看到一幅据说是赵孟頫所画的“三圣图”，就在人物衣褶的线条里写了一部《论语》，密密麻麻的，小如蚂蚁，令人叹为观止。据说赵是孔家的亲家，难怪他会如此卖力。也有人对此画的真迹表示怀疑。库房里的文物非常丰富，还有乾隆皇帝送给孔家的商周铜器十多件，均极精致。因为乾隆帝的女儿就嫁给当年的衍圣公，孔林中还有这位公主的陵墓。

18 日上午开车到孔林。因为大雾，绕林一周依然对整个范围不甚了解，只好下车步行，在重要的陵墓前参谒照相。孔林以孔陵为中心，围墙如宫墙般高，十分威严。孔子墓就在洙泗之间，一进门就可以登上洙水桥。现在的洙水已变成小沟一样，泗水虽大，也已经没有什么水源。孔子墓前有大成至圣文宣王墓碑，旁有子贡庐墓处。子贡在这里守墓达六年之久，还手植许多桧树。右边有好几个亭子，原是历代皇帝前来晋谒驻跸的地方。孔子墓附近有二世祖泗水侯和三世祖子思的大墓，其余按世袭衍圣公依次排开，一直到七十六世祖的孔令贻墓，井井有条。旁系孔姓墓碑更不计其数，著名如孔尚任的墓地等，则在林内的显眼处，并不难寻找。据孔主任说，“整个孔林占地为清初 3 000 亩，合今近五千亩。据 1951 年统计，古树达 22 746 棵，30 年来又不断增植，估计现在达 50 000 棵以上。”又说：“许多外国人对这个孔林非常感兴趣，认为世界上还没有第二个家族的墓地能够延续得如此长久，如此完整，且如此保存原貌，真是太难得了。”

归途还参观了颜子庙，其规模仅次于孔庙，据说比邹县的孟子庙还要大。颜子庙内有正殿和寝殿，还有陋巷碑和乐亭，连颜回的父母也都有殿有庙，可见历代对儒家的推崇了。

下午没有安排活动，饶先生和我漫步到城门外掠影，又到汉碑林和阙里，重温昨天参观过的古迹，直到夕阳西下，似乎兴犹未尽，便回宾馆，准备乘 131 次“青沪直快”去南京了。

南京 19 日凌晨 3 时 30 分到达南京车站，出站等了半个小时，仍不见人来接。四处静悄悄，连找个休息的地方都没有。饶先生建议叫辆三轮车先到旅行社去。4 时 30 分乘上人力三轮车，在南京城外的马路上奔跑。时逢弥天浓雾，有灯处白蒙蒙，无灯处黑漆漆，不明前方，不辨方向，心中生怕出事。5 时到达中旅社。经查明，原来看电报的人看错了车次，把 131 次错看成 13 次，误以为下午 1 时到达，故未派人来接。吃了一次苦头，也是一次教训。

南京景点甚多。上午游鸡鸣寺、钟鼓楼、玄武湖、中山陵及明孝陵等古迹。下午游栖霞山石刻。这里有栖霞古庙，始建于北齐，隋唐修治，南唐重建。又有三圣殿和千佛岩，现保存有隋仁寿舍利塔、北齐造像、六朝石刻和大小徐（铉、锴）题字等。然后驱车到栖霞山甘家巷参观梁安成康王萧秀及其家族的坟墓。萧秀墓地面上还保存有一组石刻，有一对石辟邪、一对石柱和两对石碑，是迄今六朝陵墓石刻中保存最完整的一组。附近还发现有萧融、萧恢的墓葬，也有不少有价值的遗物。第二天上午游雨花台、瞻园、天王府、莫愁湖。下午参观省、市博物馆，在南京博物院看到梁桂阳王萧融及其妃王慕韶的墓志。两方墓志是目前出土最为完好的梁代墓志，其文字已是十分成熟的楷书，在书法艺术史上具有很高的价值。第三天游秦淮河、清凉山、扫叶楼和朝天宫。下午南京师范大学中文系唐圭璋教授及其助手曹齐平先生前来造访饶先生。唐老是词学名家，与饶先生有许多共同的爱好，饶先生同他谈起有关《全明词》的编纂工作，唐老大加推许，深表赞同。

扬州 22日上午从南京乘汽车到扬州。扬州市文管会蔡起先生、博物馆陈达作馆长前来迎接，住扬州宾馆。当天上午先游瘦西湖，参观史可法纪念馆，顺便逛逛扬州市容。饶先生说："扬州现在没有铁路，经济不太发达。但在唐宋时期，这里是长江和运河的交叉口，得东西南北水路之利，许多商贾大户都集中在这里，到处莺歌燕舞，十里洋场，非常繁华，可以说，当时的扬州就是现在的香港。"翻读唐人咏扬州诗句，如："腰缠十万贯，骑鹤下扬州"，"夜市千灯照碧云，高楼红袖客纷纷"，"夜桥灯火连星汉，水槨帆樯近斗牛"，"天下三分明月夜，二分无赖是扬州"。不一而足，方知先生斯言不虚也。下午陪饶先生到扬州师范学院看望任中敏（半塘）老先生。任老是敦煌学专家。20世纪70年代，饶先生在新加坡大学执教时，常接到任老的信讨论敦煌曲子的年代问题，意欲以用韵为曲子断代。先生复信深谓不然，并以《敦煌曲》一书奉赠。任老终于放弃是说。饶先生谓任老秉性倔强，坎坷一生，听说最近卧病在床，必须前往探望。来到任家，老先生深为感动，一定要家人为他穿好衣服，与饶先生对坐交谈。12年后，先生得知任老谢世，有感于任老揄扬曲学之功，终不可没，因作《水调歌头》一词挽之。

次日参观扬州博物馆，适逢馆里举办"扬州八怪画展"，展出扬州、镇江、常州三组画派49家，共计182幅，是一次了解扬州画派的大好机会。在这次画展中认识了美籍华人张昕先生。张先生是美国纽约州大学的美术史教授，现正在北京中央美术学院美术史系做访问学者，这次到江南一带作学术考察。见到饶先生特别高兴，因为他有一篇论文是请饶先生写评议书的，他也住在扬州宾馆，说是向饶先生学习的好机会。张先生也准备到上海去，希望能够同行。就这样，由张先生备好车子，从这天开始，我们一行三人在江南一带漫游。当天下午原准备过镇江，因受大雾所阻，不能渡江。

1980年在江苏省
镇江市金山寺

镇江 24日早8时赴瓜州渡，过江来到镇江，由

镇江博物馆季长隽先生接待。上午看馆藏名画，仍以扬州八怪为主。饶、张、季都是鉴赏名家，他们讨论的都是行家门道，津津有味。下午在博物馆参观，有南宋周瑀墓古尸，有甘露寺出土李德裕题词的石函和大碑，有北固山出土的飞天纹金棺银椁，以及大量具有南方特色的瓷器和明清绘画联展等，内容丰富多彩。第二天由季先生陪同，到焦山参观著名的瘗鹤铭（拓本、五套）和焦山澄鉴堂全碑，此全碑包括宋至清初的名人题记，由 200 多块石、74 位名家组成一壁，真是五彩缤纷。又到甘露寺，登多景楼，从北固山上望长江万里。下午参观金山寺，看到康熙二十六年（1687）题的“江天一览，千古雄观”八个篆字和一个很长的碑廊，自然会联想到从这里演绎出的一连串精彩感人的民间故事。

无锡 26 日驱车到无锡，由无锡博物馆冯普仁先生接待，住蠡园宾馆。当天参观惠山公园，园中有惠山寺、二泉、华孝子祠和纪念吴太伯的至德祠。又到锡山观看名联：“无锡锡山山无锡，平湖湖水水平湖。”再到将惠山、锡山连成一片的愚公谷，此谷为明万历湖广提学邹迪光所辟，邹号愚公，故名。最后来到著名的借景园林“寄畅园”，此园为明正德年间所建，一进门有乾隆御笔所题园名。内有唐陀罗尼经幢和宋仿唐的普利院大白伞盖神咒幢。下午游太湖鼋头渚，顺道参观梅园、天新台、招鹤楼和念劬楼，尽兴而归。

1980年在江苏省
无锡市博物馆

常熟 27 日从无锡到常熟，由常熟县文管会黄步青先生和柯女士接待。上午登虞山，游虞山公园。有言偃墓、商逸民周公墓、梁昭明太子读书台及萧统像、琴川等。午餐后由柯女士陪同参观常熟最大的苏绣厂。下午参观兴福寺塔。此塔为四方空筒形砖塔，俗称“方塔”，总高 67 米，有四面九层，逐层递收，立面轮廓呈抛物线状，翼角起翘，塔顶为盔帽形，曲线柔和流畅，造型和结构都很有特色。方塔始建于南宋建炎四年（1130），咸淳加修。又驱车到常熟城郊陈家桥谒清代画圣王石谷先生墓，据说附近尚有黄公望、翁同龢先生墓，因时间关系，不及前往。在汽车往苏州的路上，饶先生

向司机打听明末遗老钱牧斋先生墓地，司机称未听说过；下车询问路人，也无人知晓。但先生似乎心有灵犀，坚信就在附近，于是下车四处寻找，终于有了意想不到的发现。在一片荒野中，展现一巨型墓碑，上书“明赠宫保礼部尚书景行钱公之墓”，其墓旁有记：“公讳世扬，字称孝，号景行，邑庠生。子谦益，孙上安，曾孙锦城俱祔葬。嘉庆廿四年七月，奚浦鹿园两支族同立石。”饶先生说，这是钱牧斋没后，祔葬于其父之侧，遵王时有所讳忌，不敢竖碑，至嘉庆间方由宗族立碣。而钱泳所立者但题“东涧老人墓”，旁记“集东坡先生书，尚湖渔者题”，可见仍有所畏忌也。翁同龢与牧斋为同乡，有《东涧老人墓五律》云：“秋水堂安在，荒凉有墓田。孤坟我如是（注：墓与河东君邻），独树古君迁。题碣谁摹宋，居人尚姓钱。争来问遗事，欲说转凄然。”可见钱氏后人之萧条。饶先生说，有人告诉他，常熟县城犹有河东街，以蘼芜所居得名。而其墓在拂水南，与东涧相去数武，规模宏伟，则为陈文述官常熟令时所修，今亦倾圮矣。因作《常熟吊柳蘼芜文》。文用赋体，上阕开头云：“惟冬初之凄厉兮，忽临睨乎吴中。陟虞山之渐渐兮，俯尚湖之沨沨。抚东涧之坏碣兮，邻拂水之闷宫。”下阕结尾云：“惟夫人之绸缪兮，无救乎家变之相攻。竟一死以殉之兮，有重于泰山之崇。凛惊风之殒叶兮，信芳草之埋英雄。诉我愤懑而献吊兮，泣斜日于寒虫。”凄厉愤懑，令人感慨不已。

苏州 28日到苏州，驻南林饭店。苏州市博物馆张英霖、姚世英馆长前来迎接。苏州博物馆的藏品富有特色，就展品而言，一是苏州新开河出土的战国青铜器群和市郊出土自西周至春秋战国的陶瓷，都具有明显的吴文化特点。二是1956年修复虎丘塔中发现的五代至北宋文物，以及1978年在瑞光塔发现的经卷、经幢、经袱和佛像等。三是明末遗民的画展。饶、张两先生对画展尤感兴趣。陪同他们参观，听听他们的议论，就如同上了一堂生动的画论课。他们认为，遗民作品奇肆豪放，不守绳墨，磊落昂藏的气魄和百折不挠的精神蕴蓄其间。如石涛的奇肆，石溪之苍古，八大之精练，龚贤之纯厚，梅清之秀逸，查士标之爽利，莫不独具风采。饶先生对近年在昆山曹澄墓发现的《青天歌》作者，更有精湛的研究。曹澄墓出土的《青天歌》，因署名徐渭，论者或目为伪物，或误以《青天歌》为徐渭所作。先生据元王价《青天歌注》，断《青天歌》乃长春真人丘处机之所作。并指出：“王注谓其演音三十二句，乃按度人经三

1980年在江苏省苏州市博物馆

十二运化之道，奇辞奥旨，赖以抉发焉。曹墓所出，知明人喜诵此诗，故形诸楮墨。徐书狂放，颇异常规。今睹原卷，似鸷鸟之乍飞，若崩崖之可怖，洵为上上妙品也。”对于世人的议论，先生则以为：“遗迹信足振采，则书者何庸刻舟。”可谓见解独到矣，因作《论书次青天歌韵》以和之。

第二天上午游苏州园林，走马于拙政园、留园、狮子林和怡园。这些把私宅和花园有机地结合起来的古典园林，集建筑、假山、水池和花木为一体，使人不出城郭而享山林之怡。还特地到石涛故居去观赏石涛假山，二位先生从不同角度照了不少照片，流连忘返。下午游太湖东山，来到紫金庵，寺院仅一殿一堂，规模不大，然寺中塑像技艺精湛，神形兼备，名闻遐迩。在展室看到澄湖出土的鱼篓形黑衣陶壶，器上有五个刻符，属于新石器时期的遗物，引起先生的关注，以为很有研究价值。遂详为考释，其成果收进后来出版的《符号·初文与字母——汉字树》中。

第三天游寒山寺、虎丘、灵岩山寺和天平山。寒山寺位于城西阊门外枫桥镇，始建于南朝梁天监年间，因唐代高僧寒山来此主持而得名。唐天宝年间诗人张继途经枫桥，写下“姑苏城外寒山寺，夜半钟声到客船”的名句，从此钟声诗韵，传诵千古。现寺院有山门、大雄宝殿和藏经楼。左右两侧有罗汉堂、钟楼、枫江楼、霜钟阁和碑廊等，整个建筑以曲廊贯穿全寺。虎丘在城西北，传说吴王夫差葬其父阖闾于此。由于风景优美，历代文人在此留下不少遗迹。现存古代建筑仅有宋初云岩寺塔和元代断梁殿二处。主要景点有海涌桥、憨憨泉、试金石、真娘墓、孙武子亭、千人石和剑池等。山顶上有虎丘塔始建于五代末年，成于北宋初年。凡七级，呈八角形，全为砖砌，不用寸木，在建筑史上是个创造。灵岩山岩壑奇秀，泉石清幽，林木苍翠，殿阁参差，景色佳丽。传说春秋时吴越争霸，越王勾践献美女西施，吴王夫差在此筑“馆娃宫”，与西施同乐。历代文人名士都曾到此访古探幽。灵岩山寺坐落在馆娃宫遗址上。东晋时始建，之后屡有兴废，现存寺宇规模宏伟，多为民国高僧印光法师重建。灵岩山寺是目前中国佛教净土宗的著名道场之一，在东南亚一带颇有声望。1962年我陪容庚先生来访，当时的妙真法师招待容老观看寺藏书画，吃素菜，并在方丈房过宿。今天看到当年的接待室里只存妙真法师遗像一帧，心中十分怀念，感慨万端。驱车来到天平山，此山以怪石、红枫、泉水著称三绝，且有唐代诗人白居易、宋代政治家范仲淹以及清初帝王的许多遗址和遗迹，景点遍布山麓，形成园林式的山景人文景观。山上花岗岩石纵横错落，好似无数古代的朝笏。著名的“一线天”两崖对立如门，仅容一人上下，形势奇险。饶先生兴致极高，必欲亲身经历，同行数人拥着先生拾级而上，虽小雨亦无大碍。尽管先生已过耳顺之年，然步履稳健，毫不气喘，一直登上山顶亭台，俯览群山，极目太湖全景，但见芦苇片片，渔舟点点，景色宜人，胸襟为之一爽。

上海 12月1日从苏州来到上海，住锦江饭店。第二天到河南路上海市博物馆参观，沈之瑜馆长在迎宾室接待了饶宗颐先生和张昕先生。沈馆长从库房里提出十几件最近收藏的青铜器，让我们手自摩挲，把玩良久，不忍释手，逐件作了释文。接着一连两天都泡在陈列室里，尽情享用馆内丰富的收藏。除整体浏览之外，我们重点观看了铜器馆、陶瓷馆和绘画馆，内容非常丰富。许多过去见于名家著录的重器、名器，现在都一一呈现在眼前，可以从不同的角度进行观赏和研究，并做详细记录。

4日到上海松江县城参观，县文化馆杨嘉祜、李俊杰先生接待。松江古称华亭，春秋时吴王寿梦在此“始筑华亭”，秦汉置华亭县。东汉建安二十四年（219）吴主孙权封陆逊为华亭侯，这里是陆逊的封地，此后在江南一带一直很繁荣。五代时造兴圣教寺，北宋建塔，元至元改县为府，建华亭府城皇

1980年在西泠印社汉三老石室

庙，造壁有大型雕砖。抗日战争期间，寺、塔、庙荡然无存，但造壁仍保存完好，有麒麟像，为洪武三年（1370）所造，其实是怪兽。还有鹿（禄）、猴（侯）等图饰，其中“莲生三戟”则谐音为“连升三级”，寓意深长。附近有唐大中十三年（871）经幢，又称唐陀罗尼经幢，高 9 米多，原一半埋在地下，上下各 3 米，是唐经幢中的杰作。这里曾经是地灵人杰，名家辈出，仅松江籍画家就有董其昌、陈继儒、莫石龙等人。位于中山路西河边的董其昌旧宅，现已不存，只有董氏所书“尚书坊”牌坊的遗址。下午参观松江博物馆，会张兰森先生。这里有新石器时代遗址发现的刻花陶盆和陶壶，有凤凰山出土的春秋末期镶嵌盘蛇纹青铜尊，有陆机写给同邑人的《平复帖》（原件在故宫），有明刻皇像草书《急就章》，有倪云林的小像和墓铭合刻的墓志铭，有南宋朱熹手书的《易经》刻石以及严衍的草书手卷等，都是松江金石文物的名迹。

5 日上午又回到上海博物馆，专看陶器的刻划和纹饰，如 1974 年上海青浦县崧泽遗址出土的灰胎黑陶划纹罐，半坡型彩陶动物纹饰，大汶口划纹黑陶片和上海马桥出土陶器刻划等。下午参观城隍庙和豫园，并拜访了施蛰存老先生。6 日乘 79 次“沪昆直快”离开上海到杭州。

杭州 12 月 6 日下午列车抵达杭州，浙江省文管会文物处周中夏、梅福根先生前来迎接，住杭州饭店。第二天到浙江省博物馆参观，由陈列部徐润芝女士陪同。浙江省博物馆展品有两大特色：一是富有东南地区特点的新石器时代文化，如河姆渡遗址出土的器物，在距今 7 000 多年的第四层，出有敛口罐、圈足盘、方盂、刻划陶盆等陶器，还有木器，发现了建筑史上最早的木榫结构。在第三层和第二层（分别距今 6 000 多年和 5 000 多年）发现了不少河姆渡人的原始艺术，如象牙雕刻、鱼藻、猪纹、兽纹以及双鸟朝阳纹等。此外还有马家浜文化和良渚文化的许多器物，都从不同角度反映了当时人已具有相当水准的生产力和艺术观。二是富有吴越文化特点的青铜工艺，如绍兴出土的越王矛，鄞县出土的钺及矛，长兴出土的“越王州句自作用剑”，以及青铜钺和青铜戈、镦等，都有浓厚的越文化色彩。如 1974 年鄞县韩岭出土的青铜编钟，1976 年德清出土的原始瓷钟，1976 年绍兴出土的配儿句鑃，以及从里安征集到的麦鼎等，都是十分难得的珍贵资料。下午在徐女士陪同下参观了在博物馆附近的西泠印社。印社成立于 1903 年，是研究金石篆刻的学术团体，社址设在西湖孤山，社内亭台楼阁，古木参天。这里有清代篆

刻名家丁敬的石刻坐像、邓石如的石刻立像以及近代篆刻家吴昌硕的铜像。在“汉三老石室”中保存着极其珍贵的汉碑。该碑于1852年在浙江余姚客星山出土，吴昌硕等为了阻止该碑外流，集巨资将它买下，并造碑亭妥为保存。饶先生一行特地在石室前照相留念。

8日游西湖。从市区经柳岸闻莺到花港观鱼，这里有大片柔软草坪，种植很多名贵花木，沿湖有漫长的花径和竹阁长廊，开辟大型锦鲤鱼池，真正具备有花有港有鱼的特色。乘船来到湖中最大的绿洲“三潭印月”，据说当年苏东坡疏浚西湖时，在湖中心三个深潭处特地造了三个瓶形的石塔作为标志，禁种菱芡，防止湖泥淤积。后来又加筑了圆形的堤埂，成为“湖中之湖”，是湖中最优美的公园。又乘船到湖心亭，这里绕岛皆水，环水皆山，可眺览苏堤、白堤及周围湖光山色。经湖心亭纪念塔在岳坟上岸，游岳庙。再乘车来到灵隐山麓的灵隐寺。这里是杭州最大的佛寺，由僧人慧理于东晋咸和元年（326）创建，距今已有1 600多年的历史。现在的庙殿是清顺治年间所建，大雄宝殿高45米，宏伟庄严。灵隐寺前有飞来峰，山峰奇突，峰下有龙弘、玉乳、青林等洞景。半山上有翠微亭，原是南宋名将韩世忠为纪念岳飞而造的。飞来峰石壁凿刻有精美绝伦，具有很高艺术价值的佛像，据说不少是五代和宋朝的作品。

9日游六和塔。此塔在钱塘江边的月轮山上，始建于北宋开宝三年（970），共九级，后毁。宋绍兴年间重建，改为七级，元明以来屡毁屡修。1953年重新修建，占地一亩三分，外表为八角形，塔高约60米，外观为13级，内分7层，拾级盘旋而上顶层，可以远眺钱塘江景色，气魄雄伟，是杭州著名的胜景之一。饶先生因心仪于黄公望的《富春江图卷》，意欲作一番实地考察，收集画稿。因驱车从钱塘江口沿富春江岸西行，登严濑钓鱼台，领略江山钓滩之慨。因下午即将离开杭州，不能远行，便匆忙折回饭店，准备行装，拟乘79次“沪昆直快”前往衡山。临行与张昕先生话别，彼此都有点依依不舍。结伴同游，既是一件乐事，也是一种缘分，是很值得珍惜的。

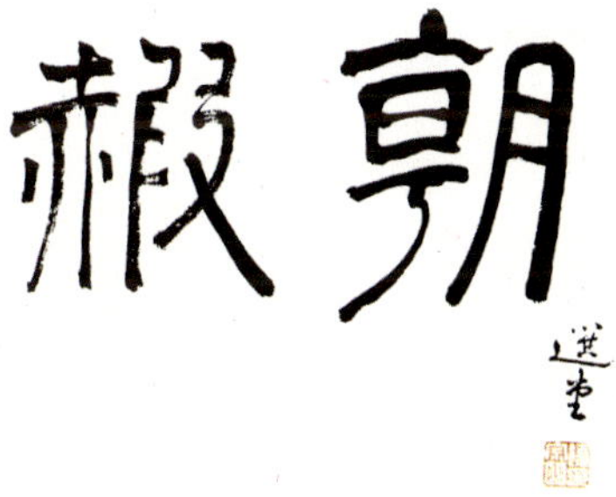

衡山 12月10日到衡山。南岳衡山自然风景绚丽多姿，山势雄伟，古木参天，历代帝王常到此巡狩祭祀，也是东南亚的佛教圣地。南岳大庙系宫殿式九进间建筑，堪与岱庙、嵩庙匹配。此外还有佛教丛林的祝圣寺，七祖道场的福严寺，日本佛教曹洞宗视为祖庭的南台寺，以及珍藏明太祖赠大藏经的藏经殿等，都是驰名中外的文明奥区。先生有《衡

岳用退之谒衡山庙韵》诗云：

丹灵四顾廓然公，敢谓须弥在掌中。下视紫盖如培塿，天柱石廪丧其雄。潮阳太守尝到此，绝顶未登胜难穷。精诚能扫三峰雾，炎方澒洞想高风。黄帝盐传古乐曲，霓裳仿佛神相通。落日亭皋遥望久，清词野鹤唳清空。厚坤万古称赤帝，简书分明陈祝融。马祖庵前哀磨镜，邺疾祠畔思巍宫。一从霜雪交催折，山花尚放浅深红。于今祠宇空无有，升阶何以明至衷。灵期囊记人莫识，成行松柏徒鞠躬。庙貌诚可比嵩岱，岳渎佳气古今同。我行万里斯仰止，欲觅怀让与韩终。俯临突兀峰千百，征车立可收奇功。来时冥冥羌画晦，归去云雨兼曈昽。神仙邈矣不可接，何必苦索东海东。

饶先生是国际著名的宗教学专家，对衡山在宗教界的地位和影响了如指掌，但这次来到衡山，其兴趣似乎不仅在于宗教的精神世界，而更在乎山水的自然神韵，他在参观大庙和寺院的同时，更急于去观赏起伏的峰峦和攀登衡山之绝顶。据介绍，衡山共有七十二峰，头在衡阳的回雁峰，足在长沙的岳麓峰，而以祝融、石廪、天柱、芙蓉、紫盖为最高，其中祝融峰为衡山之绝顶，海拔 1 290 米。当先生登上巅峰时，乱云穿度，狂风呼啸，夹着浓浓的水气和细雨，大家急忙走进上封寺一避。上封寺原名光天观，隋大业改今名。寺后有望日台，为元至元十三年（1276）建，侧有“观日出处”。不一会儿，雨过天晴，站在望日台极目天际，峰峦叠嶂尽在眼底。先生有《登祝融峰绝顶》七律为证：

岭似儿孙相率从，凭高喜见九州同。陇岷嵩岱都行遍，更上朱陵第一峰。

第二天参观船山书院和王船山纪念室，晚乘 15 次“京广特快”返广州。

在返回广州的列车上，我向饶先生请教有关治学方法的问题，当谈到胡适提出的“大胆假设，小心求证”

芙蓉始发并行草书五言联（局部）

时，先生意味深长地说了下面的一段话："胡适有三件事是一般人不容易做到的：一是他与反对他的人不但能兼容，而且能平心静气地讨论问题，他每天要花不少时间给反对他的人写信；二是他的老婆是个小脚女人，而他有那么高的地位，但仍从一而终，不找时髦的女人；三是始终坚持他的方法论，即小心求证的方法论。"又说："胡适的小心求证是可取的，但是大胆假设就不一定对。由于他的中国文化的基础不够，外国的基础也不够，所以他所提出的假设是脱离实际的。他的前提错了，就往往会劳而无功。而且求证的方法也太烦琐了，这是他失败的原因之一。"先生这一席话，令人茅塞顿开。

广州 12 月 13 日晨抵达广州。广东省社科院杨越先生前来迎接，住广东迎宾馆。上午饶先生拜会广东省高教局局长林川，由我汇报此次全程陪同饶教授在国内进行学术考察的情况，先生对林局长的鼎力相助表示感谢。晚间由林局长假座东方宾馆餐厅为饶先生洗尘。次日，宾馆里备有文房四宝，先生为应各方好友的请求，馈赠墨宝，即兴挥毫。最后，先生用秀雅流丽的行草给笔者写了一首唐诗，正欲落款，先生停笔问道："你的'大号'？"我说："晚辈只有贱名，未敢自号。求先生赐号！"先生稍加思索，便在上款写下"经法贤棣"四字。这就是"经法"一名的由来。下午，饶先生在潮州的亲人前来团聚。12 月 15 日，先生乘广九直通车返回香港。

关于这次历时三个月的旅行，先生在后来的著作中间亦有所提及。2002 年 8 月，汕头、潮州、揭阳三市为先生"八五"大寿举办"饶宗颐教授书画展"，在"饶宗颐先生书画艺术研讨会"上，当我提及当年同饶先生在国内这段经历时，先生深有感触地说了下面这样一段话：

宪通与我有过三个月的共同生活，我们一起跑了十几个省市，看了 33 个博物馆。

又说：

其实还不止这三个月。在那以前，我曾到巴黎开一个文字学会议，那个时期大家讨论世界文字，发表了许多论文。接着我又到日本去，不断地讲学、旅游，一直呆了三个月，还写了一百首诗。所以那一年是我一生中最宝贵的一年，获得很多的知识，至今不忘。很多人在一生中都有很多的奇迹。我那一年的健康也不知从哪儿来的，从欧洲一直到日本和中国，持续不停地走，精神一直都很好。所以说有一些东西是天给的，假如有上帝，可能是上帝赋予我的一种体力吧！（见唐朝轶《学贯中西，入古出新——汕头“饶宗颐先生书画艺术研讨会”纪要》，载郭伟川编《饶宗颐的文学与艺术》484~497 页，天地图书有限公司 2002 年出版）

2003 年，先生将荣休以来所作诗词结集为《苞俊集》。现在我把先生在《苞俊集》所写的一段引言作为本文的结语。先生写道：

余自退居以后，足迹几遍禹域，舟车所至，未废吟哦。友人冯康侯取亭林语为刻一章曰：“九州历其七 五岳登其四。”行经华岳时，值悬空链断，不获攀陟，无可如何！昌黎犹临崖而号咷，予则尚未识其险也！若岱岭虽登，恨未兴咏，齐鲁青葱，终古未了，以杜公诗在上头，何敢饶舌耶！记清刘继庄登南岳句云：“圣人久不作，岳渎为短气。”然不久遂有船山之出。盖山川荐灵，纵不登昆华，亦有玉英之可采，荣苣之可结。苞俊咀华，是在其人耳。（见《饶宗颐二十世纪学术文集》卷十四第 606 页，台北新文丰出版股份有限公司 2003 年出版）

（原载《华学》第七辑，中山大学出版社 2004 年出版）

心经插图（局部）

家学师承与自修[①]

◎ 胡晓明执笔[②]

我今天成为一个学人，这是有因缘的。因缘这个东西很重要，就是条件好，应该有的条件都成熟了。有些人大半辈子的精力都花费在创造条件上了，很可惜，很浪费光阴。我没有这一层曲折，似乎是生下来就机缘已熟，于是命定地要做学问。

饶教授的父亲饶锷先生在书房著述

我的家族可以说是潮安地区的首富。我的祖辈是商人，很会做生意，积攒了大量钱财，但并不是一般的富贵乡绅。我出生的时候，家族不但没有衰落，而且正如日中天。我的高祖名兴桐，有四个儿子，每人都开有钱庄，自己发行钱票。有钱就可以买书，大型的书籍如《古今图书集成》、《四部备要》、《丛书集成》等都购置了。这就是我的父亲饶锷藏书楼“天啸楼”的来历。里面的藏书那是以十万计的。我的伯父是一个画家，画山水；又是收藏家，收藏的拓本、古钱，数量多达数千种。可以想见，我小时候成天就接触这些东西，条件是多么好!现在的大学生，毕业了，都未必有我六七岁时看到的东西多。而且，一般的士绅家庭、书香门第，还不能有这样的条件。民国初年，笔架山，也就是韩山，出土了四尊北宋治平至熙宁年间的瓷佛像。关于这四尊莲花佛像的研究，后来我发表了一篇文章，就是收在日本陶瓷协会刊物《陶说》中，由长谷部乐尔翻译的《潮瓷说略》。日本人非常震惊，称为中国陶瓷史上最伟大的杰作之一。那四尊佛像不仅年代久远，而且有窑工姓名。当时，我父亲买了两尊，我伯父买了两尊，很便宜，若在现在，价钱就是不得了的了。后来这四尊佛像都散落出来了，有两尊在上海博物馆，有两尊在广州。我的家庭条件如此好，我小时候就接触这些东西，天天看见宋瓷佛像放在桌

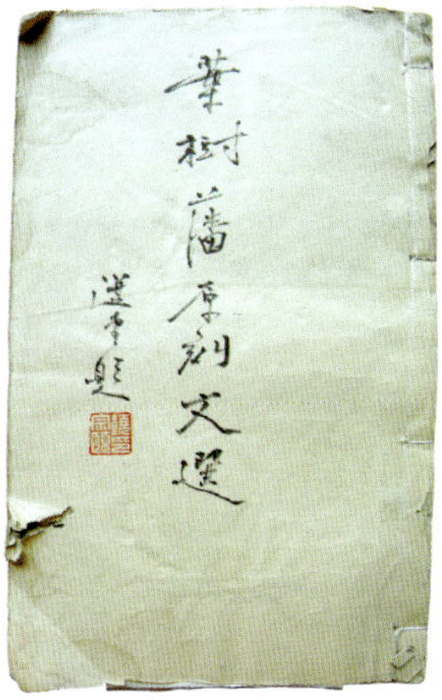

《叶树藩原刻文选》十二册之一

①由饶宗颐教授口述，胡晓明执笔。
②华东师范大学教授。

子上供奉着。可以玩的东西很多，按理说，似乎可以造就出一个玩物丧志的公子哥儿出来，但是我终于还是成了一个学者，其中很重要的一个原因，是我父亲的影响。

我父亲字钝庵，他既是商人、钱庄老板，又可以说是当地的大学者，写有《〈佛国记〉疏证》、《汉儒学案》多卷，可惜都没有保存下来。他还有一个很大的抱负，就是要继承黄梨洲的事业，写《清儒学案》，已经撰写了条例、细目，可惜也没有保存下来。父亲的古文、辞赋、骈文都做得好，传下来的文章收入《天啸楼文集》，共七卷，其中有《慈禧宫词百首》，是写庚子之变的，可见他对清史的热心。他的那个庄园取名“莼园”，《文集》中即有一篇《莼园记》。父亲曾是上海法正大学的学生，也是南社的成员，他的友人有高吹万（燮）、金天翮等，都是南社中人。

受父亲治清儒学案的影响，我那时也读一些清儒的著作。其中有两个人给我的影响不能不提。一个是孙诒让。他的书，我家里都有，《周

饶氏宗族 1928 年摄（二排左起第五人为童年时的饶宗颐）

故居大门位于潮州市下东平路 305 号

礼正义》、《周礼政要》，甚至《札迻》我都读过，对《温州经籍志》很熟。《周礼政要》是配合形势写的，有见识，但是讲学术还是《周礼正义》好。孙诒让的学问深，但是，他没有甲骨文的工具。我后来研治甲骨文，其实动机还是来自孙氏，我想更进一层，通过甲骨文，去发现殷礼的真实存在与真实意义，孙诒让对我可以说影响至今。孙诒让是我的学问的一个最早也是最久的指路人。另一个人是顾炎武。家父为写清儒学案收集资料，我一边帮他，一边也东施效颦地学家父写文人的学案，在家父的指点下，我 20 岁前就试着写作《顾炎武学案》（稿已散佚），对他佩服得不得了。顾氏给我最大的影响是肯走路，路走得比任何一个学者都多，后来我也是这样做学问的。我走路超过寅老、观堂，他们是不大走路的。顾氏之所以有这样的条件，因为他在山西有一座钱庄，这一点太炎先生已指出。（注：章太炎《书顾亭林轶事》："亭林先生 45 岁往山东，70 岁殁于山西曲沃。中间游历北方诸郡，岁无三月之淹，而所至未尝匮乏。世多谓其垦田致富，近闻山西人言：亭林尝得李自成窖金，因设票号，属傅青主主之。"）所以他可以不要他侄子给他的提供俸禄的机会，风尘仆仆，挑着书担子，去写他的《天下郡国利病书》和《日知录》。《天下郡国利病书》是一本大书，有识有胆。是经世之学，是活的学问。我年轻时搞地理、地名学，都与这本书的影响有关。还有丁谦的书，我家里也有，亦受其西南地理学、方志学的影响。支伟成的《清代朴学家列传》也是我少年时所熟悉的书，因为父亲对清儒的兴趣很大。但是吴派惠栋（三惠）我不喜欢，他们只是会铺材料，不肯动脑筋。我更偏爱常州派和皖派。戴东原是肯动脑筋的，是用分析方法治学。可惜戴东原只是开风气，好多书都没有写完，只是开了一个头。常州派是经世之学，在学术思想上的特点是肯怀疑，这种怀疑精神也给我一种正面的影响。

父亲的古文宗法桐城，讲究雅洁，我那时很受他的影响，也学桐城派。只是父亲做古文主张从欧体入手，我却跟他不同。我上过一年中学，后来就不上了，因为学不到东西。但是我的古文教师王慕韩（弘愿）却有

上图　故居凉亭

下图　故居假山

一种主张给我影响甚大，就是做古文要从韩文入手。我父亲跟他搞不来，而我却信服王师的这一套。父亲喜欧体，大约也跟他的气质有关，因为他的身体不好，就不大适合韩文的挥洒淋漓了。现在我还是要说，作文应从韩文入手，先立其大，韩文可以养足一腔子气，然后由韩入欧，化百炼钢为绕指柔，这确是作文正途。要不然，一开始就柔靡，后来文气就出不来了。不过，王慕韩这个人也很怪，后来竟入了密宗，跟一个叫权田雷斧的日僧，受了醍醐灌顶，再后来自己也收了一些弟子。慕韩本为辟佛，可是他反倒是遁入佛门。我没有跟他走，这倒不是因为我不喜佛，相反，我小时候的佛教体验是很深的，也看了不少佛书，非常地向往一个清静的世界，有过一段时期真想剃度入山为僧。为什么我终于没有过那青灯古庙的生活呢？因为我觉得真正的道场并不在那些庙宇里，那里只是愚夫愚妇去的地方。

我从小时候起，就有一种强烈的好奇心，什么东西都想弄个明白，这是我气质中的一面。另一面是喜欢幻想。真的东西与假的东西，很奇妙地成为我内心世界中的两大享受，可以形成一个自足的内心天地。我很小的时候就很孤僻，几乎没有一个同龄伙伴，也从不到野外去玩耍。你们看我后来的诗文绘画。酷爱自然，游心山水，会觉得我小时候也一样钟情于大自然，其实不是，是后来受了道家思想影响的缘故。我小时候，只是成天沉浸在书籍古画之中，几乎可以一个人一整天呆在书楼画室里。但我从未感到孤独过。我的这种气质自小时就很明显，就是不管外面的世界、人家的事情，只做自己的事情，而且全神贯注地做好。我心里的天地很宽很大，想象非常多而活跃。六七岁以前，酷嗜武侠神怪书籍，平江不肖生的书都看了。读武侠书不仅可以增加历史知识，而且有助于写作，因为有很多的想象。我现在还是认为文学中小说是最难研究的，其中的名物考释远远难于史书。不过最喜欢读的一部书，是《封神榜》，怪、力、乱、神四字中，最引我入胜景的正是“神”。

这个“神”是神话中的“神”，不是最高主宰的“神”，也不是神仙的“神”。我喜欢历史，也喜欢神话，历史求真的东西，神话求假的东西，这两样东西都给了我的少年时代很大的享受。我的身上一直有追求这两种享受的冲动。七八岁时，我差不多写成了一部小说，叫《后封神》，有点像现在金庸写的这些各路英雄豪杰，可惜没有留下来，不然真是有点意思的。

故居楼阁上为“天啸楼”

我那时候读书读得很杂，道家的书、医书都看。10岁时，我读了蒋维乔的《因是子静坐法》，就学着每天打坐。当时有两个日本人的道教著作译过来了，我很着迷，一是冈田，一是藤田。冈田是提倡胸式呼吸的，藤田是提倡腹式呼吸的，我后来更偏爱于藤田的路子。冈田的路子不太好，胸式呼吸是要把自己扩张出去，很用力撑开的，后来冈田死得早，或许与此有关。我当时也读一点医书，懂得腹式呼吸确有好处。因为平时脑部供血太多，心不能安宁，腹腔运气可以将脑部的血气调整下来。现在我已经顺其天然，可以自由运气，以使周身气血通畅无阻，而不必管什么胸式、腹式了。有一点要说的就是我十几岁就打坐，这也是我后来做《敦煌本老子想尔注校笺》的很重要的因缘。张道陵的很多方法我十几岁就会用了，那时就已经“想尔”了。当然，张道陵的有一些方法我是不会的，如男女采补，这是很古老的一种巫术，在汉以前就有了。在少年时打坐证道的经历中，有一次是相当危险的。因为那一段时期我开始减食，只吃很少的一点点东西，觉得头脑特别清明，真有所谓列子御风泠然的一点感觉了。可是有一天去见我的绘画老师杨栻先生，杨先生一见面就问近来为何如此憔悴，面色黯然无泽？我回答说我在做减食的功夫，他大不以为然，为我开了一副方子，要我一定服下。用了他的方子，我才开始重新正常进食，杨先生可以说救了我一命，不然可能有点危险。不过有了这种亲身践履的体验，我后来做《敦煌本老子想尔注校笺》，就觉得非常亲切易人。

杨先生住的地方离我家不远，十几条街的距离。我开始向他学画，因为他家里任伯年的东西特别多，有几十件。任伯年是抽鸦片的，潦倒得很，那时他的作品由一些潮州商人买入，价钱很便宜。我那么小的年纪就能看到那么多任伯年的画，杨先生说是一种因缘。不过后来我也不

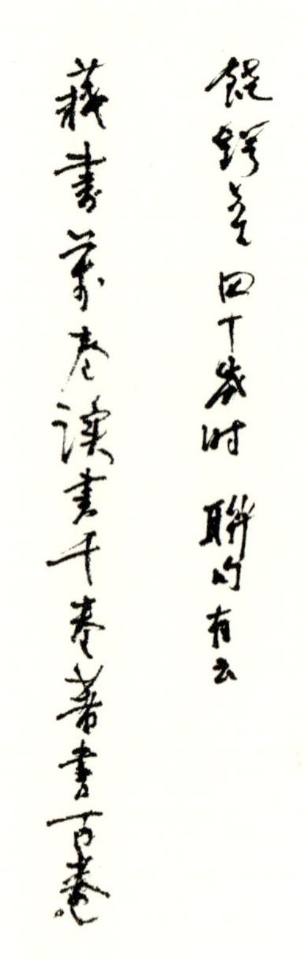

硬笔手迹

喜欢任画了，他的人物，寒酸气味太重，就入了俗，不能高估。其实，我在跟杨先生习书画前，就已经画了很久。这也是我的条件好，看见的拓本碑帖多，6 岁就在我家开的一个画馆里画着好玩，在伯父那里画山水、临帖，也都是好玩，没有人逼我做这些。我只是生活在那样一种触目皆宝的环境里，比如说郑润（雨亭）的临古帖，是元刻本，刻在砖头上的，我们家就有，所以我一开始就接触到碑体。我的书法是从碑体入手，跟我的作文是从韩文入手一样，是终身受用的。我十几岁时与当时的书界名流刘三、蔡守有书信交往，他们都不晓得我是不到 20 岁的人。用一句杜甫的诗来说，真的是“结交多老苍”。

观堂的书（《观堂集林》）我那时也看得到，如上海仓圣明智大学刊行的《学术丛刊》、《先公先王考》等都看了。观堂学问的巅峰时期还是在上海时，到清华讲《古史新证》时已不大有新东西出来了。张尔田说观堂学问境界还只是比量，没有现量，这个话我信。现量是很高级的境界，是有识再加上有亲证的悟。亲证了，就说不出，也不必说出。近人唯马一浮先生有点现量的境界。太炎先生《自述为学次第》中，自诩其《齐物论释》为“一字千金”，其实现在看来，不仅不得正解，而且连比量都不够，是比附，那个时代流行的就是比附。不过太炎先生的好文章甚多，不必举《齐物论释》，其《禹庙碑》就很好，掷地作金石声，我能成诵。太炎先生的好文章都是这样的。他是革命家，作文不用自己去找题目，只是题目来找他，不像我们后来的人做文章，是自己去找题目。太炎先生文风学的是明人刘伯温、宋濂一路。太炎先生的学问好，文章也好，我那个时候佩服得很。

莼园一角

胡适的书我都读过，“五四”新文学也看。我看书很快，从头到尾地看，而且能得其要领。我读过很多西洋诗，还翻译过雪莱、彭斯的一些小诗，没有发表。我的诗词作品集子中，还收有一首新体长诗。我是商务印书馆英语函授部的函授生，我的英语是那时候学的。

我 20 岁以前读书确实很广泛。记得，当时香港有一个书局叫新垦书局，这个书局出来的新书，我都整本读完了。有马克思的书、社会主义的书，有相当多的法国

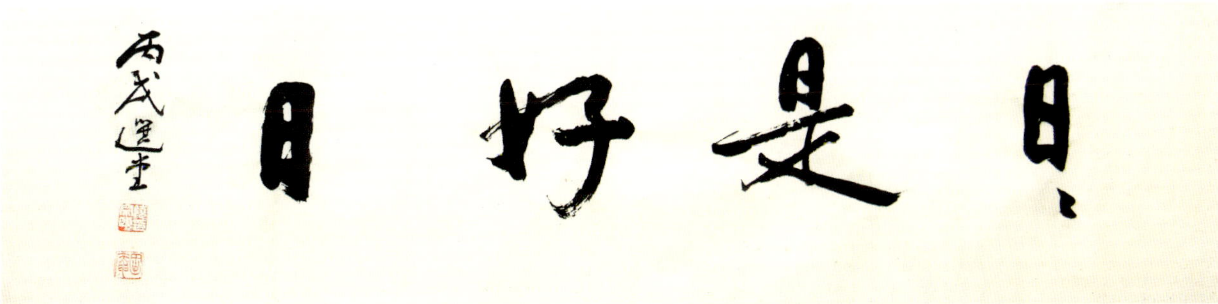

书法：匾额

文学家如罗曼·罗兰等的作品。现在回想起来，自己都有点不敢相信。后来这家书局搬到上海去了，现在不知道还在不在。这是我与香港最早的因缘。

我 20 岁前后写的诗歌，可惜都散佚了。这些诗歌，有两大类，一是学老杜《北征》、《三吏》、《三别》一路的，因为当时已国难当头，诗有感而发。但是还有另一路，我写过大量的情诗，这些情诗都没能保留下来，不然现在读来，何等意味。《固庵文录》中《韩山志自序》、《廷鞫实录序》，即是我 20 岁前写的骈体文。我很少为人写年谱，只有两个人是例外，这两个人不仅是潮州先贤，而且令我非常敬佩。我觉得青少年时期推崇怎样的人，对一辈子的为人行事都会有很深影响。这两个人，一个是薛侃，一个是郭子奇。他们的年谱，都是我 20 岁以前就确定一定要做的。我撰成《薛中离年谱》，那是 1948 年的事了，但是我 17 岁那年点勘《廷鞫实录》，就在序中表彰薛中离了。为什么要表彰他呢？我在年谱后面的跋中讲得很清楚，是因为“先生之学，有入门，有归宿；一生气魄，百折不回”。这种人格，这种气魄，我是非常佩服感动的，觉得一定要表彰出来。《郭子奇年谱》是我 20 岁时撰成的。他是明代崇祯元年（1628）中的进士，官至礼部尚书，是晚明柱擎南天之重臣。清人俘虏他以后，许以高官厚禄，他坚决拒绝，慷慨成仁，从容就义。郭子奇的诗文、政论都是非常出色的，有《稽古篇》和《宛在堂集》。他的纪事诗：“十载艰危为主思，居夷避世两堪论。一时平地氛尘满，几迭幽山雾雨翻。晓涧哀泉添热血，暮烟衰草送归魂。到头苦节今方尽，莫向秋风洒泪痕。”写得婉转慷慨，我读后感怀不已。可是有关史学研究，特别是某些专治晚明史论者常常忽略这位晚明极为重要的历史人物及有关著作，我觉得很不应该，我要提出来，对这样忠贞刚毅的爱国情操，一定要表彰出来。

（原载《饶宗颐学述》，浙江人民出版社 2000 年出版）

治学游艺七十春

——贺饶宗颐教授“米寿”

◎ 曾宪通

1995年考察广东省潮州市开元寺最古之经幢

饶宗颐教授乳名福森，字伯濂，又字伯子、固庵，号选堂，是海内外著名的史学家、经学家、考古学家、古文字学家、文学家和书画家，又是出色的翻译家。香港大学、香港岭南大学、香港公开大学、香港中文大学和香港科技大学名誉文学博士，法国索邦首位荣誉人文科学国家博士。历任印度班达伽东方研究所、法国科学中心、法国远东学院院士。哈佛大学多次访问学人。中央研究院史语所教授，香港大学中文系教授，新加坡国立大学中文系首任教授，耶鲁大学、法国高等研究院宗教部客座教授，日本京都大学及人文科学研究所客座教授并在九州大学、北海道大学讲学。现为香港中文大学艺术系韦伦讲座教授及中国文化研究所荣誉讲座教授、顾问，主持出土文献研究计划，香港大学中文系荣誉讲座教授。1962 年获法国汉学儒莲奖，1980年被选为法京亚洲学会荣誉会员，1993 年获法国政府颁授文学艺术骑士勋章。现兼任国内外多间高等学府及学术机构顾问，咨询委员、名誉教授及研究员。2000 年 7 月作为香港学术界的杰出代表获香港特首亲自颁发的大紫荆勋章。2001 年获聘为北京亚欧科技学院院士，等等。

一

选堂先生 1917 年 6 月生于广东潮安。父亲饶锷（纯钩）博学多才，工于诗文，精于考据，尤擅谱志，著有《佛国记疏证》（稿）及《潮州西湖山志》。所建天啸楼是粤东最负盛名的藏书楼，家藏典籍积至十余万卷，是潮州有名的藏书家。选堂先生幼承家学，聪颖过人，诗词书画琴艺，初试即露锋芒，故早享神童之盛誉。16 岁咏《优昙花》诗，一时惊诸老宿，竞与唱和。弱冠之年即为其父整理遗著《潮州艺文志》，刊于《岭南学报》。1935—1937 年受聘为中山大学广东通志馆专任纂修，1939 年 8 月应聘为中山大学研究员。当年中山大学迁校云南澄江，先生取道鲨鱼涌拟经香港赴滇，因病滞留香港。留港期间为王云五主编的《中山大词典》撰古籍篇名提要稿，又佐叶恭绰编定《全清词钞》初稿，并完成《楚辞地理考》等著述。1941 年返潮州。1943 年赴广西桂林，任无锡国学专科学校教授至 1945 年，其间两度深入大瑶山。1946 年被聘为广东文理学院教授。1947—1948 年出任华南大学文史系教授兼主任及《潮州志》总编纂兼广东省文献委员会委员。1949 年为《潮州志》之编写赴港咨询并工作。在此期间，先生著述甚丰。但其时正当日寇侵华之艰难岁月，生活颠沛流离，故积稿多未刊行而散佚殆尽，仅存流寓粤西所作之《瑶山诗集》，殊感可惜！先生早岁见重于顾颉刚教授，由顾老邀约编著新莽史及《古史辨》第八册（古代地理），均因战乱未及印出，其目录载于《积善》半月刊（齐鲁大学印行）。

1952—1968 年，先生先后任香港大学中文系讲师、高级讲师、教授，主讲诗经、楚辞、汉魏六朝诗赋、文学批评及老庄等专题。课余则从事古代文献的整理和研究。在此期间，先后出版了《楚辞书录》（1956）、《楚辞与词曲音乐》（1958）、《九龙与宋季史料》（1959）、《词籍考》（1963）、《潮州志汇编》（1965）、《香港冯平山图书馆善本书录》（1970）等。与此同时，先生更注重于新发现材料的整理与探究，如《韩江流域史前遗址及其文化》（1950）、《从考古学上论绘画的起源》、《长沙楚帛书山鬼图跋》、《战国楚简笺证》、《者沪编钟铭释》、《居延零简》、《京都藤井氏有邻馆藏敦煌残卷记略》、《金匮室藏楚戈图案说略》（1956）、《长沙楚墓时占图卷》和《帛书解题》（1954）、《敦煌本老子想尔注校笺》（1956）、《日本所见甲骨录》和《巴黎所见甲骨录》（1956）、《长沙出土战国缯书新释》（1958）、《海外甲骨录遗》和《殷代贞卜人

2006 年 10 月 28 日饶教授与二女儿饶清芬在香港住所门口

物通考》(1959),等等。这一时期,先生对敦煌学、甲骨学、楚帛书用力最勤,创获良多。如《敦煌本老子想尔注校笺》考定《想尔注》成于张鲁之手而托始于张陵,对道教史研究有重要意义,它引起欧洲人对道教研究的兴趣,成为后来汉学界之道教狂热。此书在国际上负有盛誉,被巴黎研究院定为教材。《殷代贞卜人物通考》开创了以贞人为纲排比卜辞的先例,在理论和方法上都超越前人,对了解各个贞人的占卜内容及其所属的时代很有参考价值。此书一出,共有 13 个国家和地区发表评论,并加以推介,足见它在中外学术界影响至巨。先生在《殷代贞卜人物通考》一书刊出之后,与印度友人白春晖(V. V. Pahanjepe)交换,从其学梵文三年;1963 年,遂应班达伽(Bhandarkar)东方研究所之聘,前往天竺古梵文研究中心之蒲那(Poona),从事中印关系之研究。复向白春晖先生令尊学习梨俱吠陀(Rig-veda),足迹遍及印度南北。归途游历锡兰、缅甸、泰国、柬埔寨各地,所到之处,寻幽搜秘,别有《佛国诗集》纪游。先生后来从事“东方学”研究,其梵学知识即植基于此。1965 年,先生在纽约楚帛书藏主戴润斋处获睹帛书原物,积疑冰释,因写成《楚缯书十二月名覈论》(1965),证成帛书图像首字即《尔雅·释天》十二月名,遂成定论;又据楚帛书红外线照片作《楚缯书之摹本及图像——三首神、肥遗及印度古神话之比较》及《楚缯书疏证》(1968),把楚帛书研究推向新的阶段。

1968—1973 年,选堂先生应新加坡国立大学之聘,任该校中文系首任教授兼系主任。教学之余,先生专事搜求当地华文碑刻,《星马华文碑刻系年》(1972)和《新加坡古事记》二书,为华侨史研究增添了极其珍贵的资料。还刊行《欧美亚甲骨录存》(1970)。前度在法国与法国汉学大师戴密微教授合著《敦煌曲》(于 1978 年在巴黎出版),为敦煌写卷词曲之集大成者,在敦煌学研究上具有特殊的意义。选堂先生对敦煌卷子十分重视,并用以进行多

1967年被新加坡大学聘为第一任中文系教授

方面的研究。除上述《敦煌本老子想尔注校笺》外，尚有不少专论，多有发明。如从敦煌《通韵》中对四个梵文字母（Ṛ、Ṝ、Ḷ、Ḹ）的不同译法，研究唐人作佛教赞歌时的“和声”；从宋初开宝七年（974）12月11日的批命本子，研究七曜与十一曜的关系，阐明了古波斯占星学对中国古天文学的影响，皆发人深省。由于先生曾留学印度梵学研究中心攻治婆罗门经典，通晓梵巴诸语文，因而能够揭示刘熙《释名》渊源于婆罗门经《尼卢致论》（Nirukta），韩愈《南山诗》实受马鸣《佛所行赞》（Buddha-Carita）的影响。所有这些都是前人未发之覆。先生在新加坡国立大学执教期间，还两度外出讲学，其中1970－1971年为美国耶鲁大学客座教授，1972－1973年为台湾中央研究院历史语言研究所研究教授，均有不少力作。

1980年饶教授（左一）与暨南大学詹伯慧教授（右一）在日本京都三缘寺

1973年9月，先生重返香港，任香港中文大学中文系教授，旋又兼系主任，直到1978年9月退休。这一时期，印行在美国所著《中国史学上之正统论》（1977）及在法国巴黎编著《敦煌白画》和《敦煌本文选》（1978），为敦煌学研究增添异彩。过去研究敦煌绘画的人往往只注意壁画和绢画，先生独具匠心，他将在写卷中的白描、粉本、画稿等研究敦煌画极重要的材料辑出，编成《敦煌白画》一书，有图有说，使沙洲画样的来历得以阐明，从而填补了敦煌研究中的一项空白，进而融入自己的画作中，使人物、线条极具独创性。还出版《黄公望及其富春山图》等，此外尚有大批手稿待刊。1976年先生第三次莅法国巴黎，在法兰西远东学院工作。除继续研究敦煌经卷外，还遍读沙畹当年在华搜集所得的全部金石拓本，遂有《唐宋墓志》之作。复以暇日从J. Pottero教授治楔形文字，正式接触西亚文史知识与遗物。先生后来从事比较古文字学的研究即渊源于此。

选堂先生荣休后并未离开教席，继续在香港大学、香港中文大学和澳门东亚大学担任荣誉教职，并培养研究生。1978－1979年，在法国高等研究院（L’E’coie Pantigue clis E’tucles）第五组宗教部门任客座教授一年。1980年，任日本京都大学及人文科学研究所客座教授五个月。1980年初冬，先生到成都参加中国古文字研究会第三届年会后，即到内

1991年饶教授在
越南考察牙璋

地参观考察。笔者有幸作为广东省高教局派出的随员一路陪同。此次历时三个月，先生行踪遍及14个省市的许多博物馆和考古文物单位，饱览了祖国的名山大川，接触到大批新出土的考古文物资料，兴奋异常。11月中，先生在湖北省博物馆参观，看到展品中有曾侯乙墓出土衣箱漆书20个字的摹本，尽是古文奇字，尚无释文，不明句读。谭维泗馆长请为试释，先生经过一番琢磨，终于写出“民祀隹坊（房），日辰于维，兴岁之四（驷），所尚若陈，经天尝（常）和”20个字。闻者无不折服。随后又写成《曾侯乙墓匫器漆书文字初释》一文，详加考证，刊于《古文字研究》第十辑（1985）。在武汉时，先生有感于新出资料的重要，又得到湖北省博物馆的支持，便与笔者商定以“楚地出土文献研究”为课题，回港后即邀笔者共同完成《云梦秦简日书研究》（1982）、《随县曾侯乙墓钟磬铭辞研究》和《楚帛书》（1985）三部著作。前二书被誉为研究秦简日书及振兴中国钟律学的奠基之作；后一种则是楚帛书出土40年来最新成果的汇集和全面的总结，对推动楚帛书的研究产生了积极的影响。实际上，先生荣休之后，由于摆脱了日常行政杂务，更加自由自在地云游四海，更能集中精力于学术的探讨与著述，故自20世纪80年代以来，又有多种著作相继问世，除上面提及之外，还有《唐宋墓志》（1981）、《选堂集林·史林》（1982）、《虚白斋书画录》、《敦煌书法丛刊》29册（1983）以及《固庵文录》（1989）等，都有重要的学术价值。

20世纪90年代初期，先生一方面开始着手编纂《饶宗颐二十世纪学术文集》，准备对自己的学术研究做一番全盘的清理和总结；一方面仍继续醉心于开拓新的学术领域，硕果累累。举其要者，如《中印文化关系史论集——悉昙学绪论》和《敦煌琵琶谱（编）》（1990）、《词学秘籍之一——李卫公望江南》、《老子想尔注校证》和《文辙——文学史论集（上、下）》（1991）、《词集考——唐五代宋金元编》（1992）、《广济桥史料汇编》（与张树人合编著）、《画𫖮——国画史论集》、《梵学集》、《楚地出土文献三种研究》（与曾宪通合著）、《法藏敦煌书苑精华（编纂）》

和《饶宗颐史学论著选》（1993）、《新加坡古事记》（1994）、《新莽简辑证》、《敦煌汉简编年考证》（均与李均明合著，1995）、《殷代贞卜人物通考》（韩文译本）、《饶宗颐潮汕地方史论集》（黄挺编）、《澄心论萃》（胡晓明编）和《敦煌曲续论》（1996），《文化之旅》（1997）、《符号·初文与字母——汉字树》（1998）、《清晖集》（1999）、《甲骨文通检》（主编，共五册，1989－1999年出齐）。此外还主编《华学》杂志和主持以地下出土资料补《资治通鉴》史料之长编稿系列。前者自1995年至今已出版六辑，后者也有多种《出土史料系年长编》问世，荦荦大观，在学界影响很大。此一时期，先生虽年逾古稀，依然怀着一颗勇于縋幽凿险的童心，在诸多领域中不断地开拓创新。试举三例说明之：

《近东开辟史诗》全文用楔形文字刻于七大泥板之上，是一部记载阿克得人开天辟地的神话文献，上半部记述天地开辟之初诸神之间互相争斗，后来才产生出太阳神马独克（Marduk）。下半部叙述马独克安处宇宙间，由三位最高神明（Anu，En-lil及Ea）兴建巴比伦神庙的经过，以及他们如何从反叛者身上汲取血液来创造人类的创世故事。饶先生第一次将这部楔形文字译为中文，并以书中之宇宙论与《淮南子·天文训》、彝族宇宙论和古代楚人的天道观详细加以比较，进而指出近东和远东两个地区开辟神话和造人神话的异同，这在世界比较神话学上具有重大的意义。由于此书饶先生用铿锵典雅的文言文翻译，读起来韵味无穷，令人叫绝，堪称翻译史上之杰作。此书已经由辽宁出版社作为新世纪万有文库之一种在国内出版。

《符号·初文与字母——汉字树》是先生最新的研究成果之一。书中利用考古发现的陶符和图形文，融会民族学的若干资料，从多角度追溯汉字演化的轨迹，探索原始时代汉字的结构和演进的历程，说明文字起源的多元性及其与地区分布的交互关系，并与腓尼基字母、苏美尔线形文等古文字作比较研究。指出中国历来统治者施行以文字控制语言的政策——“书同文字”，致使语、文分离，文字不随语言而变化；而且汉字结合书、画艺术与文学上的形文、声文的高度美，造成汉字这一枝叶葱茏、风华绝代的大树，卓然兀立于世界文化之林。而文字、文学和书法艺术的连锁效应，则构成汉文化的最大特色。进而揭示汉字在未成形的初期，陶器上大量的线性符号多与腓尼基字母相似，类似于西亚早期的线性图文。作者认为，古代闪族人在使用字母时，曾经尝试过采撷彩陶上的符号来代替楔形文字的雏形字母，从而提出了具有原创性的字母出

自古陶文的“字母学假说”，成为比较古文字学一个极其重要的命题。

《甲骨文通检》是一部大型的甲骨文分类索引，具体编纂由沈建华女士负责，先生于每册均撰有长篇的“前言”，阐述与各分册相关的甲骨学问题。第一册“先公、先王、先妣、贞人”，第二册“地名”，第三册“天文气象”，第四册“职官人物”，第五册“田猎”。这些基本上总括了卜辞内容的所有类别。先生于每类几乎都有新的发现和独到的研究心得。如“地名”一项，先生发现《史记》只有“河渠书”而没有“地理志”，但通过甲骨文通检的编著，计得商代地名总数 1 100 多个，又运用史籍文献对勘的方法，对《夏本纪》禹后以国分封诸姓之地名作具体研究，从甲骨文中揭示并复原禹后地名构成的规律。又如，卜辞中有帝乙征伐人方的记载。但关于人方的地望，过去因受王国维、董作宾的影响，以为不出于黄河流域。选堂先生根据三星堆的出土文物和相关的历史记载，将人方释为夷方，定位在现今陕西及西南一带，大大地超出以往研究的地理范围，这不但极大地扩大了殷商时代的版图，而且对于西南地区的开发年代和文明程度也有极其重要的研究价值。

二

以上我们把选堂先生的生平和学术著作按五个时期作了粗略的介绍，从中可以看出，先生的学术活动和学术研究的范围非常广泛，涉及人文社会科学的许多领域。根据先生自己的归纳，其著作可分为敦煌学、甲骨学、词学、史学、目录学、楚辞学、考古学（含金石学）和书画等八大门类。每个门类先生都细致深入地做过大量的调查研究工作，并有重要的建树。综观先生六七十年来的治学道路，大抵早年以攻治地方文献为主，中年以后兼治四裔交通及出土文献，大有创获；壮年由中国古代的研究扩展到人类文化史的研究，晚年兴趣逐渐转移到印度和西亚，填补了中国学术史上不少空白。其成果则以开创性及文献整理开路为多。关于选堂先生的学术成就，当代东方学大师季羡林先生在《〈饶宗颐史学论著选〉序》中分别从“地下实物与纸上遗文”、“异族古书与吾国旧籍”、“外来观念与固有材料”三个方面作了高度概括。本文仅据笔者的一孔之见，试就选堂先生的治学特点略作补充。

先生治学，可以“博古通今，东西融贯”八字当之，先生自幼于中国传统文献（包括经史子集）早已熟谙在胸，又长期研究甲骨文、金文及战国秦汉文字，故对地下发现的新材料皆随手拈来、左右逢源。加上通晓英、日、德、法等国语文及印度、巴比伦古代文字，这些使其在原始材料的占有和运用上具有无上的优越条件。打开先生的著作，几乎每一种书都有一个自成体系的资料细目。作者的许多真知灼见就是从这些翔实的材料中演绎升华而来的。先生罗致材料可谓不遗余力，概括言之，时不分古今，地不择内外，取材不拘巨细，从新石器的陶片到现代科学的资料，从亚洲近东直到欧美各地的史实，只要与论旨有关，概在搜罗之列。读先生书，无不为其旁征博引及系统剖析的渊博学识所折服。

其次，先生既有中国传统文化的深厚根底，又旁通西方治学的门径，故能认清时代学术的潮流，踊跃投身其中。从中国学术发展史的角度来考察，20 世纪初至 90 年代，正是中国学术处于“信古—疑古—证古”的转型时期，在先生从事学术研究和学术活动的 70 年中，一直置身于每个时代潮流的最前列。当今被称为世界显学的敦煌学、甲骨学、简牍学以及中外关系史等，先生都不失时机地利用新出土的资料，致力于证古和释古的工作，努力开创新局面，并不断取得令人瞩目的新成果。对于某些比较复杂然而具有重大研究价值的论题，先生一方面运用前代朴学治经治史的经验，深入阐明研究对象的内涵，同时又从人类文化史的高度，追根溯源，揭示研究对象的本质及其演变的规律，即从微观入手以窥宏观，故能极尽抉微发幽之能事，发前人之所未发，令人耳目一新。

先生治学的第三个特点是，通过多种学科的互相渗透和交融，积极开拓交叉学科的新领域。从先生的论著中可以看到，有不少论题是几个相关学科之间的交叉学问，过去很少有人注意，更无人做过深入的探讨。先生凭借他那渊博的学识和过人的才思，纵横驰骋，常常有独到的发现，如由卜兆记数推究殷人对于数的观念；用滇蜀出土的故事画拟测屈原所见先王祠庙的壁画；从唐代石刻论述武后之宗教信仰；由《齐书》之昆仑舶论证海道之丝路并不亚于陆路；利用湖南宁乡出土的人面方鼎推测楚地信奉黄老之学由来已久；由马王堆《老子》后佚书论证五德终始之说实起于子思而非邹衍。凡此种种，都是先生巧妙地运用多种学科的相关知识，近搜远讨，反复钩稽，可谓得心应手，令人信服。

在国际会议上，先生时有精警言论，匡正一般误解，如在美国哥伦比亚大学召开的楚帛书研讨会上，有人怀疑它是后人伪作的赝品，先生列举若干铁证，指出其疑所不当疑，是第一个指证楚帛书为确凿可信的学者。在法国巴黎世界文字会议上，提出《汉字与诗学》的论文，纠正 H.Poud 对汉字偏重象形的错误；1986 年 9 月，法国高等研究院宗教部庆祝一百周年纪念，举办世界礼学会议，先生提出《〈春秋〉中之“礼经”及重要礼论》，指出“礼”字的宇宙义，不能仅仅看成礼节，把它译成 Ritual

并不妥当，足见先生对经学之理解精细入微，造诣高深。

要之，先生治学严谨而不拘泥，渊博而虚怀若谷，著作宏富而又汲汲于求新，故能高蹈独步，无往而不利。

三

选堂先生在骈文、诗词、书画方面也有卓著的成就，不过为学术所掩，不大为人所深知而已。先生足迹，九州行其八，五洲历其四。舟车所至，探奇访胜，辄以诗词记事抒怀；时为自注，考事征文，蔚为大观。论者以为先生以学人而有才人之诗，诗中有史，极具特色。1978 年，《选堂诗词集》印行，辑有《选堂诗存》13 种、《选堂乐府》4 种，即为其代表之作，而其中《黑湖》诸集已译成法语，宇内共赏，声名远播。至其所作俪体文尤为出色，在其近刊《固庵文录·俪体篇》中，收录骈文共 40 篇，“沉博绝丽，比之清人，惟孙星衍、凌廷堪可相匹敌。”（陈槃《书后》语）至于翻译文字，典雅庄重，铿锵可以上口，于译吠陀无二颂，可以见之。其《近东开辟史诗》，为汉文第一部译著，尤尽创辟之能事。1999 年，作为先生韵文、骈文创作合集的《清晖集》印行，内中“韵文集”收赋 13 篇、诗 17 种、词 6 种；“骈文集”收颂、赞、铭、文、序等 30 余篇。先生在《跋》尾中说：“余半生行役，五洲已历其四。所到之地，多模山范水之篇，既寄心于无垠，聊密尔以自适。所作赋、诗、词三类，皆韵文之属；间亦取则伐柯，偶为俪体。……兹总汇各稿，统名曰《清晖集》，以山水之作独多故也。”季羡林先生为本书作《序》云：“选堂先生读万卷书，行万里路，世界五洲已历其四；华夏九州已历其七；神州五岳已登其四。先生又为性情中人，有感于怀，必发之为诗词，以最纯正之古典形式，表最真挚之今人感情，水乳交融，天衣无缝，先生自谓为诗人开拓境界，一新天下耳目，能臻此境界者，并世实无第二人。”

在书画艺术方面，选堂先生也早有渊源。先生 6 岁即开始用毛笔写字描画，喜欢描绘各种人物，尤其喜欢画佛像。12 岁正式从师，学习山水、花鸟、人物技法；师宗任伯年，曾将任氏作品通临一遍。至 17 岁，他写任派作品已可达到操纵自如的地步，为日后画艺的发展打下坚实的基础。此后又对中国传统绘画作穷幽探赜的研究。20 世纪五六十年代，先生画风受南宗黄（公望）倪（云林）、北宗马（远）夏（珪）影响最深，拥有南派的浑厚华滋和北派的奇雄苍劲；70 年代以后，先生之山水技法转向多元，上自宋代李唐、郭熙，下至清初四僧（石溪、石涛、八大、弘仁）和张风等，兼收并蓄，逐渐形成自己独特的风格。白描人物画则充分吸取敦煌白画（壁画画稿）的精髓，深得国画大师张大千的赞赏。先生书法初习汉隶，后临魏碑，继以碑法入行草，故其书清超醇雅，工丽隽妙。复规摹甲骨、钟鼎、帛书、简牍及历代名迹，篆隶兼施，古朴雄浑，别具一格。先生以书款写诗入画，使诗情画意融成一体，相得益彰。说者谓先生之书画特点可以妙、雅、新三字概括。妙指题画诗文隽妙；雅指书法醇雅；新则是画法生新、画意清新。可见先生不但诗、书、画三者兼长，而且已经达到很高的艺术境界。1978 年，香港中文大学艺术系为先生举办书画展览于香港大会堂。并印行《选堂书画集》。此后又在新加坡、日本、韩国、泰国、马来西亚等地举办了一连串书画展览，获得了巨大成功。1986 年，香港中华文化促进中心举办“饶宗颐教授从事艺术／学术活动五十周年纪念——七十大寿书画展”，气魄十分雄伟：山水与题句交辉，法书则众体竞美。1989 年，香港中文大学出版社出版《饶宗颐书画集》。1991 年，香港大学冯平山博物馆主办“饶宗颐书画展”；1992 年，香港艺苑出版社出版《选堂书楹联初集》和《饶宗颐翰墨》；1993 年，在广东画院举办“1993 年广州饶宗颐书画展”，并由广州岭南美术出版社出版《饶宗颐书画》；1994 年，中国美术家协会、中国书法家协会、中央美术学院、中国艺术研究院、中国画研究院联合举办“饶宗颐书画展”于北京中国画研究院展览馆，一时轰动京华艺坛，好评如潮，声名大振。1999 年，澳门基金会以澳门市花——荷花为主题，举办“清凉世界——饶宗颐书画展”，同时出版《清凉世界书画集》。2001 年 10 月，中国历史博物馆举办“古韵今情”饶宗颐书画展，同时出版《古韵今情》书画集；选堂先生特创作 18 尺水墨荷花巨幅致赠中国历史博物馆收藏。不难想象，广大书画爱好者从这些接踵而来的“书画展”和目不暇接的“书画集”中，一定可以尽情领略先生的诗之情、画之意、书之态、印之姿，或许会惊叹先生的艺术造诣并不在其学术之下。

2000年在悉尼斯新南威尔博物馆

饶教授是位学富五车、著作等身而又多才多艺的学者兼艺术家。数十年来，先生足迹遍及世界的四大洲和神州大地，写下了50多部著作和400多篇论文，总计达1 000万字以上，此外还有无数的书画佳作，是当今集学术与艺术于一身的一代英才。目前，饶教授的家乡——潮州市和饶教授工作过的香港大学都分别建有“饶宗颐学术馆”，以彰显先生的生平业绩及其对人类学术和艺术所做的卓越贡献；而集先生著作之大成的《饶宗颐二十世纪学术文集》最近也由台北新文丰出版股份有限公司正式出版和发行。《文集》分十四卷共20册，洋洋大观，人们可以从中领略饶宗颐教授70年治学游艺的发展历程。值此饶公届临“米寿”之际，我们衷心祝愿饶公这棵南山的不老松四季常青、童心永驻，继续为繁荣中国的学术和艺术做出贡献。

2003年12月增订

（原载《华学》第七辑，中山大学出版社出版）

1996年在原潮州饶宗颐学术馆

中流自在心
——读《饶宗颐二十世纪学术文集》

◎ 姜伯勤[①]

一、对超越性大智慧的追寻

饶宗颐先生名宗颐，字固庵，号选堂，1917 年生于广东省潮州市。

先生幼时，因家人希其师法宋代大学问家周敦颐，遂以“宗颐”为名。及长，素喜南朝梁太子编纂之昭明文选，衷情“选学”，且又喜元代文人钱选，故以“选堂”为号。先生早年的学术文集，即名为《选堂集林（史林）》。

选堂先生是学兼中外、德艺双馨的学术大师，业已出版的著作超过 60 部，论文约 400 篇，诗文创作集逾 20 种，书画集约 10 种。2003 年 11 月，台湾的新文丰出版股份有限公司出版《饶宗颐二十世纪学术文集》，共 20 大册。[②]香港大学饶宗颐学术馆郑炜明等先生撰有《〈饶宗颐二十世纪学术文集〉各卷提要》，[③]由是可窥见文集的宏大气魄。

“万古不磨意，中流自在心”，选堂先生的这一联语，正好体现了这部洋洋洒洒的学术文集对超越性大智能的追寻。

“万古不磨意”，即追寻一种超越时空、历久弥新的境界。季羡林先

由新文丰出版股份有限公司出版的《饶宗颐二十世纪学术文集》于 2003 年 10 月面世。《文集》收入了饶教授 20 世纪约 70 载的学术研究生涯中辛勤耕耘的成果

①中山大学教授。

②饶宗颐：《饶宗颐二十世纪学术文集》，十四卷共 20 册，台北，新文丰出版股份有限公司，2003 年。

③郑炜明等：《〈饶宗颐二十世纪学术文集〉各卷提要》，见《造化心源——宗颐的学术与艺术》，香港大学饶宗颐学术馆、广州艺术博物院、潮州淡浮院、广东万昌文化艺术发展有限公司联合出版，2004 年，6~26 页。

生盛赞选堂先生不断地创造“新颖”。季先生指出：饶先生治学方面之广，应用材料之博，提出问题之新颖，论证方法之细微，这些都是我们应当从他的学术著作中学习的。季先生的结语写道，要“放眼世界”，“创新、创新、再创新”。[①]

在《中国学术》第七辑中，刘东教授曾指出，当代是“智慧创化虽远不敷用、理论生产却久已过剩的年代”，是各种“舶来理论”“压向本土心智的年代”。[②]

故此“中流自在心”，也可以说是“本土心智”的大发扬。朱子有云，“屹立若中流砥柱”，则“中流”犹言在水流中央，在大潮之中，在主流之中。而“通达无碍”谓之“自在”，亦可理解为一种超越性智慧，则“中流自在心”，亦即立足于学术主流，与时俱进地追寻中国学术赖以生发的本土心智，追寻博大而超越性的大智慧。

为读者签名

而饶先生的这一求索历程臻于化境，正如钱仲联先生在《选堂诗词集序》中所云：“学与诗合，随所触发，莫非灵境，而又锻思冥茫，径路绝而风云通。选堂于此，掉臂游行，得大自在。”[③]

二、与国际汉学大家的互动

20世纪西方著名汉学家、法兰西远东学院院士戴密微教授于84岁时（1977）撰写了《〈选堂书画集〉序》，说“余与君相知最深”，又说“年前君旅法京，幸获短期之合作，其时君正为该院之院士也”。盛赞选堂先生“于艺术领域，处处显露其过人之天分”，“著作等身”，“得知君在最富人情之文明社会中，乃一最堪作楷模之人物”。[④]

日本汉学大师吉川幸次郎撰《〈词籍考〉序》亦有云：

幸次郎昔亦治目录之业矣，而厌之，以类贯人之簿录者多，能为读书者目如宋之晁陈者寡也。今教授之书，诚可谓读书者之目，自此以后，读词者必发轫于此，犹三十年前幸次郎之读词，发轫于钓师之词综也。

①季羡林：《饶宗颐史学论著选序》，见《饶宗颐史学论著选》，上海，上海古籍出版社，1993年。
②刘东：《理论与心智》，《中国学术》，2001年第3期。
③钱仲联：《〈选堂诗词集〉序》，见饶宗颐：《清晖集》，深圳，海天出版社，1999年，448~449页。
④《造化心源——宗颐的学术与艺术》，43页。
⑤郑炜明编：《论饶宗颐》，见该书所载吉川先生文。

吉川先生高度评价是书，谓之："有疏证，有品骘，考词人之生平，叙词流之升降，字句异同，亦举其要，词之史、之话、之平议寓焉。"⑤由是将选堂先生《词籍考》书，看作治词学之津梁。

《饶宗颐二十世纪学术文集》(以下简称《文集》)辑有国际汉学界及几位中华学人的八篇推荐辞(依字母排列)，作者如下：

1. 哈佛大学东亚语文与文明系主任包弼德(Pete K. Bol)教授
2. 法国金石美文学院院士谢和耐(Jacques Gemet)教授
3. 牛津大学霍克思(David Hawkes)教授
4. 东京大学名誉教授，创价大学文学部池田温教授
5. 北京大学前副校长季羡林教授
6. 台湾中研院院士李亦园教授
7. 哈佛大学宇文所安(Stepbe Owen)教授
8. 国立新加坡大学东亚研究所所长王赓武教授

池田温教授更中肯地指出：20世纪前半之代表汉学者可屈指王观堂先生(1877—1927)，而后半者应当举饶选堂先生(1917—)，比观堂先生活动限于东亚，选堂先生讲学遍及印度、法国巴黎、美国等，寿又近倍，宜矣其业绩丰富多彩，更为学艺并茂，公刊十四卷论集，一定鼓舞世界汉学进展。

霍克思教授指出：西方汉学家注视着饶宗颐教授毕生的事业，正如河伯凝视着东海，敬畏它的宽广博大，不仅其作品无限博学，而且是一位书法大师、画家和优雅的诗文作者。

选堂先生越了一个时期中某些中国学人单向度地向西方汉学家问学的那一页，而在20世纪中叶，掀开了西方汉学大师向饶先生问学的新的一页，如法国汉学大师戴密微先生有关谢灵运的研究即颇受选堂先生的影响。

《文集》卷十四第734页有云：

戴教授治谢康乐诗，译述至当。年七十余，尝申请赴华，作上虞、永嘉之游而不果，终生引为憾事。君殁已近十年。余顷自杭州来雁荡，所经多是谢诗山水之乡，感君此事，用志腹痛之戚。

选堂先生在2001年又说："60年代，我的好友法国戴密微先生多次告诉我，他很后悔花太多精力于佛学，他发觉中国文学资产的丰富，世界罕有可与伦比，但中国人并不一定知悉。"①

饶先生游历瑞士的诗集《黑湖集》，由戴密微先生译为法文公刊，体

①《饶宗颐二十世纪学术文集》卷四《经术·礼乐》，总第6册，12页。

现了这两大国际汉学大师的学术友谊，也体现了先生在西方首屈一指的汉学大师心中的地位。选堂先生与国际汉学大家的互动，使之能长久立足于相关学术的前沿。

三、礼学：一个正本清源的切入点

追寻“万古不磨意”的一个实例，是选堂先生对“礼”的“宇宙义”的阐发。宗颐先生应法国之邀前往讲授中国古代宗教史，又是从“礼”的宗教义入手。这也是与国际学术互动的一个生动的例证。“礼学”可以视为选堂先生近年学术进展的一个重要切入点。

《文集》卷四为《经术·礼乐》，本卷载有《殷礼提纲》。笔者在 1992 年所撰《从学术源流论饶宗颐先生的治学风格》一文中写道：“饶先生近年来正着手据甲骨文研讨殷礼，这是一件有‘正本清源’意义的重要工作。”①

《殷礼提纲》一文首章讨论殷代的日祭与日书，讨论从 1975 年湖北云梦出土睡虎地竹简引入，在简帛材料启发下对甲骨文材料重新梳理，这也可以说是饶先生所主张的“五重证据法”的一个实例。

为什么说这是一件“正本清源”的工作？

《文集》卷一《史溯》收有一篇《历史家对萨满主义应作重新反思与检讨——“巫”的新认识》。严正指出 “我们不能拿民间原始性魔法形态的借神附身”的“萨满式的巫术来任意加于三代之上，特别是与殷周有关祭祀的典制来作种种比附”。春秋以来的学人“都用一个‘礼’字来概括三代的典章制度”。主张用 “礼” 的观念推进有关制度的探讨，来代替“巫术宗教”的看法，认为“从制度史的观念来整理古史”，“可以避免误入歧途”，这就是“正本清源”。

《文集》卷四又载有《〈春秋左传〉中之“礼经”及重要礼论》。文章指出，“‘礼经’意思是礼的大经，换一句话说是正常的合理法则”，“故知 ‘礼经’ 是指正常合礼的大法”。经，是常例、常道。如郑子产所云：“夫礼，天之经也，地之义也，民之行也。”

饶先生指出，“子产是春秋时代赋予礼以宇宙义构成新的重要理论之一人。这样看来，‘礼’不能仅以 ritual 目之，礼的性质简直可以视为印度的 rta。”

子产认为揖让周徙之礼，“是仪也，非礼也。”饶宗颐先生更区别了“礼仪”与“礼义”，分析了“礼”从制度仪式到宇宙间“义法”的发展。

饶先生把“礼”与印度《吠陀》（梨俱吠陀）之 rta 比较，这也体现了

①姜伯勤：《从学术源流论饶宗颐先生的治学风格》，见：郑炜明编《论饶宗颐》，香港，香港三联书店，1995 年，466页。

包括与外国古史比较的“五重证据法”。

《文集》卷四还收入《史与礼》一文，论述了“史所以纪人事，故史必以礼为其纪纲”。饶先生指出：“史不能离乎礼。”又云：“吾华重人学，史纪人事，必以礼为纲纪，此温公之历史哲学，以礼字贯穿整部历史，其说所以历久而不磨者也。”从而对司马光给予了高度的评价。

《文集》卷五又收入《中国文化史上宗教与文学的特殊关系》。此篇为选堂先生1993年12月26日接受法国巴黎高等研究院所颁该院成立125周年以来首位人文科博士时的演讲词中文稿，其中一个重要的结论是：“中国原始宗教的规律与生活，儒家之说，以一个‘礼’字概括之，礼本是一种事神致福的社会性行为。礼制为祭祀、会盟、宴饮、朝聘等等系列划分等级的仪节。”古代的祭品主要有玉和帛。

四、宗教学的双向开拓

《文集》卷五为《宗教学》，内涵《宗教总说》、《道教探原》、《佛教渊源论》、《老子想尔注校证》、《悉昙学绪论》等五辑，体现了选堂先生对宗教学研究的开拓和创新。这种开拓的一个方面是从时间的坐标上，向早期宗教史开拓。

《宗教总说》一辑载有《大汶口“明神”记号与后代礼制——论远古之日月崇拜》一文，时下颇有以大汶口所出日、月合璧符号释为早期之文字者，选堂先生的创新表现在，指出大汶口所出相关材料中，“（1）从上面这些图形看来，还没有加以规范化，符号随时任意改变，可见它决不是文字；（2）有两种形态，一是以日轮为主体，一是合日月二者为一，而以新月为日轮之下体。”

在此选堂先生对早期符号和文字做出了截然的区分，在论述中，与锡兰、西藏相关符号进行了比较；又与埃及和西亚苏末图形文进行了比较。联系到良渚玉璧相关图像，指出大汶口该符号在日月之下的图像很像祭场的坎坛，又联系史籍及甲骨文资料，指出此大汶口图像当为“明神”记号，与后代礼制有关。

在《道教探原》一辑中，《道教创世纪》是一篇非常重要的研究成果，因为“道教经典本无所谓《创世纪》的专著”。选堂先生指出：“道教起于蜀中，汉人传说第一位开天辟地的人物盘古氏，最先竟始出现于四川。”又云：“三皇之说与三国之际的谶纬之学有密切关系。葛洪《枕中书》云：‘天皇十三头，地皇十一头，人皇九头，各治三万六千岁。’葛洪此说当本自《元始上真众仙记》一书。”

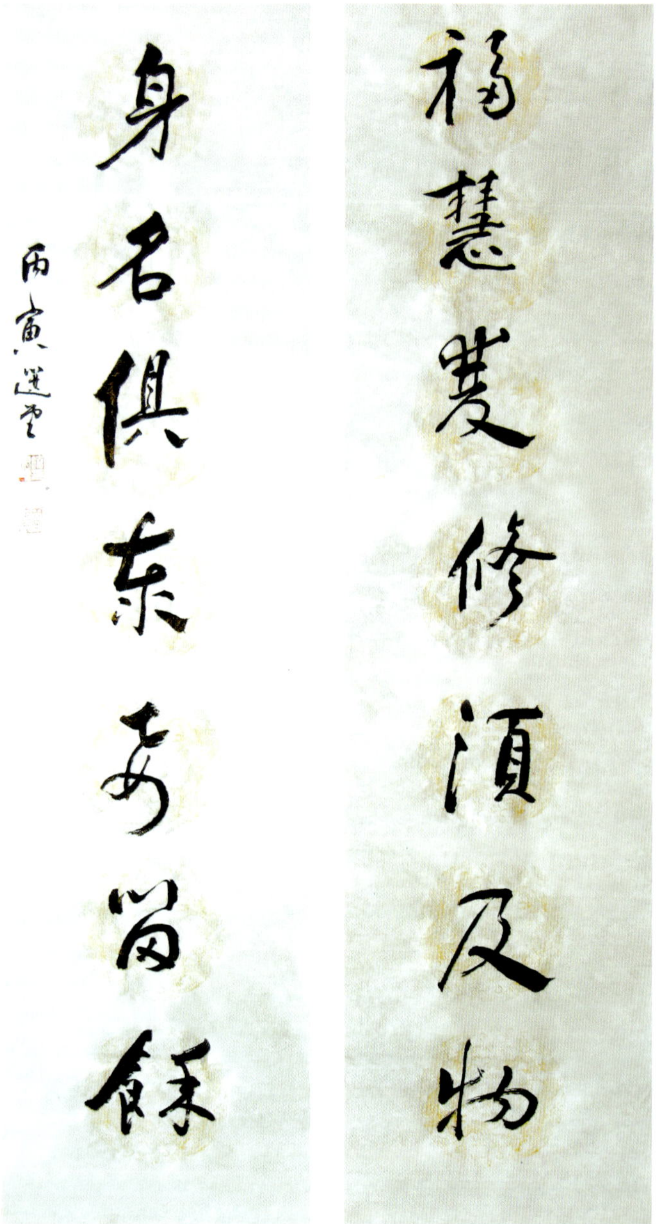

书法：对联

《佛教渊源论》一辑，收入《新州——六祖出生地及其传法偈》，是先生考察广东省新兴县国恩寺及六祖故居后所作的研究，对六祖传法偈从佛道二家典籍中找到出典，同辑收入《慧能及〈六祖坛经〉的一些问题》，是先生在澳门举行的《慧能与岭南文化》国际学术研讨会上的主旨发言，由中山大学历史系向群博士记录整理，[①] 其中有云：“从我个人去新兴的感受来说，慧能不应是如《坛经》等禅籍所描述的那样目不识丁，国恩寺系慧能舍其故宅而建，面积很大。”

《老子想尔注校证》一辑，全文收入 1991 年上海古籍出版社出版的同名专著，饶先生因此成为研究敦煌本《老子想尔注》之第一人，1956 年初版后引起杨联升先生、陈世骧先生和胡适之先生等著名学者的关注与讨论。选堂先生为本书作结论说：“（1）《想尔注》成于系师张鲁之手，托始于张陵。（2）《想尔注》前应有九戒。（3）《想尔注》书，经文之后记五千字数。（4）《想尔注》为五千文本，与系师张镇南本相同。（5）《想尔注》与《大存思图》相辅为用。（6）《想尔注》及《戒》，为高玄法师所受。”

由于《想尔注》一书在道教史上之地位，所以选堂先生这一研究对国际道教史研究有很大的推动作用，一个明显的例子是 1967 年日本道教史家大渊忍尔在《冈山史学》十九号上，也发表了《老子想尔注的成立》。

在宗教史的双向开拓中，另一个向度是对宗教与语言学、文学、画学的关系作横向的探新。

五、梵学与禅学、禅与艺术

饶宗颐先生曾随印度人士白春晖先生学习梵文 3 年。1963 年，被印度班达伽研究所聘为研究员，又向白春晖先生令尊问学。因而对梵学浸淫甚深。如《文集》中《宗教学》卷的最后一辑是《悉昙学绪论》，印度悉昙学即语言音韵之学，随着佛教之流行于中国，此学也影响中国长达

①《饶宗颐二十世纪学术文集》卷五，总 7 册，331 页。

数百年之久。饶先生指出，向来一般学人认为悉昙学在华盛行要在唐代开(元)、贞(元)密教流传以后，不知悉昙的输入，从北凉时起……河西法朗已有“明合十四音为‘肆昙’字名之语，‘肆昙’即是悉昙”。

更加珍贵的是，饶先生关于中国禅学的研究，乃是致力于印度之梵学的中国化。

《文集》卷十三为《艺术（上）》及《艺术（下）》。册中，有《八大山人画说》一辑。此辑首篇之《八大山人禅画索隐》中，有一节为《泛论禅与艺术》。

选堂先生引述了拓溪从实师以“不与白云连”的诗句，回答“如何是禅”的提问。饶先生说：“‘不与白云连’，读起来很像谢灵运的诗句。”指出：“禅家采用诗句型的语言来说明深奥的本体问题，摆脱去名理上纠缠不清的逻辑性语言，单刀直入地用文学上‘立片言之警策’的方法来启发人们心理上的睿智。”“这种办法可说是‘致知’上的一种艺术手段。”因此，所谓“禅的世界，几乎是诗的世界”。

先生又以慧能禅与印度作对比。印度禅窟，是要“在深林古洞里，去习苦行。在华则可活活泼泼地运用于日常生活”，“六祖已指示，禅不光是要静坐，而是要培养心中湛然一片光明海”，“中国的禅僧和诗几乎是分不开的”。

说到禅与画，饶先生说：“画家有时亦可运用禅理去建立他的构图方案。”

卷十三《艺术（上）》中，有《画颋新编》，其中收有《方以智之画论》，引用了方以智论画的一段语录：“虽有六法，而写意本无一法。妙处无他，不落有无而已。”

饶先生说：“此篇为极重要文字，指出画之妙处，须不落入有无两边，匠笔、文笔二者皆讥。”又说：“周亮工于《无可传》（按无可即方以智之法名）拈出其‘禅机画’，此则不啻为‘禅机画论’矣。”

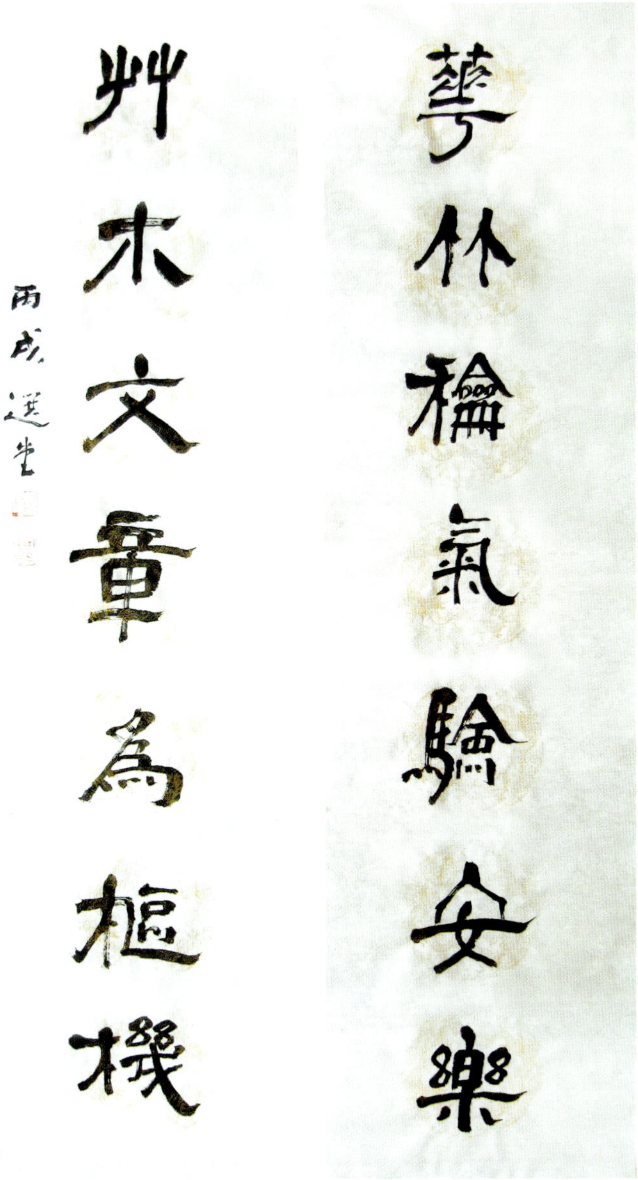

书法：对联

《文集》卷五之页又有云：“禅家之学，影响及于艺事，自元以来，已深入诗流画伯之心坎。”从而不能不慨叹于“今世道与艺分途，几如南辕北辙”。[①]

六、敦煌学研究中“贯通的文化史方法”

饶宗颐先生指出：“所谓敦煌学，从狭义来说，本来是专指莫高窟的塑像、壁画与文书的研究，如果从广义来说，应该指敦煌地区的历史与文物的探究。”[②]

饶先生研究的方法超逸了一般编目性的工作，他用平实的语言指出：“我一向认为敦煌石窟所出的经卷文物，不过是历史上的补充资料……我喜欢用贯通的文化史方法，利用它们作为辅助的史料，指出它在历史某一问题上的关键意义。”这里既与猎奇观念和夸大倾向划清了界限，又力求在通识指导下寻求“贯通”和“关键”。这是值得我辈后学再三深思的、再三学习的。

《文集》卷八《敦煌学》（上）收入《敦煌学散论》、《法京所藏敦煌群书及书法题记》、《敦煌白画》（1978），《文集》卷八《敦煌学》（下）收入《敦煌曲》（1971）、《敦煌曲续论》（1995）、《敦煌琵琶谱论集》（1990）。

以上诸著作中，贯穿着选堂先生敦煌学研究中“贯通的文化史方法”，突出表现为两个方面的创新：

第一，在敦煌古文书学和古文献学方面的创新。

由于在巴黎和伦敦亲自研究了那里的敦煌写本藏卷，因而在《敦煌曲》及《敦煌曲续论》中，对《云谣集》问题进行了正本清源的研究，澄清了若干误解。

对于散藏他处或原来未及论述的敦煌写本资料，进行了新的发掘和梳理，如《神玺三年光世音赞跋——柏林印度艺术博物馆藏经卷题识》。

又如《敦煌曲订补》中发掘了伯三七一八《捣练子》、伯三一五五《浪淘沙》、伯二七四八背《思越人》等等，又有列宁格勒一四五六《曲子还京洛》、列宁格勒一三六九《长安词》等。

此外，又出版《敦煌书法丛刊》29册，1983—1986年编成出版，1993年再版于广东省。

第二，以敦煌文书为史料而发展各种专门之学方面的创新。

如敦煌曲研究1971年与戴密微教授合作出版音乐文献学与音乐史方面的专著《敦煌曲》。研究了从梵呗、法乐的源头，由声曲折和民谣的源头，如何演变为杂曲、曲子，影响到后来的文人词。

①《饶宗颐二十世纪学术文集》卷五，《狮子林与天如和尚》，361页。
②《饶宗颐二十世纪学术文集》卷八（上），总第11册，296页。

又如敦煌白画的研究，1978 年出版与研究《敦煌白画》专著，敦煌白画为前人未接触之题目，这一中国古代美术绘画中的素画及白描与作品，经选堂先生首创性研究，影响巨大。

再如 1965 年在香港发表的《敦煌本老子想尔注校笺》专著，令选堂先生成为研究老子想尔注之第一人。该书已被巴黎大学中国学院道教史研究班列为教材。

七、国际学术视野与古史五重证

《文集》卷一《史溯》内容为《神话传说与比较古史学》，在第 18 页中有如下图表：

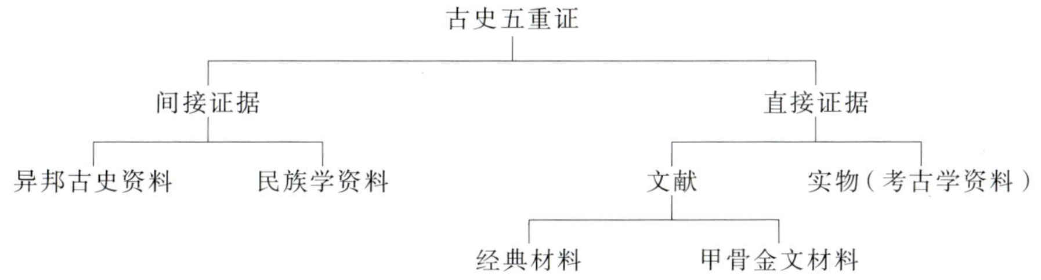

在近代学术史上，王国维先生首倡“二重证据法”，选堂先生于近年倡导用“三重证据法”，比王国维多了一重甲骨文史料的证据，杨向奎先生又加上一重“民族学的材料”，选堂先生主张“再增入异邦的古史材料如西亚楔形文字的研究”，这样就成为“古史五重证”。

《文集》卷三为简帛学，包括《简帛文薮》24 篇、《长沙楚帛书研究》、《睡虎地秦简日书研究》、与李均明合著之《敦煌汉简编年考证》及《新莽简辑证》，富有创新性，胜义迭出，例如：

论郭店楚简《老子》“至虚恒”即马王堆甲本“至虚极”，“虚恒”与“虚极”乃同义互用，解明“至虚恒”即“致虚恒道”。从而订正了前人以为“虚无之说”自庄子始有而老子无此说的误解。

在对楚帛书的释读与其内涵的探究中，选堂先生指出：西方学者以楚帛书之发现，与死海经卷具有同等价值。缯书于 1942 年 9 月在长沙子弹库木椁墓出土，死海经卷于 1947 年发现。帛书除述楚祖先与洪水开辟神话之外，对于日月星辰运行之变动及神民关系问题，言之再三。

《长沙子弹库残帛文字小记》是对中山大学商志𩡧教授出示其尊人商承祚先生所藏楚帛书的考证，文章最后注明“谨以此文纪念锡永先生”[①]。

选堂先生倡说“古史五重证”方法，体现了十分广阔的国际性学术视

①《饶宗颐二十世纪学术文集》卷三，《长沙子弹库残帛文字小记》，358 ~ 361 页。

2006年10月28日饶教授偕同夫人及女儿在香港喝早茶

野，以及日新又新的创新精神，《符号·初文与字母——汉字树》一书就是这种精神的最好说明。

《符号·初文与字母——汉字树》经香港商务印书馆1996年7月出版，该书日文译本2003年5月面世，饶先生因等待日文本出版后再行修改，故2003年10月出版本文集时未及收入。

本书研究了陶符（半坡等地发现陶器上的符号）的空间分布与南北交流、宇宙性符号“卍卐”来自西亚，半坡符号不能仅从甲骨文加以比附。第8篇为《古陶符与闪字母——字母学新探索》，第9篇为《比较古符号学——陶符与古苏美尔线形文的初步比较》，由此更显示了注重异邦古史资料的学术视野与古史五重证方法的关系。

八、扎根故土：“潮学”研究与家学渊源

2006年是选堂先生九十大寿，在这跨世纪的辉煌学术生涯中，其国际性学术视野又是与恪守故土学术家园的爱国爱乡的人文情怀分不开的。饶宗颐先生的父亲饶锷老先生，是潮州硕学之士。家中的藏书楼“天啸楼”，建于1929年，即选堂先生12岁之时。这里是饶先生成才的发足点。

从家学渊源来看，饶锷先生其学受孙诒让影响。著作有《潮州艺文志》多卷、《天啸楼集》五卷等。所建“天啸楼”，藏书10万卷，为粤东最负盛名的藏书楼。

选堂先生16岁时曾作《咏优昙花诗》，被誉为神童，后发表于中山大学中文系《文学杂志》十一期。

19岁（1935）受聘中山大学广东通志馆专任纂修，加入顾颉刚先生创办的禹贡学会，时通志馆在文德路，收藏方志逾千种。

1939年，23岁，被中山大学聘为研究员。

其时饶宗颐先生学术受顾颉刚先生和禹贡学派影响。顾颉刚先生此前在中山大学供职，并为中大采购方志及碑刻拓本。饶先生利用馆藏方志撰古地辨，24岁，成《楚辞地理考》（1940），童书业先生为之作序；又曾应顾颉刚先生之约，为齐鲁大学国学研究所编纂新莽史。

这种学术影响，再加上选堂先生的家学渊源，促进了"潮州学"的建立。饶先生在《文集》卷九（下）所收之《潮州学在中国文化史上的重要性——何以要建立"潮州学"》一文中指出："潮州人文现象和整个国家的文化历史当然是分不开的。"①从饶先生的身上看到，潮州人文的发达，与唐以后"韩学"（韩愈学）的流风余韵分不开，也与对唐以前之"选学"的汲取和继承分不开。《文集》卷九（第13册）为《潮学》上，内容有：

1.《广济桥志》，1936年前后撰，广济桥即湘子桥

2.《潮州沿革志》

3.《潮州艺文志》

4.《潮汕地方史论集》

5.《薛中离年谱》

6.《郭之奇年谱》

《文集》卷九下（第14册）《潮学》，有《潮州韩文公祠沿革考》、《广东潮州旧志考》。又有《南澳——台海与大陆间的跳板》，此文对研究台湾史有重要价值。

九、后论：确立学术自信心

选堂先生长期游学于东西南洋国际汉学界，但是，他的根却牢牢扎在祖国传统学术的故土中。先生为《华学》杂志的题辞中写道"确立学术的自尊心"。这，就是贯穿在先生毕生学术工作中的一种坚强信念。

李学勤先生于1998年12月14日在香港《大公报》撰文指出，《符号·初文与字母——汉字树》一书体现了

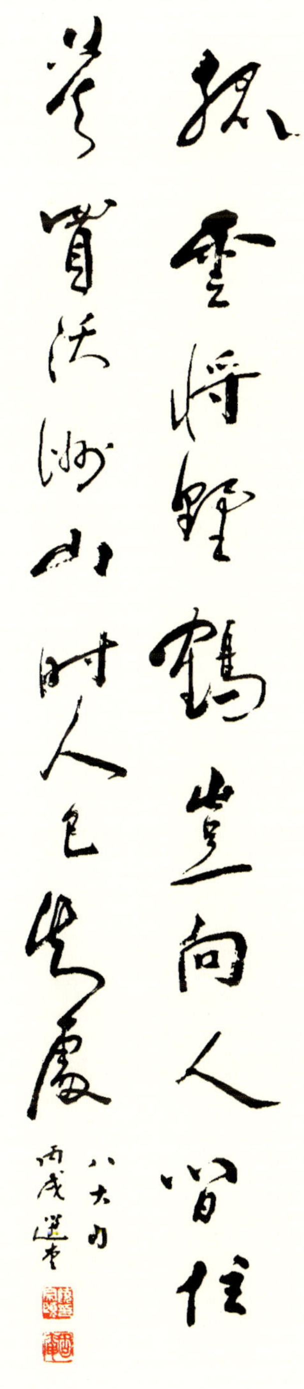

书画：条幅

①此文参见黄挺编：《饶宗颐潮州地方史论集》，汕头，汕头大学出版社，1996年，573页。

书法：条幅

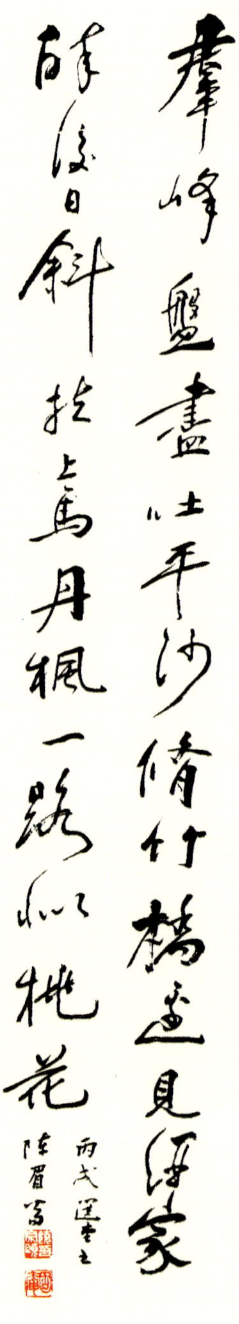

"文字起源研究的新视野"，称"饶先生对世界各国古代文明的研究有深厚素养"。饶先生从"字母型符号"出发对字母学的新探索，是其世界观点的又一体现。①

曾宪通教授在近作《治学游艺七十春——贺饶宗颐教授"米寿"》一文中，精辟地指出："从中国学术发展史的角度考察，20世纪初至90年代，正是中国学术处于'信古—疑古—证古'的转型时期"，饶先生"学术活动的七十年中，一直置身于每个时代潮流的最前列"。最近出版的《饶宗颐二十世纪学术文集》正是曾教授这一个宏论的确证。文集卷四《经术·礼乐》卷有《新经学的提出——预期的文艺复兴工作》一文，把证古工作表述为"重新塑造我们新的经学"，饶先生说，"我所预期的文艺复兴，不是一二人的事，而是整个民族的事"，"这是时代的赐予"。我们应当绝不辜负这个时代的赐予，在选堂先生启发下继续奋进！

曾宪通先生在《二十世纪国学研究的丰碑》中指出，《文集》"从世界范围的角度和人类文明的高度审视国内与域外的文化交流与融合，如首评楔形文字的《近东开辟史诗》，破译与考释印度河谷的印章图形文字以及新创前史比较文字学"②。《饶宗颐二十世纪学术文集》无疑是选堂先生"确立学术自尊心"的一个辉煌的典范。

写于2006年10月

①李学勤：《文字起源研究的新视野》，原载香港《大公报》1998年12月4日，见：李学勤《重写学术史》，石家庄，河北教育出版社，2002年。

②《造化心源——饶宗颐的学术与艺术》，第61页。

藝術論

踏莎行（四首） 郑欣淼
从近代白描画谈到张大千、饶宗颐 邓伟雄
『不了可通神』：论艺术与生命的超越 姜伯勤
旷世奇才大宗师——饶宗颐教授治学治艺概说 雷 铎
饶宗颐的生命精神 赵松元
泰岳峰高，人瞻北斗——记创造文化奇迹的饶宗颐教授 陈韩曦

西湖漁筏

踏莎行(四首)

◎ 郑欣淼[1]

一

2004年4月25日，广州艺术研究院举行选堂先生书画开幕式，余有幸出席并率先参观，感而有作。

金石书风，精神画像，肥毫渴笔皆酣畅。
蓦看泼墨绽荷花，兵厨尽处藏佳酿。
韵重空灵，气求壮旺，不今不古饶家样。
迩来腕底等飙飏，拔新领异无人抗。

二

2004年7月31日，香港大学举行“饶宗颐学术馆之友”成立开幕式，适值先生米寿，余受邀出席并致贺，感而有作。

太一寻幽，大千探奥，中西今古皆同调。
毕生学术怎收藏？香江之畔红墙绕。
绝艺薪传，前脩衣绍，嘤其鸣矣为求道。
待施绛帐奏萧韶，不知肉味馀音袅。

2004年4月24日，文化部副部长、北京故宫博物院院长郑欣淼先生与饶教授在一起

① 中华人民共和国文化部副部长，北京故宫博物院院长。

三

选堂先生所书《心经简林》，与香港大屿山宝莲寺青铜大佛毗邻，为世界最大户外木刻佛经群。2005 年 5 月 20 日，举行简林开幕式，余有幸受邀，因事不克前往，特填小词祝贺。

大屿山巅，宝莲寺外，简林高矗连成派。
心经皆用八分书，庄严妙相冠当代。
胸有真如，心无挂碍，本来般若为明慧。
先生企盼境安康，时雍物阜长千载。

四

《华学》杂志第八辑近期出版，适逢选堂先生九秩华诞，编辑同人拟为纪念，学勤先生来函征题，谨以小词致意。

书画津梁，诗文渊薮，纵横学海为山斗。
问公何事竟如斯？自成机杼无窠臼。
白首玉心，青箱金帚，桑榆仍把鸳鸯绣。
伏生忽报颂椿龄，喜凭杯酒绥眉寿。

（原载《光明日报》，2006 年 7 月 21 日）

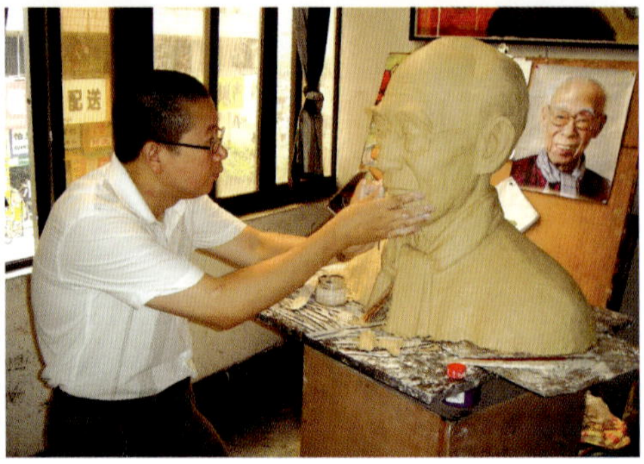

左图　意惬神飞

右上图　2005 年 8 月 5 日 在广州艺博院谈笑风生

右下图　黄友镇先生制作饶教授塑像作为教授九十大寿之贺礼

从近代白描画谈到张大千、饶宗颐

◎ 邓伟雄[1]

因为在日本奈良博物馆看到两卷白描画像，因而想到敦煌白画，再由敦煌白画，不禁又想到近代的白描画。

近百年来，因金石画派之兴起，吴昌硕、齐白石成为一时风气头领，故粗野的写意画，可以说极一时之盛。而另一股画坛力量，则是留学外

左图　大风堂红荷（135 cm × 55 cm）

右图　饶教授书铭《大风堂红荷真迹》

①香港大学饶宗颐学术馆艺术主任。

国尤其是日本回来的画人，像林风眠、傅抱石、丁衍庸、高剑父、高奇峰等，他们或取道于前后印象派，或东洋维新两巨匠竹内栖凤和横山大观。这几派画家在线条之上，或取雄豪一道，或近痴迷破碎一道，唐宋以来之白描画法，只赖传统派画人来传递。

传统派画人巨擘如贺天健、吴湖帆等，于白描人物花鸟等方面，都非所长。花鸟画大师于非闇，曾见其白描双钩，近宋赵子固，但这在他是偶一为之。所以对武宗元、李公麟等一脉传下来的白描画法，应当推张大千居士及受其影响之画人如谢稚柳等最为之优。

张大千居士的白描美人，曾经是名震一时。而他近来印出来的中年力作《九歌图》，柔美婉约，可以说是把李公麟画法中绮丽明秀的一面，推至另一高峰。细看他的《九歌图》，不论面相手足，或衣纹服饰，一派流转整齐之美，一代宗匠，确是当之无愧，可惜近年来因眼疾关系，已不能再见这一类作品了。

近年来，饶宗颐先生却开辟出白描画的另一新路，他在法国数年，把现藏在巴黎的敦煌所出白描画稿看遍，写成《敦煌白画》一书。这些白画，都是唐代画工在敦煌绘壁画时的画稿，所以在用笔上，和武宗元、李龙眠的文人画派之白描法大相径庭，可以说一是静美，另一是雄朴。饶先生博观这些白画，而他又精于汉简书法，他运用汉晋稿书的笔法，把敦煌白画豪纵的线条重新表达出来。

水墨荷花(局部)(中国历史博物馆藏)

这几年来看到他的白描佛像、人物和牛马，一片古拙浑厚的意态，真可以说是白描的新发展，古人论东坡词“一洗绮罗香泽之意”，我于先生之白描，亦有如是观。

近代的白描有大千居士及饶先生的开展，将来在画史上，应当是继晚明之后的另一个光辉时代。

“不了可通神”：论艺术与生命的超越

◎ 姜伯勤

饶宗颐先生《澄心画展自题二首》有“已知不了可通神”句，抒发了画家走出“谨细”，追求阔大新风的气概，也洋溢着诗人画家不断超越自我的勃勃生命力。

2001年8月7日，为庆贺选堂先生八十五华诞，在汕头市举行了饶宗颐书画巡回展。2006年秋，在澳门又举办了“选堂雅聚——饶宗颐书画艺术展”。而饶先生的“古韵今情”画展亦在拟议中。盛事频传，兹草此文，以志庆贺。

一、“不犹人，不犹己”

1996年笔者在香江有缘于选堂先生问学期间，在香港大学美术馆拜观“饶宗颐先生八十回顾展”。开幕式上，欣遇柳存仁先生，犹记柳先生当日对选堂先生学术艺事由衷赞赏。

先是1991年在香港问学于选堂先生时，曾与项楚先生同往香港大学冯平山博物馆参观“饶宗颐书画展”。1993年又于广东画院拜观“1993广州饶宗颐书画展”，是次笔者并撰有《天风海雨自在心》一小文。数年间，亦攻读选堂先生多种画册。但于1996年的“饶宗颐先生八十回顾展”中，却深深感到一种耳目一新的震撼，这就是西方现代文艺批评所极为推崇的“陌生感”。我兴奋地禀告先生说：我于今次展览中，又看到了先生画作的若干变风。

宗颐先生立即在纸片上为我写了6个钢笔字：“不犹人，不犹己”。

在宗颐先生教示下，我细细品味这6个字的内涵和分量，我想：

“不犹人”，即不因袭，不尾队随人，追求个性与独创。

“不犹己”，即不断超越自己。

《澄心选萃——饶宗颐的艺术》一书收录了先生1969－1999年30年间的160幅佳作，由此我们看到了选堂先生不断超越自我的轨辙。

张彦远《历代名画记》卷二有云：“夫画物特忌形貌采章历历具足，甚谨甚细，而外露巧密，所以不患不了，而患于了，既知其了，亦何必了，此非不了也。若不识其了，是真不了也。”张氏“不患不了”本意乃

高柳螳螂（原载《造化心源》，香港大学饶宗颐艺术馆出版）

反对绘事之过于谨细，反对艺术家缺乏笔下的概括力。今日将“不患不了”一语引申言之，或可将“不了”理解为“艺无止境”，即永远不倦地超越自己，亦即选堂先生所言之“不犹人，不犹己”。由此，必可通神。

二、琴韵与画韵

环顾国际艺坛，现代美术运动发端于对于光与色的创新表现，更发展为对绘画结构的大刀阔斧的变革。中国画的创新，其中，自不能离开由结构即“经营位置”的新样，并由此追求具有新的时代意象的“气韵生动”。

饶宗颐先生《澄心选萃》一一三《花卉通景》，在构图上给人耳目一新的清新感，书法与花卉错落相陈，有一种现代艺术批评所推崇的“陌生感”。清新、清奇、清雅，一种没有霸悍之气的大气，深涵隐秀，极具艺术震撼力。一一四《四君子屏》，一一五《松野什果四屏》，都是在构图上清新而又颇具余韵的作品。

笔者自孩提时代以来，就读过难以数计的题为《独钓寒江雪》的扇面、卷轴和册页小品。对于这一个耳熟能详的主题，宗颐先生却另辟蹊径，写出了一幅颇具震撼力的构图，画面中心一座水中之山排空而来，一叶小舟在巨石下垂钓，这种力度上的强烈对比，形成一种崭新的韵律。1990 年 7 月，宗颐先生在《明报月刊》发表了《书法艺术的形象性与韵律性》，指出：“中国艺术包括图画音乐，似乎都以散点透视（multipoint perspective）为主，打破空间距离的对称核心，以无限的空间线条的活动上表现活生生而气韵充满的生命力，在不整齐之美的笔画中建立和谐和秩序。”又云：“书法与古琴都同样可用线条的韵律来寻求它的美所以形成的道理。”《诗画通义》一文又云：

“六法，其一曰气韵生动，韵本声律之事。刘勰云：‘同声相应谓之韵’是也。嵇康琴赋‘改韵易调，奇音乃发’，改韵可得奇音，迅笔乃出异彩。文之韵，亦犹乐之韵也。”（见《论饶宗颐》438～439 页）

林汉坚先生在《综贯古今，别开生面》一文中，有“以琴理通书道”一说，今在此启发下，认识到选堂先生近年来亦以琴理通画道，做出了前所未有的贡献。

三、独步“白描”开生面

1979 年，饶宗颐先生于法国巴黎出版《敦煌白画》，作为法国远东学院考古学专刊。

选堂先生指出：“白画名称由来甚远。或举卫协之白画上林苑图为最高之例，然张彦远所录，吴曹不兴有一人白画。”同时亦论及李公麟白描。（饶宗颐先生《画𫖯·敦煌白画导论》）

更加难能可贵的是，选堂先生在巴黎摩挲敦煌白画之余，更将“白画”一体引入先生自己独具个性的画作之中。

在《澄心选萃》中，1979 年写朱色纸本立轴《诸天菩萨相》，题记云“法京藏魏皇兴五年金光明经卷二赞佛品，选堂恭绘并书”，绘一佛、二弟子、二胁侍菩萨。妙相庄严，用线极佳，迦叶绘像有神采。画面以朱色行笔，乃因敦煌壁画多以朱笔于壁上起稿，因而别具古风。

1980 年写水墨纸本 16 屏《十六应真》。此组画是画家独创性的典型。题记云：“海潮音一

寿星（原载《造化心源》，香港大学饶宗颐学术馆出版）

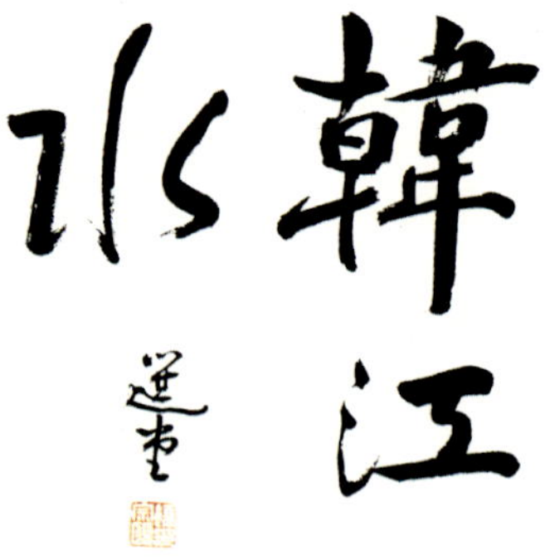

叫，说道不要不要，头面大时身不小。以唐人白描写十六应真，选堂。”

此水墨纸本16屏，人物线描极富独创性，将唐人白画技法中之简笔、颤笔、点构、钩斫诸技法，融为自己一家面目的笔墨。

1981年以朱笔写《敦煌走兽人物》。卷末一幅为捧花菩萨，题记云：“右伯希和三零五零号人物。以颤笔勾勒，纵意写来，毫不矜持，石窟白画之上驷也。”

1985年以白描写纸本立轴《树下观音》图，为选堂先生白描之上品，此六臂观音动势自然而庄严，飘带风动，古树繁密，形成疏密有致的对比效果，表达了“火宅晨凉”、“重昏夜晓”的清凉世界的光明境界。

1994年临画法国巴黎敦煌画样《供养人》，颇得唐人笔意，用线劲健。

1995年《白描观音》，描写了“身如芭蕉，心如莲花”的柔和庄严的美。形成强烈对比的是，同年所画的《白描无量寿佛》，以赭色、蓝色线描，描写出古拙而有异人风貌的古佛画像。袈裟之用线，峰回路转，使人读后对无量寿佛关怀一切众生“无量苦悲”，顿生“尊重恭敬”之心。

1996年以白描手法写水墨设色《观音》，衣纹用笔极具特色。同年以白描手法写水墨设色纸本立轴《敦煌大自在菩萨》，传达出“转苦以为乐”的得大自在的境界。

宗颐先生近年为观音造像，情有独钟。如1998年画的《云中观音》，华冠华发，颇富装饰意味，而彩云衣纹则以战笔写成，增添了天上人间的气象。

宗颐先生的无限创造力，使他从临摹敦煌白画出发，逐渐形成了今日白画中的“饶家样”。1998年所画的《敦煌观音》，庄严中透露出婀娜美丽，头顶金、蓝宝冠，脚踏莲花，体现了当代画家对人体造型的素养，是一件出新的饶家样。

1998年所画的水墨《观音》，更是饶家样的佳作，流畅而富有画家独创性的淡雅的用线，有一种回旋的音乐美，使人顿悟“观其音声皆得解脱”的意境。这是画家出入传统而深悟新世纪当代人审美情趣的佳作。

1998年所画的《云中观音》（《澄心选萃》第一一八图），水墨设色纸本立轴。以朱笔勾勒，复笔稠叠，为初唐尉迟乙僧一路。张彦远《历代名画记》卷九，谓尉迟乙僧“画外国及菩萨”，“用笔紧劲如屈铁盘丝”，选堂先生深得唐画家法，推陈出新，示来者以轨辙。

1995年画的《降魔菩萨》以墨线、朱线、蓝线的交响，把传统和现代性熔于一炉，而1995年以墨线、蓝线、赤线的交响所画的《罗汉》，古拙而富于个性，使陈老莲地下有知，亦为之叫绝。

1983年，邓伟雄先生有《从近代白描谈到张大千、饶宗颐》一文（见《论饶宗颐》424～425 页）指出：“武宗元、李公麟等一脉传下来的白描画法，应当推张大千居士受及其影响之画人如谢稚柳等最优为之。”饶宗颐先生在博观敦煌白画后，“他运用汉晋稿书的笔法，把敦煌白画豪纵的线条重新表现出来。”

邓伟雄先生说：“近代白描有大千居士及饶先生的开展，将来在画史上，应当是继晚明之后的另一个光辉时代。”

信如邓伟雄先生所言，饶先生在独步白描方面，登入了更深的堂奥，从而不能不使读者赞叹不已。

四、“喜为不古不今之画”：试论饶宗颐先生的画格

《选堂八十回顾展小引》有云：

“陈寅恪自言平生为不古不今之学，余则喜为不古不今之画。此不古不今四字，实出东坡称许宋子房之山水，谓其能稍出新意也。”

饶宗颐先生在画格上力求“幸免蹈俗笔之讥”，又云：“余所追寻者幽丽高琼而已。”

笪重光《画筌》云：“绘事之传尚矣，代有名家，格因品殊，考厥生平，率多高士。”则画格与画家人品、品味关系致密。

画家选堂先生对于传统“入乎其内”而“出乎其外”。《澄心选萃》中1982 年所写《拟四僧杂册》即为一例。

拟八大山人的墨荷莲花，题款云 “选堂涉事”，元气淋漓，挥洒自如，在八大的萧疏中益以现代墨趣的白莲，显出生气盎然的现代意象。

《灵岩寒溜》图，出入渐江，题记云：“拟渐江灵岸寒溜。选堂。”在造型上继承了渐江的清朗秀雅，但在用笔上却以渴笔焦墨，点染山岗，表达了今日画家的当代节奏感。

《澄心选萃》一二九《黄岳景色》图（1998），是宗颐先生出入渐江而形成选堂先生独特风格的范例。题款有云：“以泼墨法作渐江山水，起上人于地下，料应拊掌，固其宜矣，选堂”，“戊寅秋日，选堂”。

渐江上人以清雅见长。选堂先生在继承此清雅之风的同时，以极具力度的狂草一挥而就，此所谓“李义山句云：‘狂来笔力如牛弩’，以喻画更佳”。

“清雅”与“狂来笔力”熔于一炉，秀丽与泼墨法合为一家，从而形成一种张力，一种选堂先生独有的画格，渐江上人有知，当拊掌称庆。

这一新作，表现了选堂先生对独具个性的个人风格的追求。

如果说陈寅恪先生“自言平生为不古不今之学”，恰是可以理解为在学术前沿引领后人的路向，那么，选堂先生之“喜为不古不今之画”，则是可以理解为在艺苑前沿给后来者以无尽启迪。

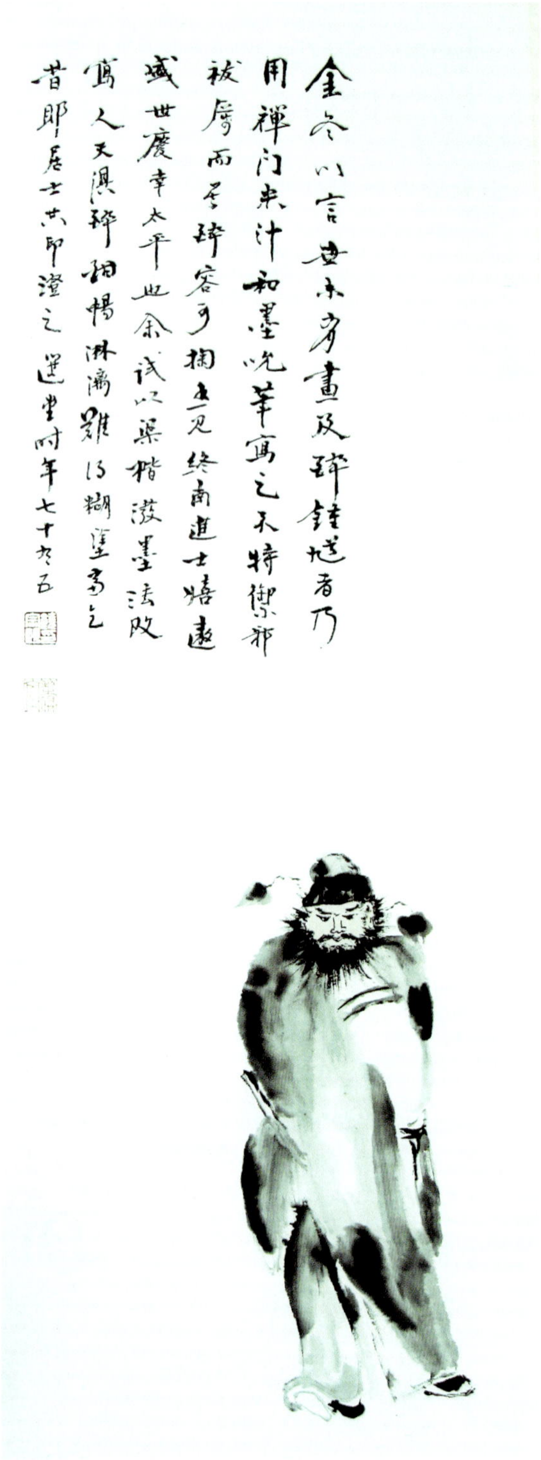

国画：钟馗

旷世奇才大宗师

——饶宗颐教授治学治艺概说

◎雷 铎[1]

一、大宗师的小素描

海内外潮人，卧虎藏龙，不乏其人；文化巨人中，首推饶宗颐教授，其影响，早已超出潮人甚至华人的范围，是一位具有国际影响的汉学大师。从事文学写作与研究三十余年来，我写过不算少的名人评介，但从来没有一个人像饶宗颐先生这样令我觉得难以下笔，我深感如同对着大地上的一座高山、一片大海、一阵雄风、一片云霞——即所谓高山仰止。对着极高的山，你看不到它的峰尖；对着大海，你望不到它的边际；对着雄风与云霞，你猜不准其边际之所在。虽然我已经写过好几篇有关饶宗颐教授的文章，当面聆听饶教授的教诲，长途电话往来也有十余次了，但正如传说中孔子见了老子的感受一样：你如同面对云里的龙，见其首而不见其尾。

饶公通晓六国语言，著作数千万言，研究领域涉及许多领域之中极尖端的学术论题，学术贡献多得惊人，成就太大，因此饶公的头衔也特多。

海内外学者把他和钱钟书并列——所谓“南饶北钱”是也。

面对这样一位大宗师，我应该从何说起呢？

几年前，我写过一段半文言的评论，算是一个提要：

揣摩书法神韵

① 广东省社会科学院研究员。

饶公宗颐，潮州人氏，幼承家学，卓有所成，年未弱冠，已有著述问世；而立之际，随上海辞书大家王云五氏，研学术于香江，复游学于欧亚，搜求海内外难得之史料，结交国际上顶级的大师，研究世界上顶尖的学术难题，著作等身，声誉远播久矣。公今年逾八秩，文通六国，才高八斗，其学术，遍及敦煌学、考古学、宗教学诸多学科，乃国际汉学界泰斗，丹青妙手；先生才通古今，学贯中西，因“不可分类”，而“无家可归”，“其博其专，不让古人”。公退居之后，抚宋明古琴，写擘窠大字，泼随意丹青，黄苗子氏，赞其“落笔便高”，笔笔有书卷气。又因其才学过人，胸纳浩然气，笔起快哉风，山水花卉各有特创。公以正养气，以奇治学，奇正相生，研究学术而登象牙之塔，作书画则成一家面目，尺幅而藏大千，书画相成，合璧生辉。故有“旷世奇才”之誉，堪称当代学苑宗师、艺林大匠焉。

2002年8月8日，是饶先生八十五寿辰暨从事学术活动六十六周年纪念，来自全世界的潮人代表和国际学界朋友，云集汕头，为先生举行隆重祝寿会。饶公的老朋友、中国经济特区主要开拓者、年已八旬的吴南生先生，和我一起草拟了几副给饶先生的寿联，对饶先生的成就和为人有所概括，故一并拿来，为饶公作一小素描的材料：

海屋仙筹又添鹤算，学林艺苑共仰高山；
古稀半而立，今世一伟才；
双不惑又添五度春秋鹤算；
五大洲共仰九州旷世奇才。

与雷铎先生在交谈

二、大学者的不凡经历与学术贡献

饶先生1917年8月生于广东省潮州市，字固庵，号选堂，幼承家教，聪颖博学，年方十六，续编其父饶锷《潮州艺文志》；其《楚辞地理考》，辟楚辞研究新域，29岁时在上海出版而一举成名。此后便专攻文史，一发不可收拾矣。

先生后来成为海内外著名的经、史、考古和古文字学家，且工诗文，擅书画，涉猎的门类极广。先生笔耕六十六载，著述1 000万言，治学之领际，遍及十大门类，举凡敦煌学、甲骨学、考古学、金石学、史学、目录学、词学、楚辞学、宗教学及华侨史料等诸多学科，著述宏丰，仅其中《饶宗颐二十世纪学术文集》即浩浩 20 册，洋洋 1 000 多万字；专著 60 多种，各种论文约 400 余篇。先生通晓英语、法语、日语、德语、印度语、伊拉克语等六国语言文字，其中古梵文、巴比伦古楔形文字，有的在其本国亦少有人精通，而饶先生以一个学方块字的中国人，却能通乎异国“天书”，非天才何能如是？

若有所思

北京大学季羡林教授说：饶公之成就，得益于其能出入乎“地下实物与纸上遗文”、“异族故书与吾国旧籍”、“外来观念与固有材料”之间。公之熟谙经史子集自不待言，甲骨、简帛遗文堪称权威，亚洲诸宗教更有师心自悟。

先生治学半个世纪以来，足迹遍布五大洲，从事讲学、研究和文化交流，先生自谓 “五洲历其四，九州历其七”，治学 66 年间，教授、研究员及院士之类的头衔，即有几十个之多；其任教、受聘者，多是国际上的名牌学府与研究机构，除香港和大陆大学之外，先生先后在新加坡大学、印度班达伽东方研究所、法国国立科学中心、法国法兰西远东学院、美国耶鲁大学研究院、日本京都大学和九州大学从事讲学或研究，先后被香港大学授予荣誉文学博士和法国巴黎索邦高等研究院人文科学荣誉国家博士学位，并兼任中华人民共和国国务院古籍整理小组顾问、泰国华侨崇圣大学中华文化研究院院长诸职。

1962 年，年方 45 岁的饶先生，荣获号称“西方汉学之诺贝尔奖”之“儒莲奖”；此后，荣誉接踵而至：荣受法国文化部文学艺术骑士勋章、香港海外文学艺术家协会授予的中华文学艺术家金龙奖和国学大师荣衔；2000 年中秋前夕，先生荣获香港特区政府授予的大紫荆勋章称号。

饶先生在敦煌学上骄人的贡献值得独书一笔：在“纪念敦煌藏经洞文物发现暨敦煌学百年” 活动中，一项是由国家文物局和甘肃省人民政府颁授的“敦煌文物保护研究特殊贡献奖”，先生与常书鸿、段文杰、邵逸夫、平山郁夫（日本）、季羡林、潘重规（台北）等六位功勋卓著的敦煌保护功臣和研究专家，以及中国敦煌研究院、美国盖蒂、东京国立文化研究所等三家卓越的研究机构一道，受勋而载誉，世界，百年，故世者与健在者，获此殊荣仅区区 7 人而已。

法国汉学界领袖戴密微教授、日本东京大学东洋文化研究所所长池田温教授、印度古梵文著名学者白春晖先生都对饶先生推崇备至；港澳台、新马泰对先生之成就，亦盛誉有加。国内外同行如是评价饶先生，曰“当今汉学界公认的权威”；曰“处理顶尖学术难题的国际著名汉学大家”；曰“当今集学术和艺术于一身的一代英才”；曰 “当今汉学界导夫先路的学者”；曰“顶尖学者、旷世奇才”。

1996年 8 月，“饶宗颐学术研讨会”在广东省潮州市举行，来自祖国大陆和港、澳、台，美国、法国、日本、荷兰、新加坡的 80 多位学者出席，确立“饶学”，奠定了饶宗颐在国际的学术地位，其影响超越了国界。

三、大宗师的治学“秘笈”

先生的治学之道，风格多样，方法灵活，实难一言以蔽之，但为了研究的方便，以我一己之见，可简单概括为四个字：曰游，曰预，曰通，曰恒。

游者，一曰游击治学，游刃乎诸多学科之间，知识互参互见。二曰知识杂交，以渊博学识与过人才思，游刃于旁通之相异学科间。三曰广游历，读万卷书于斗室之内，国学为其根，西学为其叶；行万里路于寰宇之间，书卷为其基，考古为其筑。

预者，敢入诸“象牙之塔”，擅破诸“马首”之题，研顶尖学问，医“疑难杂症”，于一流学府机构修习，与一流学者专家为友。

先生先后著述了国内外第一部楚辞书目《楚辞书录》，国内外研究张天师热潮的奠基之作《老子想尔注校笺》；其治楚帛书、云梦日书、辑全明词，皆先人着鞭；始编录星马泰华文碑刻，开海外金石学之先河；其他著作如《殷代贞卜人物通考》贞人卜事互为经纬而呈殷史概貌；《词集考》为明以前词书之总导引。

在敦煌学方面，更多独专之成果：除研究敦煌道教文献的开创之作《老子想尔注校笺》，与补了敦煌画研究中重视壁画、绢画而忽略遗书纸画的缺陷的一项空白的《敦煌白画》等外，尚有研究敦煌曲子词和敦煌乐谱的先驱之作的《敦煌曲》与《敦煌琵琶谱读记》；研究敦煌写卷书法最为完整系统的著作《敦煌书法丛刊》等。

先生于释道二藏如数家珍，解决了许多前人悬而未决的难题。甚至在音律方面，先生亦有他自己的贡献。

1960年在香港弹奏古琴

通者，专于若干主要领域，而后辐射邻近的新领域，发乎史志及目录学，而及乎考古及文字学，复转乎史学及宗教。先生曾对后学的我慷慨授秘：“文字学是考古的基底功夫；目录学是我此生得益最多的学科，令你在茫茫学海中得以用最快的时间找到最需要的材料；其他学科，只是旁移‘一点点而已’。”

恒者，恒心、恒常、恒长也。先生数十年如一日，治学孜孜不倦，谓之恒心。恒常者，持之以恒，天天做“功课”，此恒常之一义也；又，以禅宗所说的“平常心”，第二度“见山是山”，反比以功利心态更易于获得“上帝的恩宠”。恒长者，擅养身与养心，养浩然气作逍遥游，使生命如同长明灯。先生自 14 岁起，学“因是子静坐法”，几十年从不间断，每日早起静坐，然后散步，晚间 9 时必宽衣就寝，保持健康之身心，令治学轻松自如。我曾经就国内学者将先生与清末两位大学者龚自珍和王国维并论而询问先生的看法，先生说：与上述二位比较，自不敢当；但我的好处是活得长命，龚自珍只活到 49 岁，王国维先生 50 岁，以他们 50 岁的成绩，和我 80 岁的成绩比较，是不够公平的；但龚自珍也的确“火气”大了一点，要不，可以更长命，成就更大。人的生命如同蜡烛，烧得红红旺旺的，却很快熄灭；倒不如用青青的火苗，更长久地燃烧，来得经济。

上述，是对话的大意而已，先生以其治学乃至生命保鲜如此重要的秘笈相授，听了真令人有如醍醐灌顶，毕生不敢忘其教诲也。

先生的学术贡献，令人如仰高山，如面大海，不知其所由来，不明其所出止。

宋人苏东坡说：“学如富贵在博收，仰取俯拾无遗筹。”先生的成功之道，正是如此，俯仰之间，全是学问。

四、大师及其书画艺术

下笔千言，我只概述了饶公此生成就双璧中的一半，即一个学术的饶宗颐；尚有另外的一半，一个艺术的饶宗颐。

关于先生的书画艺术成就，我的同宗前辈、当代著名画家黄苗子先生如是评论饶宗颐先生的书画：“一位史学、文学、佛学、敦煌学、美学著作等身的学者，而又是一位画家，这在过去，却是罕见。”

1994年9月7日，“饶宗颐教授书画展”在北京中国书画研究院展览馆揭幕时，中国政协主席李瑞环亲临观赏，北京各界知名人士200余人出席，中央电视台当晚新闻联播以显要排列予以报道。

1996年10月，香港回归前不久，香港举办“饶宗颐八十（书画）回顾展”，香港各界要人云集，其中最引人注目的，是占满香港大学展览馆椭圆形大厅整整一面墙壁的一幅一丈六尺的国画《百福是荷》，121朵的荷花，以酣畅淋漓的笔墨，氤氲着八十高龄作者的浩然大气和对香港回归的祝福。这幅一半完成于悉尼，一半完成于香港，却是装裱于广州从化（香港没有足够大的设备）的大画，实在气势逼人，我在这幅当时国内外尺寸记录最大的荷花国画面前站了足足一个钟头，感慨良多，以致无言。

关于饶公的书画方面，擅山水画，写生及于域外山川，不拘一法，而有自己面目。行家的评价是：人物画，取法敦煌白画之白描画法，于李龙眠之后，力开新路，影响颇大。先生书法方面，植根于古文字，而行草则融入明末诸家豪纵韵趣，隶书兼采谷口、汀州、冬心，完白之长，自成一格。真草隶篆皆得心应手。

以我之见，先生之游艺，比诸治学，近其趣而异果，殊其途而同归。其游于艺也，发轫乎未冠之岁，而成就于知命之年。其沉潜久兮，其成就就兮，其题材广兮，其风格丰兮，其韵味隽永兮。

先前，画论家把中国划分为“画人画”和“文人画”，我以为，饶先生的独创，使中国画的风格，又多了一种，姑命之为“学者画”，即诗人

书法：匾额

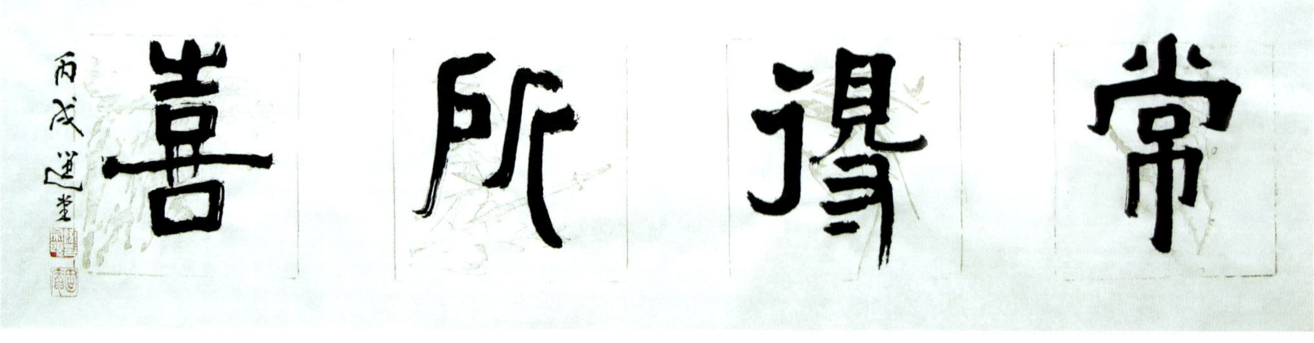

书法：匾额

的才情更加上学者的宏博。

例如，现代画家画山，多源于写生，来龙去脉一一了了，讲究的是可看、可行、可居（此说其实始于明清间人），而先生则不然，他笔下的山，纹路像古木，如老石，类云纹——这山人世间有没有并不要紧，要紧的是能抒发画者心中的块垒，如同先生爱写擘窠大字抒发胸中的块垒一样的，所以，先生的画，不像今人的画，而像古人的画。一次，在长途电话上，我说到赖少其先生“八十五岁以后作品展”进入了一种“无法无天、天马行空”的自由大境界，饶先生说：“我也在追求这种大境界，可惜还没有达到。”饶先生其实是自谦，至少，这段对话可以多少注释他的绘画的境界定位：画心中的山水，而不是复制现实中的山水。那山水，或许人间并没有，而是“此景应是天上有”，给观赏者快意无限，同时又无以名状的艺术遐想和精神感动。

先生在其《澄心论萃》书中，有一段“奇正论”极其精彩，先生后来对我说，“奇正”学说是他为人和为艺的基石；他并非“奇人”，其实是“正以养气、奇以治学”，同理，先生的字画乃至诗词，亦是“正以立意、奇以用笔”，因此故，既面目鲜明，奇崛多姿，又正气凛凛，浩然有雄风。

下笔千言，难尽其意。我以我为饶公新拟的另一副对联，作为饶宗颐教授八十五寿辰和先生从事学术活动六十六周年真切的祈祝：

二百年华夏学林，算来二三人而已；

八千载蟠桃盛会，同贺八五寿再添。

（原载《人民日报·海外版》2001 年 9 月 19 日）

饶宗颐的生命精神

◎赵松元[1]

选堂饶宗颐先生是20世纪中国学术文化史上的杰出人物之一。以学术史的眼光看，选堂是人所共钦的汉学大师，在敦煌学、甲骨学、考古学（含金石学）、词学、史学、目录学、楚辞学以及宗教史等广阔的学术领域都卓有建树；以文学史的眼光看，选堂在诗、词、赋、散文方面的创作横放杰出，尤其是诗词创作成就颇高，其《选堂诗词集》共收诗1 134首、词290首，诗词合计共有1 424首，在海内外享有极高的声誉；而以艺术史的眼光看，则选堂精通琴艺，其书法、绘画作品元气淋漓，韵高千古，取得了高度的艺术成就。学者、诗人、书画家三位一体，这是20世纪中国学术史上的文化奇迹。

在学者、诗人和书画家三重身份之中，学者是选堂的一个最基本的身份，他以学术研究安身立命，所以其学术品格颇能表现他的性情；而作为一个诗人和书画家，他又在“游于艺”（《礼记·学记》：“不兴其艺，不能乐学。故君子之于学也，藏焉，修焉，息焉，游焉。”）中寄托了自己的生命情怀，其诗、词、书画作品充分展露了他的心灵世界和人格境界（选堂尝言：“诗、书、画，是我生命的自然流露。”引见施议对《为二十一世纪开拓新词境，创造新词体——饶宗颐形上词访谈录》），与其学术品格交相辉映。

一、万古不磨意，中流自在心：选堂生命精神的主旋律

选堂的人格构成是多方面的，主要有旷达、乐观、清雅、淡定等。但其人格精神的核心是高迈独立。实际上，选堂自己也用精妙警策的诗歌语言形象地表现出这种人格精神：“万古不磨意，中流自在心。”（《羁旅集·偶作示诸生》）我们诵读这样的诗句，可以充分感受到一种无比自在、独立、充盈、坚毅的生命精神。

这种生命精神，在其少年时期就已曦阳初现。

饶宗颐于1917年8月出生于广东省潮州市。潮州向称“昌黎旧治”、“岭海名邦”，具有悠久的人文传统。自唐宋以来，民间就形成了浓厚的尚学好文之习，诗、词、书、画的风气颇盛。而从自然环境来看，潮州

①韩山师范学院副教授。

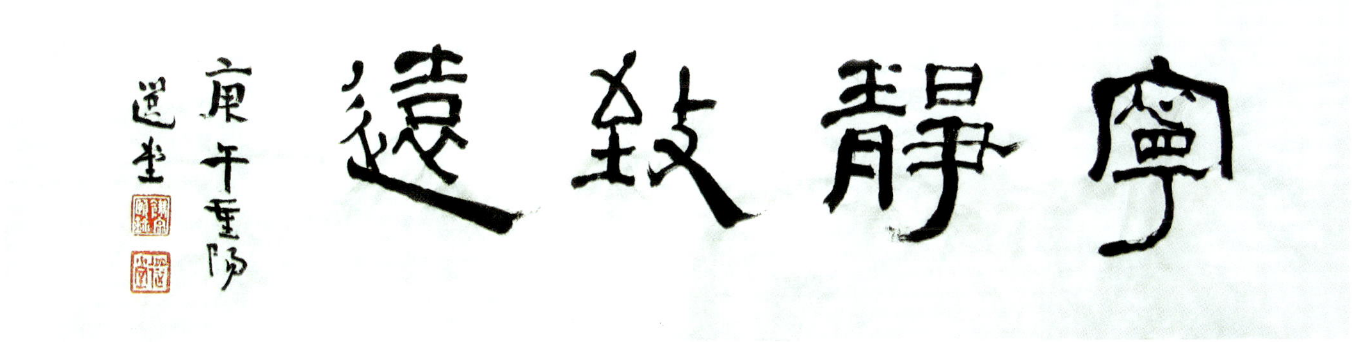

书法：匾额

城位于南海之滨，韩江水穿城而过，清江两岸，有韩山、金山、西湖山三山翠色相映，山清水秀，风景优美，被称为钟灵毓秀之地。所谓一方山水养一方人，饶宗颐先生能成为世界一流的汉学大师、20世纪的诗坛巨擘，应该说，是与潮州深厚的人文历史传统与独特的自然环境的培育、熏陶息息相关的。此外，家学渊源则更直接影响了饶宗颐的学术与诗歌生命的成长。饶氏为潮郡望族。饶宗颐祖父曾任潮州商会会长，1902年，创办了潮州第一所慈善机构——“集安善堂”，广布德泽，颇有令声。饶宗颐有两位伯父，一位叔父。大伯父是画家，又是收藏家。父亲饶锷，排行第三，谙佛理，精考据，诗文造诣尤深，是晚清迄民初潮州颇有代表性的学者、诗人，为南社社员，与南社巨子高吹万友善，曾任《粤南报》主笔，并曾与诗友创建民国年间潮州的第一个诗社——壬社，被推举诗社社长。饶锷以“著作等身”著称，著作颇丰。饶锷于1929年辟建天啸楼（时饶宗颐12岁），收藏有10万卷书籍，其中有很多大型图书，如《古今图书集成》、《四部丛刊》、《丛书集成》等。家学渊源加上天啸楼这座知识的宝库，使饶宗颐拥有了大多数人望尘莫及的学习条件。

除家学渊源之外，天赋和个性的因素也非常重要。饶宗颐从小就聪明颖慧，他6岁开始读古典小说，尤其喜欢武侠神怪之书，并随师习练书法；9岁即能阅读《通鉴纲目》、《纪事本末》，并通读《通鉴辑览》；10岁能诵多篇《史记》，阅览经史子集，对古代诗文词赋尤多涉猎；12岁从师学习绘画，临写了110余幅任伯年作品。这些，无不显示着饶宗颐的早慧。因其早慧，从小既博览群书，植下了深厚的学养根基，又习书画，学诗文，培养了一颗诗心，一种艺术的才能与气质。这种个性气质，在其14岁时，为饶家莼园撰书的一副联语中有生动的显现：

山不在高，洞宜深，石宜怪；

园须脱俗，树欲古，竹欲疏。

一种清逸脱俗、古朴高雅的情趣深蕴其中，显示了少年饶宗颐的涵养和气度。

在饶宗颐少年时期养成的个性中，尤需一提的是喜欢清静、专志于学、心无旁骛而思维活跃的气质。在胡晓明撰的《饶宗颐访问记录》里，饶宗颐自述道，“我六七岁时，image 非常多，非常活跃。……我的这种气质小时候就很明显。就是不管外面的世界、人家的事情，只做自己的事，而且全神贯注地做好。”“我那时书读得很杂。道家的书、医书都看，也涉猎了不少佛书。我非常向往一个清净的世界。”

现代心理学认为，人的童年、少年、青年时期的经历和接受的教育，对人格的形成有着决定性的意义。饶宗颐先生在少年时期就学养与诗心并具，养成了清高、虚静、独立、专注的精神气质。这种精神气质，从青年到中年、晚年，在其人生的各个阶段，一以贯之，并且越来越充盈，越来越高迈。

饶宗颐青年时期，有两篇赋作值得一读：

……怀瑾瑜而履信兮，服儒服于终身。觊中兴之目睹兮，又何怨乎逋播之民。……一枝之上，巢父安兮。自得之场，足盘桓兮。独守径仄，尚前贤兮。纫彼秋兰，斯独全兮。

——《斗室赋》

……吁嗟乎，日月可以韬晦兮，苍穹可以颓圮。肝脑可以涂地兮，金铁可以销毁。惟天地之径气兮，历鸿蒙而终始。踽踽独行兮，孰得而陵夷之。鼓之以雷霆兮，震万类而齐之。予独立而缥缈兮，愿守此以终古。从邹子于黍谷兮，待吹暖乎荒土。听鸣笛之愤怒兮，知此志之不可以侮。倘天漏之可补兮，又何幽昧之足惧也！

——《囚城赋》

书法：匾额

这两篇作品都作于抗战时期。《斗室赋》作于1939年，选堂23岁。当时因病滞留香港。协助王云五编《中山大辞典》，协助叶恭绰编《全清词钞》。《斗室赋》是他当时心境的表现。在赋中，作者抒写了自己在日寇侵略、烽燧连绵中的忧国忧民之情，表达了卧薪尝胆、中兴有日的坚定信念，抒发了在斗室中效法前贤、从事学术研究以阐扬民族文化精神的决心。斗室固然狭仄，但以“自得”之心、“独守”之志，足可“盘桓”，如秋兰在百花凋残之后可以“独全”。寥寥数语，充分表现了青年饶宗颐的独立而坚毅的人格精神。《囚城赋》写于1944年。这是抗日战争最艰苦的年月，青年饶宗颐与无锡国专的同仁疏散奔走蒙山，危城坐困，而有此作。选堂在对民族气节的歌吟中，表现了自己绝不可侮、与天地共老的独立特行之志。

作于同一时期的诗集《瑶山集》也表现了这种精神：

平居思九子，志节较区区。
亦复嗤二曲，土室署病夫。
丈夫贵特立，坦荡养真吾。

——《瑶人宅中陪瑞征丈饮酒》

清初魏禧父兆凤，于明亡后削发隐居于江西宁都县翠微峰。名其居曰易堂。魏禧与兄际瑞、弟礼以及彭士望、李腾蛟、丘维屏、林时益、彭任、曾灿讲学于此，倡导古文实学，彼此相重，情深谊厚，世称“易堂九子”。高僧无可尝至山中，叹曰：“易堂真气，天下无两矣。”（参见《国朝先正事略·文苑·魏叔子先生》）“二曲”指清初学者李颙，他自署“二曲土室病夫”，其为学不纯，尝以讲学得名，“遂招逼迫，几致凶死”，诗人以“平居思九子”与“亦复嗤二曲”相对，并以“丈夫贵特立，坦荡养真吾”的精警之句，鲜明表达出据德守志、独立不移的价值取向和对纯正学术的推崇。另如《登磐石山同巨赞上人》：

亭亭磐石山，娲皇昔所捐。
其下临清流，独立得天全。

这种对磐石山的生命感发，亦正是选堂精神品格的象征性表现。

中老年时期，选堂坚毅独立的人格更为深邃超迈。这一方面表现在对政治功利的自觉超越，一方面表现在对流俗的自觉超拔。

选堂于1965年底赴法国国立科学中心研究巴黎所藏敦煌写经、敦煌画稿，校勘敦煌曲子。1966年春与汪德迈同登阿尔卑斯山，又游览罗马剧场遗址、巴黎圣母院、拿破仑行宫，访雨果故居，而得记游诗《白山集》一卷，其中有一首五古《雪意》，诗云：

垂老不废诗，所怕行作吏。
前藻试商榷，逸响差可嗣。
萧寥临皋壤，沉沉会雪意。
飞琼时起舞，搅碎故乡思
暗水情微通，浮岚痴可喜。
此间无今古，昏旦气候异。
光届岭生泽，地滑步增驶。
凝愁翠欲拾，扶梦烟如芘。
园林粲皓然，贞白明吾志。

(平生所慕为陶贞白一流。其言：“人生数纪之内，识解不能周流，天壤区区，惟恣五欲，实可愧耻。自云博涉，患未能精，而苦恨无书。”余之凡鄙，其病正同，然西来读书，流览图卷，所好有同然也)

这首诗及其附注，在饶宗颐先生人格境界的养成中，实有心灵史诗的价值——它在表现饶宗颐高迈人格的同时，揭示了他一个重要的精神渊薮。简言之，诗人所会之“雪意”，是一种远离世俗、无今无古、周流宇宙的冰雪情怀——亦即独立自由、纯洁精粹的生命精神。陶贞白乃南朝高隐陶弘景之号。贞白先生之所以为选堂平生所倾慕，乃在于他站在宇宙生命观的高度，否定了“惟恣五欲”的人生选择，表达了对博学而精粹的学术的追求。另陶贞白有《诏问山中何所有赋诗以答》诗：“山中何所有，岭上多白云。只可自怡悦，不堪持寄君。”诗表达了自由自在地隐逸读书的情怀，其间蕴涵着远离政治、不求功用的价值取向，这与选堂高迈独立的人格轰然共鸣，故选堂既曾高吟过“何似山中云，朝夕任舒卷”(《白山集·晋嘉恶疾寄示游清迈素贴山寺，用康乐从斤竹涧韵，追忆曩游，再和一首》)的诗句，又于眼前洁白无瑕之冰雪世界引发出“园林粲皓然，贞白明吾志”的生命感发。一个非常有意思的诗学现象是，选堂《白山集》中，一连有 14 首诗写雪。而在 1970 年 9 月至 1971 年春，他在讲学美国耶鲁大学研究院时，曾放笔倚声，步清真韵 51 首，亦多为咏雪之作。毫无疑问，选堂如此爱雪，乃是其冰雪情怀的不自觉表现。诗是心灵的窗户，透过选堂的清奇之诗，我们正可触摸到其作为现代学人那种超脱世俗的学统之魂。如果说这是一种诗意的表现，那么通过一些平常话语，我们同样可以把握到选堂纯正的学术理念。在胡晓明的《饶宗颐学记》中，记录了选堂一段话：

我比较怪。我年轻时喜欢念《后汉书》，对《独行传》那部分人我很仰慕，希望能有独立的人格。这是个人的禀赋。这跟我后来王莽的东西不写有关系，跟我后来搞艺术也有关系。这些事情都是混合起来的，成为个人的一种向往、追求。

这是选堂在79岁时的言说。孔子曰："七十而从心所欲不逾矩。"（《论语·学而》）选堂此时亦达此一学问人生境界。在这里，选堂实质上阐述了真正纯粹的现代学人之"有所为"和"有所不为"的价值选择。

选堂曾与人谈论商业对文化的冲击，他说过这样一段话：商业对文化的确是一个挑战。现在书画家很少知道"墨谑"的情趣，他们板着面孔作画，只看着钱，以拍卖来抬高自己，所以他呼吁书画家"回归到'艺术本源'上去"。选堂反对艺术的"拍卖"，是因为这种商业行为只能给出艺术创作的商业价值，而这种"向钱看"的功利追求误导着人们远离艺术的本身。艺术和学术是选堂生命中相互依托的组成部分。饶公在这里对回归艺术本源的呼吁正与其学术本位思想互相呼应，充分显示出其高度自觉的远离世俗功利的理性精神。

二、选堂生命精神养成之哲学文化原因

选堂生命精神之养成，除家学渊源、天赋禀性和少年经历外，还有其深刻的哲学文化原因。

选堂在其学术和人格追求中，吸收了中外文化的精华，熔铸了宗教性的智慧和情感。

选堂游学五洲，学识广大，视野开阔。故在其学问世界中，既有中国传统文化的深厚学养，又接受了西方文化的影响，尤其是像海绵一样吸纳了但丁、歌德、济慈、尼采、巴斯加等巨人的思想营养。如他曾在富兰克福旧居感悟了歌德的"我既为一切，我当捐小我"以及教人"从高处着眼"的思想，从而写下了"小我焉足存，众色分纤

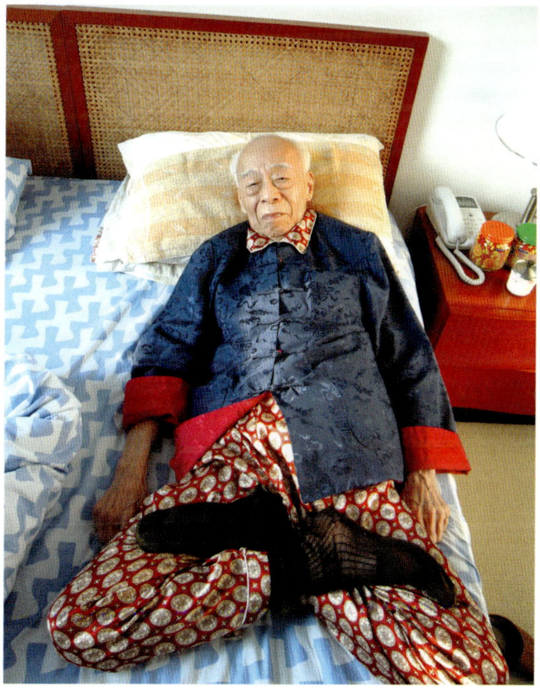

上图　坐禅

下图　卧禅

在打“太极拳”

丽。着眼不妨高，内美事非细。瞩目无穷期，繁华瞬间逝。持尔向上心，帝所终安憩”（《西海集·富兰克福歌德旧居用东坡迁居韵》）的深蕴哲思的诗句，表现了对生命终极意义的深刻感悟。曾在西德研读了尼采著作后，作《读尼采萨天师语录》古风三首，表达了对尼采哲学的深刻理解。选堂曾于 1963 年和 1993 年去过法国巴黎附近的皇门净室，在那里感悟了法国思想家巴斯加的人格精神和哲学思想。巴斯加在名著《沉思录》中以一根芦苇比喻人之生命，慨叹人生脆弱、渺小而宇宙无限，引起选堂对在大自然面前渺小的人应该如何安顿生命的思考，他思想的锋芒超越了“存”与“亡”、“生”与“死”的“边际”，并借用宋代名家陈简斋的警句“微波喜摇人，小立待其定”来表达自己的人生态度。

除西方文化的洗礼外，选堂还对中东阿拉伯文化有深刻了解。他写有散文《金字塔外——死与蜜糖》，在文中，他从埃及文化的代表《死书》中，引发出这样的思考：“要追问何处有神的提撕？什么才是这真正的秩序和至善？在人心的天平上，怎样取得死神最后的审判？”他并从波斯诗人把死看作蜜糖的比喻中，引起对中国文化缺陷的思考：“死在中国人心里没有重要的地位，终以造成过于看重现实只顾眼前极端可怕的流弊。”从学术思想的角度看，选堂这些关于生死问题的深刻思悟，实际上是从哲学的层面解决了学术如何才能纯粹的问题。

选堂在学问世界中，特别对佛教典籍和道家典籍有透彻了解，并经常把佛道打通来进行精神境界的修养。

选堂在十几岁时即开始学习过各种胸式、腹式与道、释的静坐法，学着每天打坐。中年时期，因与印度汉学者白春晖的一段语言交换学习的因缘，选堂于 1963 年被印度班达伽东方研究所聘为研究员，并应班达伽东方研究所之邀，前往天竺古梵文研究中心做学术研究，得以从白春晖父子攻治婆罗门经典，研习《梨俱吠陀》，从而在其学问世界中，具有了精深的佛学修养。与此同时，他还亲身体察和了解到印度修炼瑜伽者的苦行，复将其与中国道家的修炼方法进行比较，从而找出了安顿精神生命的途径。他说，用瑜伽“逆”（如逆行式、倒栽式）的方法固然可以做深层次的精神锻炼，但他“宁愿采取道家的用‘顺’的途径，来安顿精神的宁静境界，即所谓‘撄宁’，同样亦可收到‘精神与天地相往来’的效果。《庄子》一书谈到的精神修养理论，和印度瑜伽思想非常吻合。”他又指出，“一般人都患‘得’患‘失’，因此而神志不宁。庄子很懂得精神上的自我控制，他能‘外物’，摆脱外界事物的约束，认为‘得’是时机缘遇所造成；‘失’亦是理所当然，应当泰然处之。这样，在情绪上没有哀与乐各种激情的刺激，就好像倒悬的人，获得解救。庄子可以不为得与失所干扰，完全得力于一个‘顺’字，安于时而居其顺，自能得到精神上的宁静，至于那些不能够自我控制则是外物的羁束，使他无法排除。所以庄子又提出‘撄宁’一语。他说，‘撄宁也者，撄而后成者也。’撄训‘有所系者’，撄是系缚，撄而能够宁静，说明在束缚中自我获得解放。他主张修养境界能够‘外物（质）’、‘外生（命）’之后，所得到的精神上的愉快感受是‘朝彻’（好像朝阳初升时的洞彻明白）、‘见独’（体会到一个整体），然后入于不死、不生的阶段；这时候，虽然接触到外界事物的纠缠、牵扰，心中仍然得到大安宁，那就叫做撄宁。”选堂不仅体认到“撄宁”境界，而且也确实达到了这一境界。

总之，选堂先生以其广博的学术修养，参酌了古今中外的哲学和宗教，于是中西文化乃至中东阿拉伯文化都被他融会贯通，释藏和道藏的哲学智慧和宗教性的情感体验被他吸纳到心灵之海中，使他对人生、社会、历史、宇宙的观照充满了睿智，从而真正找到了安顿精神的方法，并油然养成了充盈澄澈、自由独立的人格。这在他抒写生命情怀的诗歌创作中有充分的表现：

独立知朝彻，与道倘有协。
苕发觉春宽，楼高觉梦狭。

（《白山集·向喜诵“空山多积雪，独立君始悟”句面此穷谷共赏初晴慨然援笔用石鼓山韵》）

游心太古初，浑不受拘牵。

（《羁旅集·张谷雏命题所度潘冷残画卷》）

了无哀乐缠胸次，野旷天寒不见人。

（《西海集·中乔杂咏其四》）

诗品出于人品，艺品出于人品，学品当然也出于人品。从这一角度来看，我们不但豁然明白为什么选堂的诗词书画中总洋溢着一股独一无二的清逸之气，为什么他在学术研究中总是能戛戛独造而进入崭新夐绝的境界。而且领悟到，正是博古通今的深厚学养的滋润，结合着对生命意义和人生境界的深度探究，锤炼出了选堂这种清澈纯净的独立人格。于是，他在游心溟漠、独来独往的自由王国里，进行着随心所欲的开拓和创造，从而取得震烁中外的学术成就，成为蜚声海内外的汉学大师。

三、独创和独绝：选堂独立人格的功能效应

秉持坚毅的独立人格构成选堂生命精神的突出特点。而尤值关注的是，在选堂那里，人格独立呈现出两种功能效应：其一，是维护学术的纯正（如前文所述），其二，是保证学术和创作的创新。也就是说，独立人格是根，是本，只有在这根本上，才能盛开创造的鲜花。选堂《佛国集·小引》云：“鸿爪所至，间发吟咏……非敢密于学，但期拓于境，冀为诗界指出向上一路，以新天下耳目。”这里表达的虽只是选堂的诗学追求，实际上却是选堂创造精神的生动表现。正是与其充盈、自在、高迈的独立人格相联系，选堂以旺盛的创造精神在 20 世纪的学术领域里不断开拓，不断创新。

书法：条幅

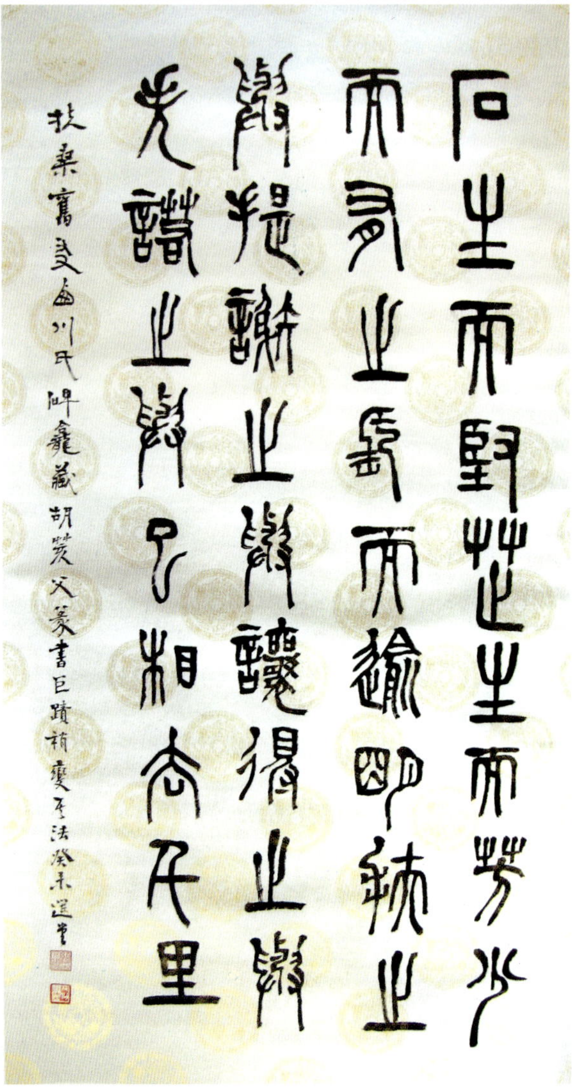

对选堂这种勇于创新的人格特质，学界多有认识。姜伯勤教授在《从学术源流论饶宗颐先生的治学风格》一文中说：“饶宗颐先生治学特点，在能不断创新，极具开拓本领，喜提出新问题、新看法。在数十年的研究中，饶先生在许多个课题上率先研究，处处表现了一种首创精神。”他并从目录学、楚辞学、敦煌学、甲骨学、词学等方面列举了选堂 19 项原创性的学术成果来加以说明。胡晓明教授认为这还不够全面，在《饶宗颐学记》中，他从上古史、甲骨文、文学艺术史、宗教史、中外文化交流史、地理学、地方史、文献目录版本学等方面列举了选堂 37 项原创性的学术成果，并说：“原创力是中国学术发展一个生死攸关的重要问题。现在的中国当代学坛是陈陈相因的东西太多，

更何论辗转抄袭之风！学术生命的旺盛才能有文化生命的畅通。饶宗颐其人在学术思想史上的启示意义之一或正在于此。”

在《与彭袭明论画书》中，选堂有这样一段精彩的论述：

媚俗之念，切宜捐弃。一艺之成，求之在我；我有所立，人必趋之。毕加索即能把握此点，往往杜门数月，敢蹈洪荒蚕丛之奇境，遂尽创辟崭新之能事。作品一出，而天下震骇。画道变化无方，良由才大足以振奇而不顾流俗，永不求悦于人，而敢以己折人，此其所以独绝也。

此虽为论画之语，而实可作论诗、论学看，它既贯穿着选堂超拔流俗的高蹈人格精神，又清晰地呈现出这样的一个内在逻辑：“独立→独创→独绝”。精神独立，是创新的思想基础，不管是学术研究还是诗词书画的创作，都要以独立的精神，摈弃杂念，摆脱羁绊，敢于“蹈洪荒蚕丛之奇境”，才能“尽创辟崭新之能事”，并由此进入“独绝”的境界。选堂在谈学论文中，经常表达出这样一种逻辑理念。如：

诗者，最足以褫吾天者，肝胆器识，于是乎在。夫然后独来独往，始能为天地间必不可无之文……

（《回回纪事诗序》，载《饶宗颐二十世纪学术文集》卷十四）

即欲人最后摆脱，自立规模，由有意为诗，至于无意为诗，由依傍门户以至含茹古今，包涵元气。诗至此已进另一崭新夐绝之境。诗人者，孰肯寄人篱下而终以某家自限乎？又孰肯弊弊焉不能纵吾意之所如，以戛戛独造以证契自然高妙之境乎？

（《论杜甫夔州诗》，载《饶宗颐二十世纪学术文集》卷十二第 17 册）

钟竟陵尝谓：真诗者精神之所为。察其幽情单绪，孤行静寄于纷扰之中；复以虚怀定力，独往冥游于寥廓之外……盖诗之不可强作，自非炉锤功深，何能臻独造之境；而又不可不作，以情非得已，不能不宣泄之以诉之溟漠。是故为诗者，不望得人之知，而解人又焉易得？真诗之难求如此。

（《詹无庵诗序》，载《饶宗颐二十世纪学术文集》卷十四第 20 册）

海粟先生始以西法倡导，一时披靡从风。然 30 年来，尽弃其囊之所习，浸淫于宋元，心摹力追，不懈而及于古。今年近 80 矣，世方追逐新面目，而翁游心冥漠，所谓鹪鹏已翔于寥廓，而罗者犹视乎薮泽，何识度相去远耶？

（《跋刘海粟山水画册》，载《饶宗颐二十世纪学术文集》卷十四第 20 册）

公耽思旁讯，喜为诗，重意而轻辞，不傍前人蹊径，刃迎缕解，戛

书法：条幅

戛独造。

（《蔡梦香先生墓志铭》，载《饶宗颐二十世纪学术文集》卷十四第 20 册）

夫心灵之香，温于兰蕙；应感之会，通乎万里。而幽窈旷朗，抗心远俗。下可极九渊之深，上足摹曾云之峻。

（《仪端馆词序》，载《饶宗颐二十世纪学术文集》卷十四第 20册）

选堂突出强调了人格独立和开拓创新的辩证关系：唯人格独立，才能摆脱前人，自立规模，才能超拔世俗的潮流，才能耐得住寂寞，游心溟漠，“戛戛独造”，进入崭新敻绝之境地。选堂常言，他向来喜欢诵读“空山多积雪，独立君始悟”的诗句。唯“独立”于空山冰雪之境，始能得“悟”，这正是“独立→创造→独绝”逻辑架构的诗学表现。可见，这两句诗之所以深得选堂喜爱，实是因为其所蕴涵的空旷峻洁、高迈独立的情趣深深契入他的生命精神。

2006年 8 月写于韩山师范学院

泰岳峰高，人瞻北斗

——记创造文化奇迹的饶宗颐教授

◎ 陈韩曦

泰山为五岳中最高，北斗为众星中最明。《新唐书·韩愈传赞》："其言大行，学者仰之如泰山北斗云。"伟大的学者正如泰山北斗般屹立于人世间，他们是人类智慧的象征，怀有神灵般的无限理想，试图重新创造世界的美，量度世界的广大无垠，解释世界的奥秘。虽然他们只有常人的生命和力量，但他们的抱负却是发现一切，研究一切，创造一切。

饶宗颐，字固庵、伯濂，号选堂，广东潮州人。选堂《羁旅集·偶作示诸生》中，有两句脍炙人口的名句："万古不磨意，中流自在心。"这两句诗精妙警策，充分表现了饶教授自在、独立、充盈、坚毅的生命精神。①

中流自在心

作为20世纪中国文化史上的杰出人物之一，以学术的眼光看，饶宗颐教授是人所共钦的汉学大师，在敦煌学、甲骨学、考古学（含金石学）、词学、史学、目录学、楚辞学以及宗教史等广阔的学术领域都卓有建树；以文学史的眼光看，饶宗颐教授在诗、词、赋、散文方面的创作横放杰出，尤其是诗词创作成就颇高，其《选堂诗词集》共收诗1 134首，词290首，诗词合计共有1 424首，在海内外享有极高的声誉；而以艺术史的眼光看，则精通琴艺，其书法、绘画作品元气淋漓，韵高千古，取得了杰出的艺术成就。学者、诗人、书画家三位一体，这既是20世纪中国文化史上的奇迹，又是旷世罕有的生命奇迹。

作为一位名扬四海的学者，一位著名的历史学家、考古学家、文学家、书画家、经学家，一位"国际瞩目的汉学泰斗"，饶教授实践着一条辉煌的人生之路。人格独立，是他生命精神的主旋律，贯穿着他一生的各个阶段。他这种独立人

①赵松元、肖细白著：《饶宗颐的生命精神》，《汕头大学学报》，2006年2月。

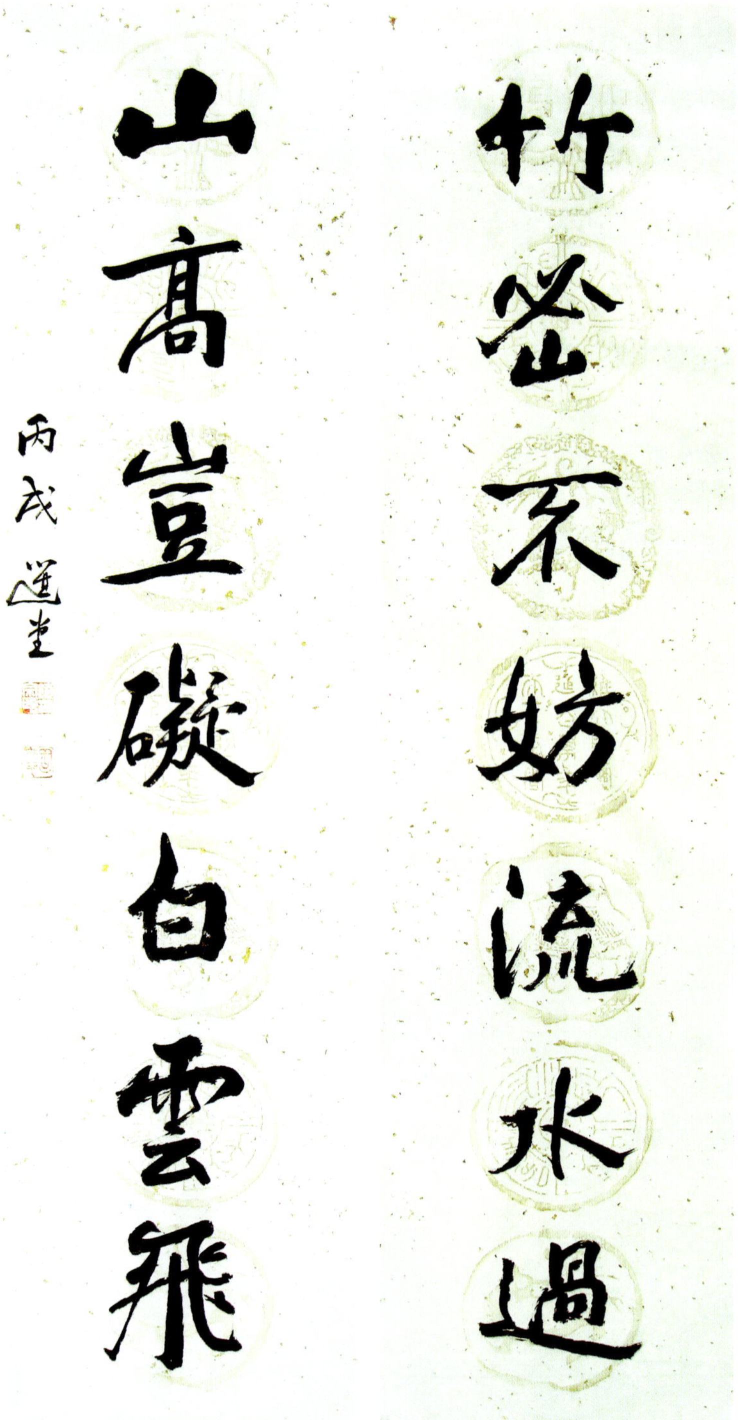

书法：对联

格，既体现在对政治功利的自觉超越，又体现在对流俗的自觉超拔，并借此践履了了其毕生为学术、为宏扬中华民族传统文化理想。

饶教授于 1917 年 8 月出生于广东潮州的一个儒商之家，尊人饶锷先生，既是大商人，又是著名的学者和文化名人。其书斋名曰“天啸楼”，藏书万卷，饶锷先生著书立说，作品有《天啸楼文集》、《潮州西湖山志》、《王右军年谱》等。饶教授从小浸润在浓厚的文化氛围里，正如林语堂所言：“学问是像熏火腿一样熏出来的。”他从小好学不辍，在自己很大的阅读空间自由遨游。幼年的时候，父亲和老师就指导他写诗填词，撰写骈文、散文。家学渊源，使得他拥有了常人所不能比拟的深厚的中文基础。对于历史，饶教授更是从小就萌发了浓厚的兴趣，据教授说，他早年念《史记》，背《史记》，直到今天，还可以背出《秦始皇本纪》，甚至整个中国历史的编年，都可以成竹在胸。父亲的教导，刻苦学习，天资过人，使得他小时便才华横溢，初露头角，引人注目，有“神童”之称。饶锷著有一部《潮州艺文志》，但壮志未酬，便撒手西归，留下未完稿。饶教授继承父志，18 岁即完成此著作，使得当时不少学人深为佩服，少年早慧的他因此而声名大噪。

在少年时期就学养与诗心并具，

养成了清高、虚静、独立、专注的精神气质。这种精神气质，从青年到中年、晚年，在其人生的各个阶段，一以贯之，并且越来越充盈和高迈。

饶教授治学，涉猎领域很广。季羡林先生在《饶宗颐史学论著选》序中曾将饶氏的学问分归以下八个门类：

一、敦煌学

二、甲骨学

三、词学

四、史学

五、目录学

六、楚辞学

七、考古学、金石学

八、书画[①]

后来郑炜明先生在《饶宗颐教授著作目录》一书的“索引”中，更是添加补充，细分为 15 类。其中，音乐史、道教史、佛学、古文论、潮州学等，更能填补一些学者分类上的不足。[②]儒学、道学、佛学，诗、词、文、史，目录、考古、敦煌学，音律、书法、绘画、甲骨文，饶教授样样都有研究。从中也可以看到他治学的一个极突出的特点，即门庭轩敞、规模格局宏大。

边陲风情

饶教授治学，时间跨度更是惊人，从上古到明清，几乎每个朝代都有涉猎，几乎没有一个时代是交白卷的。他的重要研究成果，史前有关于陶文，先秦有关于易卜、占卜、历算、音乐、楚文化等研究，秦汉有关于五行、职官、道教学、中外交通等研究，魏晋六朝有关于文选学、批评史、梵学与中国文学关系等研究，隋唐有关于武则天、变文、吐鲁番文书、敦煌法书、敦煌曲子词、韩愈文等研究，宋元辽金有关于词学、音乐史、《梦溪笔谈》、《说郛》、正统论、港九宋季史料等研究，明清有关于词学、碑刻、中外交通史、绘画史与书法史等方面的研究。从地域上说，除我国本土外，还涉及印度文字、西亚史诗、东南亚史；从语言工具上说，饶教授懂梵文、法文、德文、英文、希伯来文等，其论文所涉及语种甚广；从史料来源上说，除我国纸上之旧籍之外，更举凡甲骨、木简、汉砖、敦煌遗书、碑记墓志等，无不搜罗备用。[①]他治学的广度与幅度，由此可见。

①《饶宗颐史学论著选》，上海，上海古籍出版社，1993 年。
②《饶宗颐教授著作目录》，香港，香港莲峰书社，1994 年。

能够在各个领域、众多学科都有所建树，饶教授学术生命力之旺盛让人无不为之咋舌。对此，他是这样解释的，“我每天都生活在问题之中，做学问的人不肯罢休，就是能不断发现问题。老东西再看有新问题，新东西也有问题。有了问题我就要研究，就要把学问做下去。而且我不相信权威，治学是没有权威的，那些所谓的权威的东西也存在着不少的问题。”正是由于有着这样的思想，饶教授的学术有一点是大家公认的，那就是他擅长开风气、出奇兵，在许多陌生的领域开荒播种，在许多新的领域中着人先鞭。学者姜伯勤教授曾撰文提出饶教授在诸多课题中表现出的首创精神，如：

坚忍

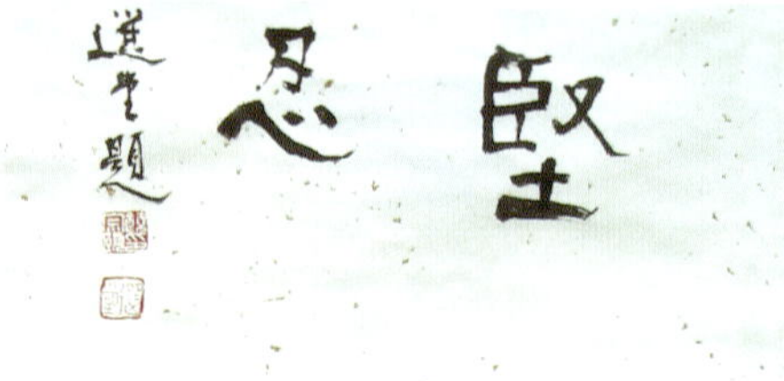

——目录学上，率先编著词学目录、楚辞书录等。

——治楚帛书之第一人。

——率先研究楚辞新资料唐勒赋。

——指出汉字的独立性，不把图形文字改为纯记音字母。

——著《符号·初文与字母——汉字树》，纠正外人把汉字起源置世界文字树印度图文之下的错误。

——率先把印度河谷图形文字介绍到中国。

——研究敦煌本《老子想尔注》之第一人。

——研究《日书》之第一人。

——南国学人中第一个翻译、介绍、研究《近东开辟史诗》。

——率先编著殷代贞卜人物通考。

——首次辑《全明词》。

——首次编录新马华人碑刻，开海外金石学之先河。

——首次研究敦煌白画。[2]

支持饶教授做学问的，是一种“求阙”的精神，他曾谈到，“求阙”是曾国藩的话，他认为做人，做学问，都要“求阙”。“阙”同现在的“缺”字，就是要不知足的意思。实际上，天下的万事万物都是有缺的，追求把“阙”的补齐，可实际上永远也补不齐，这样就会永远不知足地追求下去了。治学的“博”与“专”，是一对难以调和的矛盾，很难兼得，但他做到了，真可谓求“阙”穷追，甘以有限探无涯。

①胡晓明:《饶宗颐治学规模与识见》，见《饶宗颐学术研讨论文集》。

②姜伯勤:《从学术渊源论饶宗颐的治学风格》，见《国际潮汛》，1994年6月。

2003年11月，台湾新文丰出版公司出版了饶教授的《饶宗颐二十世纪学术文集》，共20册。这套书收录了饶教授在20世纪时约七十载的学术研究生涯里辛勤耕耘的成果。不过，这套书只是收录了饶教授97%的著作而已，有一些成果，由于时间上不能配合，只好暂不收入。饶教授的这套书，虽然是相对集中地收录了他在20世纪时已经出版过的若干旧著、但它并不是一套仅仅收集旧著，重新编印的文集。事实上，饶教授趁着这次新的出版机会，再一次对文集中的许多著作都做了修订，增补了不少新的资料，也提出了不少新的观点。因此，这套鸿篇巨制《饶宗颐二十世纪学术文集》跟饶教授以前的旧著相比，除了学术参考的价值更高之外，还有着不可替代的版本价值。他这位百科全书式的国学大师，其博通精深的学术成果得到了充分的反映。

父女情深

下笔千言，仅仅只概述了一个学术的饶教授，此外，尚有另外的一半：一个艺术的饶教授。当今艺术界，饶教授在山水、人物、花鸟画以及书法方面是当代的一位大家。关于他的书画艺术成就，当代著名画家黄苗子先生如是评论：“（饶宗颐是）一位史学、文学、佛学、敦煌学、美学著作等身的学者，而又是一位画家，这在过去，却是罕见。”饶教授的书画，可谓一位综艺大师。他绘画方面，擅山水画，写生及于域外山川，不拘一法，而有自己风格。他的书画艺术秉承了中国明清以来文人书画的优秀传统，充满“士大夫气”，是当今社会难得的“学者型”书画艺术家。他的山水画写生和人物白描，独具一格。他的国画题材广涉山水、人物、花鸟，有传统流派的摹仿，有世界各国的风光写生，更有自成风格的创作。书法方面，植根于古文字，而行草书则融入明末各家豪纵韵趣，隶书兼采壳口、汀州、冬心、完白之长，自成一格，行草隶篆皆得心应手，从大幅中堂、屏条、对联到方寸空间小品，风格多样，而沁人心扉的书卷气洋溢于每件作品之中，是名副其实的学者书画。

饶教授先后举办过多次书画展，出版了很多书画集，每次都引起轰动，引来无数赞誉声，他的作品已为世人所共知，并成为书画收藏家搜寻的对象。早在 1994 年 9 月 7 日 “饶宗颐教授书画展”在北京中国书画研究院展览馆揭幕时，全国政协主席李瑞环曾亲临剪彩，首都各界知名人士有 200 多人出席，中央电视台在新闻联播中给予了重点报道。2002 年，饶宗颐捐赠私人藏书和个人艺术品给香港大学，成立饶宗颐学术馆，更亲手以八分体写成佛教经典《般若波罗密多心经》，送给香港市民。《心经》是儒释道三教共奉的经典，全文 260 个字，每字达 20 吋乘以 20 吋，后特区政府决定将其铸刻于石壁上，以帮助市民洗涤心灵和供游览之用。2005 年 5 月 20 日，世界最大户外木刻佛经群——位于香港大屿山天坛大佛东邻的“心经简林”正式对外开放。38 根古朴的半圆形木桩依照自然山势巍然耸立，作数学无限符号“∞”布局排列，象征“无限”、“无量”，以示宇宙人生变化无穷的佛理。其中 37 根木桩篆刻着 260 个字的经文以及刻着“岁在壬午选堂敬书心经，愿令阖境安康、时雍物阜、长浴斯福”字样，饶宗颐教授书写这一《心经》墨宝，表达了对香港市民大众的衷心祝福。最妙的是，在简林最高处的山坡上，一根巨大的木桩什么字也没有刻，象征“空”的《心经》要义，让人遐思无限。

面对屹立在人类历史智慧巅峰的选堂学艺，我们深深感到高山仰止。在饶教授九秩荣寿大庆之际，我们深怀对他的敬仰之情，就如同对泰山北斗的崇仰。我们唯愿，饶教授的学术精神和成就有人传承，有人发扬，使得代表中华民族深厚文化底蕴的汉学能够生生不息。

2006 年 10 月写于广州

繪畫論

儒生本质，释道情怀——饶宗颐教授《布袋和尚》及《青城山水》二画赏析　郑欣淼

《饶宗颐书画集》序　黄苗子

《选堂书画集》序　戴密微

《选堂雅聚》序　史树青

词意画情　黄兆汉

生涩之处见精神——读《岭海风韵》兼议饶氏绘画之特色　李伟铭

龍湫寶塔

儒生本质，释道情怀

——饶宗颐教授《布袋和尚》及《青城山水》二画赏析

◎ 郑欣淼[1]

饶教授博洽多闻，从上古直至明清，文、史、哲无所不通，甲骨、钟鼎、简帛、文书、石刻无所不晓，研究之广，沉潜之深，古今一人而已。此为学界共知，无须赘述。至于诗词、书画、音乐及琴艺，虽属余绪，亦自成一家，极为可观。其中书画，曾在日本（1980）、韩国（1985）、香港（1986、1991）、广州（1993）举办多场展览，出版专集亦有《选堂书画集》（1973）、《选堂扇面册》（1985）、《饶宗颐书画集》（1989）、《饶宗颐翰墨》（1992）、《饶宗颐书画》（1993）等多种，成就更不让专业名家。2001 年 10 月 19 至 23 日，又于北京中国历史博物馆举办“饶宗颐教授书画作品展”，系历史博物馆首次为在世名家举办大型展览，成为当年京城艺坛一大盛事。在众多展品中，《布袋和尚》（图一）及《青城山水》（图二）尤见饶教授特色。

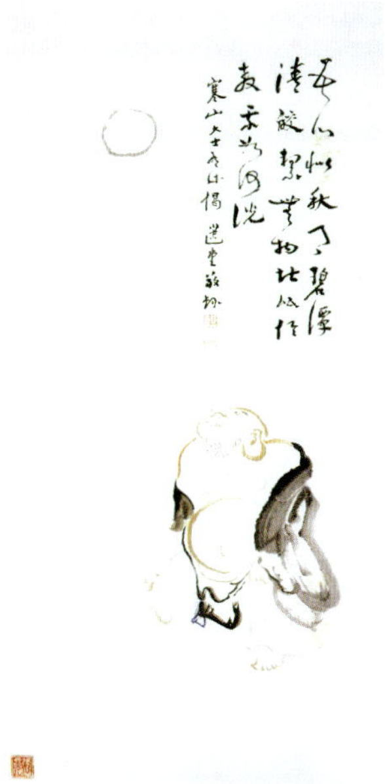

图一：布袋和尚 1993 年（原载《象外环中》，香港大学饶宗颐学术馆出版）

布袋和尚相传为五代奉化人，皤腹蹙额，以布袋贮供身之具，亦庄亦谐，游戏人间，后梁贞明三年（917）圆寂。宋释普济《五灯会元》卷二、元释念常《佛祖历代通载》卷七均有专传，记事迹颇详。由于自称弥勒化身，不染尘俗，民间多画像供奉。苏轼有《观藏真画布袋和尚像偈》云：“柱杖指天，布袋著地；掉却数珠，好一觉睡。”（《苏轼集》卷九九）又史称：“（元）至正九年四月，枣阳民张氏妇生男，甫及周岁，长四尺许，容貌异常，皤腹臃肿，见人辄嬉笑，如世俗所画布袋和尚云。”（《元史·五行志》）饶教授此画，用笔虽沿袭传统画法，神韵、意境却不落寻常窠臼。画中和尚皤腹赤足，拽袋蹒跚，仰望秋月，若有所思。旁录唐释寒山偈云：“吾心似秋月，碧潭清皎洁；无物堪比伦，教我如何说。”此偈极为有名，历代颇多解说。洪迈以之与杜甫《春日忆李白》诗并论，谓：“人亦有言：既似秋月、碧潭，乃以为无物堪比，何也？盖其意谓若无二物比伦，当如何说耳。读者当以是求之。”（《容斋四笔》卷四）秋月映碧潭，固皎洁无比；我心如

图二：青城山水 2000 年（原载《象外环中》，香港大学饶宗颐学术馆出版）

①中华人民共和国文化部副部长，北京故宫博物院院长。

1971年，时任美国耶鲁大学教授，饶教授在美国黄石公园写生

秋月，则亦当如是，画心、我心，浑然一体。

青城为道教名山，相传始于黄帝封之为“五岳丈人”，但实际始于两晋易代之著名道士“范长生率千余家依青城山”（《晋书·李流载记》）。至今仍有上清宫、建福宫、天师洞诸道教名迹。层峦叠嶂，绕雾环云，苍木参天，清泉入地，向为画家喜好之素材。五代画家李升及黄筌、黄居寀均曾画有《青城山图》（宋黄休复《益州名画录》卷中）。近代画坛名家黄宾虹、张大千等亦均有《青城山图》传世。但传统青城图画，多关注景物本身，此外概不经意。而饶教授此画，用笔虽不改传统皴法，经营分合，却于景物之外，注重反映道家思想。如画中布置，大气磅礴，右云雾，左泉瀑，其间峦嶂林木，虚玄幽致，讲究动静相间，动中有静，静中有动，颇得道家三昧。

学界均谓饶教授之画为“学者画”。仅以此二画观之，似得其意。饶教授对释教向有探研，曾撰《隋禅宗三祖塔砖记》（1988）、《谈六祖出生地及其传法偈》（1989）、《大颠禅师与心经注》（1992）等文，极有建树；又对道教素有考究，曾撰《老子想尔注续论》（1969）、《太平经与说文解字》（1972）、《道教与楚俗关系新证》（1985）等文，颇多发明。此二画，洋溢释道精义，若无湛深释道基础，自不可能如此出神入化。但饶教授原为当世大儒，早年曾撰《释儒》（1954）一文，从文字训诂学论儒之意义，已具儒生本质。自唐以降，儒释道三教逐渐融合，儒生寄情释道成为风气。宋儒刘景渊自号碧潭，即出前揭寒山之偈，大德朱熹晚岁亦颇好寒山之诗。元儒虞集自号青城山樵，明儒王遂自号青城山人，苏琼自号青城先生，饶教授自然亦不例外。此次展览，又有饶教授“以石门铭杂流沙坠简法”所书之联，为“奇云扶坠石；秋月冷边关”。“奇云”虽仅可联想青城云雾，“秋月”却无疑亦出前揭寒山之偈。饶教授以儒生本质，寄情释道，不仅见诸其画，亦可见诸其书。俗谓书画同源，诚非虚语。以此观之，饶教授之画，其内涵又非“学者画”所能包容了。

2004年10月8日

（原载《象外环中——饶宗颐甲申书画选集》，香港大学饶宗颐学术馆出版）

《饶宗颐书画集》序

◎ 黄苗子[1]

近代人发现科学与艺术，到了一定进程，就会走到一起来。实事求是的科学和浪漫色彩的文学艺术，本质上是不可分离的事物的两面。

从事社会科学的学者，和文学艺术的关系，比自然科学家还要密切。

众所周知，欧洲文艺复兴时代的巨人达·芬奇，不仅是应运而生的大画家，又是一位艺术家、军事学家、工程师、物理学家、解剖学家等等。他把艺术、文学、自然科学和社会科学集于一身，这种惊人的天才，古今中外，数不出几个。但达·芬奇留下了不朽的绘画杰作，为后世景仰，其他的科技成就，则仅是大量手稿，而没有完整的著作传世。

东晋时代的顾恺之，既是诗人、文学家，又是早期杰出的大画家；北朝的杨子华，是个工艺、文学、绘画的多面手。隋唐时代的阎立本、阎立德兄弟，是建筑师兼画家。像王维一样，既是画家又是诗人的，唐、宋时期，为数不少。苏轼在诗、画之外，又是文章的大家。

但是，一位史学家、语文学家，佛学、敦煌学、美术史学著作等身的学者，而又是一位画家，这在过去，却是罕见的。

选堂先生的学术成就，早已为中外学者所公认。正由于选堂先生精力过人，他并不局限于学术方面的发展和诗文方面的成就，人们又能够欣赏到他另一个方面——书法和绘画的佳作。

宋初的学术文化，承唐、五代之后，产生一个新局面，佛学掺和了理学，社会思想产生了变化。拿绘画来说，也逐渐由“成教化、助人伦”转向于个人意志感情的抒发。“画是无声诗，诗是无形画”。把画的作用等同于诗，画家的修养越深，绘画的成就越大。那时的美术史家邓春，便公然提出“画者，文之极也”（《书继》卷九）。这句话就代表了中世纪以后的美术思潮。

与杨善深合作画《落红不是无情物》（原载《岭海风韵》，香港大学饶宗颐学术馆出版）

①著名书画家，艺术评论家。

“文人画”在五代、宋以后，占了美术创作的主要地位。

20世纪60年代逝世的唐兰先生，认为顾恺之以前的绘画多操在工匠的手中，他们处于社会下层，缺少文化修养，不能提高绘画的文化内涵。顾恺之门第高华，是诗人、文学家，有中上层社会的思想感情和生活经验。因此，顾恺之以一个有高度文化修养的文人从事绘画，不但提高了工匠固有的手法技巧，也丰富了题材内容。顾恺之以后的中国绘画从工匠掌握的初级水平，提高到诗书画合一的高层次境界。

选堂先生的画之所以“落笔便高”，是和他广博的学问分不开的。邓春早就说：“其为人也多文，虽有不晓画者寡矣；其为人也无文，虽有晓画者寡矣！”饶公以其天赋，致力于学术和书画，他既有令人羡慕的古今中外藏书，也有不少的书画收藏和参观公私藏品的机会。他读书讲学，足迹遍及欧、美、日本、印度；国内的名山大川，无处不有他的屐痕。读万卷书，行万里路之外，加上他自己所说的：“我自认是一个勤奋的人。”这就足够成为一个卓越的书画家的条件了。

1986年饶教授将于佑任赠他的一条幅转送给吴南生先生，2006年8月5日，吴南生先生将这幅作品完璧归赵，饶教授即将此作品捐给香港大学饶宗颐学术馆收藏

近20年来，只要到香港，总有幸会晤选堂先生，也不止一次参观他的书画展览。最近还有机会在他的画室里细读他的近作。饶公的艺术，10年前我心里认为书好于画，近来他的画境蒸蒸日上，看起来画的用功更多于书。饶公的书和画，都是寐馈诸家而不宗于一家一派的，因此便早已形成自己的风格。最近完成的一幅长卷，有渐江的简练洁净，也有石涛的淋漓氤氲，这两者的融合，是一个极难处理的手段，如果作者没有深透的领会和实践，是很难办到的。不但用笔用墨的精到，浅绛淡青的美妙，令人钦折，只是一开卷便有书卷气，已难能可贵。

一般文人画，多数画几笔花鸟或几笔山水，甚至梅兰菊竹，择一专精，就算到家。选堂却打破了这些局限。曾见他临钱舜举的《洪崖仙人图卷》，揣摩雪翁所作人物，醇净温穆的用笔和色调，细致精微、一丝不苟。说明他是冲破了文人画山水花鸟、梅兰菊竹以遣兴的约束，认真地向高深求索。1992 年在香港大会堂的展出，说明了他的书画在题材、风格方面早已跃出于文人画范畴之外了。

以画入禅或以禅入画，并不是一件容易的事。南宋的梁楷、石恪、牧溪，清初八大、石涛，虽然笔墨风格迥然不同，但都可以说是从禅悟参修得来的精神产物。上面说到选堂先生的画“落笔便高”，正是由于他平日禅学修养高，笔墨没有执著，把有、无、色、空融化在丹青里面，这种不去标榜禅而深有禅意的书画，在饶公的作品中，往往得之。

饶公曾因支道林有“穷理增灵光，昭昭神火传”的句子，写过一首绝句：

水影山容尽敛光，灵薪神火散余香。
拈来别有惊人句，无鼓无钟作道场。

这首绝句，应是选堂先生在书画艺术上所追求的境界。八大山人说：“文字亦以无惧为胜，矧画事！”无鼓无钟，“空所有”（石涛语），然后才能无惧，才能“有”。饶公常常谦虚地自称，他“作画写字，只是搞笑”，这搞笑，应是饶公的公案禅语。

我比饶公差长几岁，爱好书画，也学着做点美术史的研究，与饶公勉附同好。但 20 年来，眼看饶公书画的进境神速，文史方面的贡献日大，饶公的成就，使我自己感到相形见绌，落后得很多。“少壮不努力”，只好借饶公来策励自己。最近承他嘱为近刊书画集写一短文，更加重了自己的惶恐。谨尽所知，就正于大方之家。

书画集

苗子序于瑞士苏黎世 1993 年 7 月

（原载《饶宗颐书画集》，岭南美术出版社 1993 年出版）

《选堂书画集》序

◎ 戴密微[1]

与法国汉学家戴密微(Demi Wille)合影

香港中文大学艺术系，将于1978年1月为饶宗颐教授主办书画个展于大会堂，并印行书画集。承饶君以作品目录见示，属为弁言。余与君相知最深，远隔海外，恨不能躬预其盛，乌可无一辞以赞其事。

君精研六法，邃于小学，以书入画，故能戛戛独造。观其所胪列，自殷墟甲骨以降，历代名迹，多所规摹，尤留心新发现之文字资料。君治楚缯书有声于时。而推陈出新，既能发扬过去书法艺术之卓越楷式，更含英咀华，融合为个人之独特创造，其成就之高，有足多者。

吾人复得于其展品之题目，藉知君于绘画史浸淫功深。尤令余惊叹者，画卷中乃有《莫高上驷》、《沙州画样》诸制，取资于巴黎国家图书馆所藏向未发表之敦煌画品。君研究敦煌画稿，甫完成一巨著，即将由法国远东学院出版。此一有七十余年历史之古老学术机构，年前君旅法京，幸获短期之合作，其时君正为该院之院士也。画展目中又有缅甸蒲甘写生册，盖君于1963年应印度班达伽研究所之邀，旅居蒲那，其地为天竺古梵文研究之中心；蒲甘则君归途所经，故以入画。君好游，足迹遍宇内，探奇搜秘，一于诗与画发之。尝一度应耶鲁大学聘。数莅法国，屡获晤对之乐。年前余款君于瑞士山中旧庐，忽忽已十余寒暑。今者草此数行以进，忘其固陋，遥想君书画展出之顷，山水与题句交辉，法书则众体竞美，艳羡曷极！犹记曩者与君同攀陟阿尔卑斯山之巅，君有黑湖诸作，余以法语移译之，于1968年印行。中国文学中，山水诗旁通于绘画，优美绝伦，得君之作品而益信。

君兼擅众艺，能操缦，藏名琴数张，于词史复究极玄奥，得心应手。诵君之诗词者，缱绻于怀，孰能忘之。君于艺术领域，处处显露其

①法国法兰西远东学院院士，著名汉学家。

20世纪 80 年代末，饶教授（右一）同女儿饶清芬（左二）与刘海粟父女切磋艺术

过人之天分，而博闻强记，征文考献，孜孜不懈，著作等身，人但推服君之学，而未知君于艺事其精诣有如斯也。君记诵浩博，古典史事，烂熟于胸，释疑解惑，诲人不倦，不啻为一活类书。或疑君好古之笃，不无偏嗜，余曰不然，器度深宏，澄之不清而挹之不竭，至德可师，孰如君者！而虚怀若谷，乐与古旧欧陆老耄如余者亲昵。余交君多年，每与之言，言皆玄远。吾亲善之友乎！祝君展览之成功，尤愿有机缘参观君之书画。较余为幸者，接君风采，得知君在最富人情之文明社会中，乃一最堪做楷模之人物。

1977 年 9 月 24 日 序于瑞士山庄，时年 84 岁

（原载《选堂书画集》，香雪庄，1978 年）

《选堂雅聚》序

◎ 史树青[1]

中国绘画之美，约可分为两派，一派气势雄壮，用笔老辣；一派笔精墨润，云烟缥缈，予人以恬淡、纯净、清逸、温和之感，极富深远意趣。

选堂先生，当代师表，学养深醇，神游四部，著作等身。退居而后，益游心于艺事，以诗人之情感，抒发清新之格调，画以文释，文以画扬，作品雅淡，卓尔不群，在我国近、现代绘画史上，前所少见，真学者之笔也。

先生作画，首重运笔，尝谓："画理笔法，其天地之质欤！其山川之饰欤！"文质相依，皆以反映自然美为志旨，追求意境，必以天地之质与山川之饰而写出，画理笔法，自然相融，应是《六法》"骨法用笔"、"应物象形"、"随类赋彩"之发挥。

先生又谓："张彦远论画，以为'得意深奇之作，观其潜蓄岚巅，遮藏洞泉，蛟根束鳞，危干凌碧，重质委地，青飙满堂，水石奇异，境与性会'。山水之胜，美即在兹。笔迹自以磊落为高，点画更取离披为美，神不可见其盼际，意正期极于周密，不滞于手，不凝于心，真宰在胸，生气满纸。观山则情辄满于山，用法则意不囿于法。固知书画，运笔，等是同源，道通为一。"此先生论画语录，我何敢赞一词！其中真谛，当于《澄心选萃》、《选堂雅聚》及琴趣中求之。

余意画家之重任，在使自然美移入画面，天地之质，山川之饰，心与物化，形神兼备，足以引发世人之共鸣。或谓以形为实，以神为虚，形予人以具像，虚予人以想象，先生之作，虚实相生，物有尽而意无穷，天、水、云、雾，处于虚白，画外求画，藏露相宜，使无画处皆有妙境。今言绘画布局，即《六法》所谓"经营位置"也。

山水，静也，水流则动，水本动也，入画则静。先生擅抚琴，静中自有琴声。画是无声诗，其理与琴理相通，动存乎手，声存乎心，此中有真意，可为知音者道之。

画理与琴理相通，此又为传统艺术之雅韵，亦别于西方绘画，为我国所独有。诗画相兼，调高意远，遑论其他矣。

---

①国家博物馆研究员，国家文物鉴定委员会副主任委员。

清人联语："名画应如诗卷读，溪声时作古琴听。"愿以此言赠欣赏选堂先生书画者。敢竭鄙怀，恭疏短引，先生当不河汉斯言也。

2001年3月25日
后学史树青书于
中国历史博物馆
（原载《饶宗颐书画艺术》，澳门艺术博物馆2001年出版）

布袋和尚

词意画情

◎黄兆汉[1]

上图　2005年8月5日“岭海风韵”画展开幕式。自右至左：孙少文（“饶宗颐学术馆之友”会长），祈峰（原广东省政协副主席），吴南生（原中共广东省委书记），饶教授，陈传誉（广州市人大常委会副主任），骆文智（中共潮州市委书记），李焯芬（香港大学副校长）

下图　在“岭海风韵”画展开幕式上讲话

画写得好已经不易，合作画更难写得好，因为合作的画家，不但要功力相当，而且心灵也要相通，否则达不到和谐、完美的效果。

20世纪80年代初期岭南画派第二代的四位大师——赵少昂、黎雄才、关山月和杨善深在香港大学冯平山博物馆举行了一次合作画展，实为岭南画派的创举，就算在古今的画坛上亦是很少见，当时就产生了极大的震撼，对于后来的影响甚为深远。

这一次岭南四大宗师与饶宗颐教授的合作展“岭海风韵”，可以被视为上述四人展所引发出的一个合作展，亦可算合作展的另一高峰。但这次展览较诸上次，则更为意义重大，因为上次只是岭南画派成员自己的合作展，而这次却是画派内与画派外人士的合作展（饶教授并不属于岭南画派）。而且，上次是画家的合作展，这次则是画家与学者的合作展。饶教授是当今的国学大师，他的画是超乎画家之画的，是学者之画，画里的一笔一画，无不表现出他的大学者的胸襟与学问。故此，在这批合作画里，不独可以欣赏到画家之画的一面，同时也可以欣赏到学者之画的一面，可欣赏的地方是多一个层面的。换言之，其可观性是深一层的。这是这批画最耐人寻味和最有价值的地方。

这五位大师在合作画里表现出他们心灵相通、画艺精深的同时，又展现出各有擅长、亦具独特的画风。

岭南画派四位大师虽然都是多面手画家，但赵少昂以画花鸟虫鱼最精，尤其是翎毛草虫，可谓自古至今，无出其右。赵氏的画，笔墨精妙，色彩丰富，结构森严，永远予人一种气韵生动或生气盎然的感觉。

[1]香港大学博士。

赵氏教画，亦极具心得，学子一经他指导，绘画便很容易上手，所以他的学生很多，而且有不少已经成为国际上颇有名气和影响广泛的画家。赵氏实为一位继往开来的画学大宗师。如果以宋代的词人相比，他真可以称得上是画中的周清真。前人认为周清真词“富艳精工”，“律最精审”（刘熙载《艺概》），又认为他是“词家之正宗”（戈载《宋七家词选》）。如果“律”字可解作“法度”，“词家”可换作“画家”的话，那么将这几句说话移去形容赵氏，是最适合不过的了。

黎雄才以山水最胜。他所画的苍松翠岭，幽涧春禽，清雅幽冷，极富诗意，往往令人想起姜白石的词篇。论者谓“姜白石词如野云孤飞，去留无迹”（张炎《词源》）；又谓他的词“清气盘空”（戈载《宋七家词选》），现在看黎氏之画，真有这种格调。如果赵少昂是画中的周清真的话，我认为黎雄才便是画中的姜白石了。

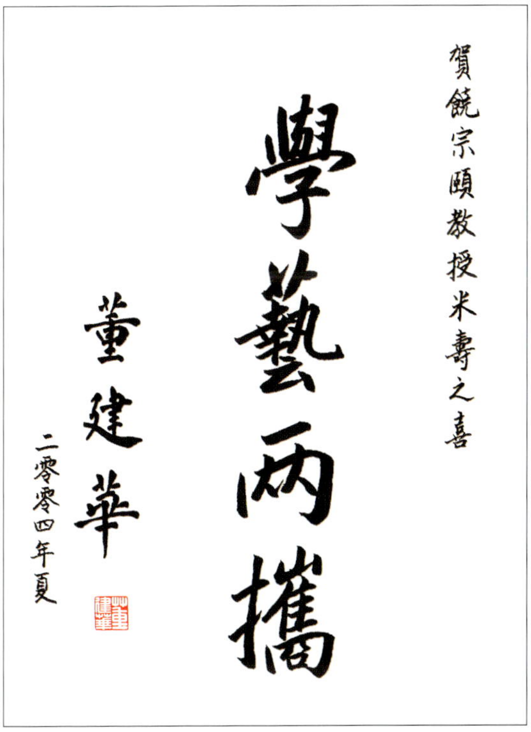

香港原特首董建华先生题词

关山月亦是山水画大家，同时也是画梅花——尤其是红梅的高手。无论山水也好，梅花也好，关氏的笔墨雄劲沉着，如词中的辛稼轩。清代周济如此形容稼轩的词风：“稼轩则沉着痛快，有辙可循。”（《宋四家词选序论》）陈廷焯说：“辛稼轩……气魄雄大，意境却极沈郁。”（《白雨斋词话》）王国维说:“稼轩之词豪。”（《人间词话》）关山月的画风何尝不如是？又因为“有辙可循”，所以向他学习的人很多，而有成就的亦不乏人。可惜不善学者，本无其才情，空有其豪纵，而没有其沉着一面。这正如学稼轩一样“不善学之，流入叫嚣一派”（《白雨斋词话》），但这不妨碍我们视关氏为画中之辛稼轩的。

至于杨善深，最出色的是他的动物画——尤其是“十二生肖”画和人物画。当然，他的花鸟虫鱼画亦相当精妙。杨氏的动物画和人物画往往是画外有画，有较深一层的意思的。换言之，是有意境，有寄托的。本来杨氏的画，从笔情墨趣来讲，已经非常厚重、含蓄，加上画中的寄兴托意，便更加令人百看不厌，回味无穷了。我认为杨氏的画甚似宋词中的王碧山。周济论碧山词：“碧山思笔，可谓双绝。”（《宋四家词选·序论》）陈廷焯说：“王碧山词，味最厚，意境最深，力量最重。”（《白雨斋词话》）又认为碧山词：“古今不可无一，不能有二。”（《白雨斋词话》）所谓“思”是指内容、主题方面，而“笔”是指艺术技巧而言。从“思笔”去讲，杨氏的画是有其独特之处的，很不同于其他三位大师。所谓“不可无一，不能有二”，就是说因为其风格太独特了，世上岂可无之，但又不能忍受别人依样画葫芦，照抄硬仿！

饶教授的绘画特别值得注意，饶教授不是专业画家（虽然他拥有专业画家的一切条件），而是专业学者。他是当今最有成就和影响极为深远广泛的国学专家之一。他的学问博大高深，是毋庸置疑的。他的学问直接影响到他的艺术风格，无论是绘画或书法。又因为他是不折不扣的书法大家，所以他常常有意无意地以书法入画，明显地深化了画面上线条的功能和增加了线条的美。这一点，无论在其山水画、人物画，或是花鸟画，都很容易看得出来。饶教授是多方面的画家，但我认为最能代表他的风格的是其山水画和人物画。无疑其荷花亦是有着十分鲜明个性的。他的山水画用笔设色，天真烂漫，奔放洒脱，固然与别不同；用水则最为别致，可谓达到了水墨淋漓、元气沛然的境地。写画用色难，用墨更难，用水则难上加难。用水而用得妙，则其画已入化境，无可复加了！

中共潮州市委书记骆文智（左一）陪同饶教授观赏“岭海风韵”书画作品

饶教授的画是画家之外的学者画，拥有一般画家所没有的深博的学问内涵。饶教授的画，如苏东坡的词一样，“一洗绮罗香泽之态，摆脱绸缪宛转之度，使人登高望远，举首高歌，而逸怀浩气，超乎尘垢之外”；（胡寅《酒边词·序》）又能“指出向上一路，新天下耳目”，（王灼《碧鸡漫志》）可惜的是，正如陈廷焯所说：“太白之诗，东坡之词，皆是异样出色，只是人不能学。”（《白雨斋词话》）所谓“人不能学”者，就是人人无法学的意思。没有饶教授的学问与胸襟，如何能学其画艺呢？就算学，亦是东施效颦而已，实际上不是那回事的。

欣赏饶教授的画，很自然地使我们联想起苏东坡的词，清雅高旷，

与原中共广东省委书记吴南生先生（左一）在交谈

不食人间烟火，与上述岭南四大家的画风迥然不同，堪称画中之东坡！如果要我用一个字去形容饶教授的画风，我会用个“旷”字，即王国维在《人间词话》里形容东坡词风的那个“旷”字。这个“旷”字只适合形容饶氏的画风，而不适用于岭南四大家的任何一家。“旷”就是饶教授画风最不寻常的特征。“旷”的风格令到饶教授的艺术出类拔萃！

且让我们静静地去欣赏这个“其中有象”和“其中有物”的5人合作画展，也让我们细心去挖掘其中的“精”和“信”！

2005年3月6日写于西澳珀斯倚晴楼

生涩之处见精神

——读《岭海风韵》兼议饶氏绘画之特色

◎ 李伟铭

与黎雄才合作画

“合作”不是中国画的专利，但能够“合作”，并且屡试不爽，则很可能是中国画最重要的特色之一。特别是文人写意画，约定俗成的题材立意，用笔线条的粗细轻重以及用墨设色的枯润浓淡，包括构图章法的宾主揖让、虚实相生——所有视觉元素在画面所占的位置、分量，几乎都有心照不宣而又了然于胸的清规戒律。换言之，“合作”固然可以看作众人智慧的结晶，但也很可能是一个圈套、一个陷阱；“合作”得以完成，往往是在互相抵消或者说尽可能减弱个性以趋近中国画艺术的某种普遍性特征的前提下实现的。因此，“合作”的文献价值往往大于艺术价值，它是某种社交场面的缩影，或者维系某种社会关系的纽带，20世纪80年代，被公共传媒称为中国画艺术中的世纪盛事的“岭南四家合作画展”就是一个非常生动的例证。

《岭海风韵——近代岭南四家与饶宗颐合作画》收入作品68件，先后完成作品的时间跨度始于1983年，迄于2001年。毫无疑问，像前述“岭南四家合作画”一样，“岭海风韵”具有重要的文献价值，它真实地记录了20世纪末叶至21本世纪初期穗港两地五位德高望重的中国艺术家友好交往的经历和切磋艺术的方式。我们还注意到，与“岭南四家合作画”不同，“岭海风韵”是其拥有者饶宗颐教授与赵少昂、黎雄才、关山月、杨善深分别合作的结果。如果说，所有“合作画”的作者在合作的过程中都自然而然地把握了宾主有别的分寸感的话，那么，在这批合作画中，饶宗颐教授无疑担当了主角的角色。道理很简单，作为此次“合作”活动的发起者，饶宗颐教授既是取材命题和体势大

与高佩璇女士等
香港友人在一起

要的提示者，也是最后署款题跋的完作者。赵、黎、关、杨补成之笔固然很重要，但在整体风格趣味上，并未明显削弱饶氏画风的倾向性，这一点，可能也正是“岭海风韵”与前述四家合作之画判然有别的主要原因。

众所周知，在饶宗颐教授这里，绘画既为余事，其“业余”性也就更接近传统人画的“写意”性。检读饶公《自题与岭南四家合作画五首》，其二略谓：“昔岁过樟林，曾自号一柳；俯仰天地宽，南北分何有。”附注说得更明白——“画道起于一划，安有南北轸域耶。过樟林时，有垂杨一株依依恋人，因自号‘一柳先生’。”“一柳先生”作画标举“士气”（饶氏《自题与岭南四家合作画五首》之四有云：“士气最难得，知音故不多；折梅空念旧，寂寞向山河。关山月屡谓余画中士气殊不可及，深叹知言。”）这种自我界定却没有在他身边构筑起自我保护、自我封闭的壕堑。正像他在学术领域始终以自由开放的心态在世界范围内与学界同仁保持广泛、密切的接触、交流一样，强调：“士气”并没有妨碍饶公在艺术实践中广收博取，甚至与艺术趣味大相径庭的岭南四家的合作。什么叫“大家风范”，在我看来，这种不立门户、互相切磋的风度，是真正的“大家风范”！

晚辈后学一向对饶公书画怀有敬佩、喜爱之心。敬佩的原因当然是不需多说的；喜爱却缘乎情有独钟。往细处说，每个人都有自己的艺术口味，我偏于选择的是“生涩”二字。众所周知，“炉火纯青”在中国画学中被视为画者渐修抵达的巅峰状态，董其昌更有“字须熟后生，画须生外熟”（《画诀》）之说，但中国画艺术中的难中之难的于如何在成熟臻于极致的状态中演绎出由熟返生的生命感觉，许多表面上看来中规中矩、笔墨无懈可击之作经常使人想到的只是“习气”二字，道理也正在这里：画者无法逾越抵达巅峰以后的另外一道分水岭，只是在循环反复烂熟的状态中踌躇志满、自怜自惜。饶公不同，用笔线条的遒劲老辣自然是不用说了，用墨设色的古艳清新，无不透露出一股蓬勃生动的生涩之气。不错，饶公服膺元明文人之画，但对传统民间绘画譬如敦煌艺术异乎寻常的深刻理解，无疑更有效地丰富了他对传统中国画语言的认识，从而，在融化渐修的过程中，修正了文人画辗转模仿、习气薰人的陈腐之病。因此，他所标举的“士气”，就不仅仅是一般所说的书卷气，而是一种独立不移的生涩之气。在我看来，这种生涩之气，既是饶公作为杰出的古典学者强大的人格力量和旺盛的学术生命力的表征，也是他重新解读经典的非凡睿智的另一种形式的展现。记得饶公曾为某学术集刊题词“确立学术自尊心”。我想，“确立学术自尊心”数字，也完全可以作为这种咄咄逼人的生涩之气的注脚。

欣闻乙酉二月，饶公与岭南四家合作画展将在香港大学美术博物馆及饶宗颐学术馆中揭幕，之后会移展于麓湖广州艺术博物院。春阴烦人，展览当为提神醒脑之妙药灵丹，爱画的人有福了！

（原载《岭海风韵》，香港大学饶宗颐学术馆2005年出版）

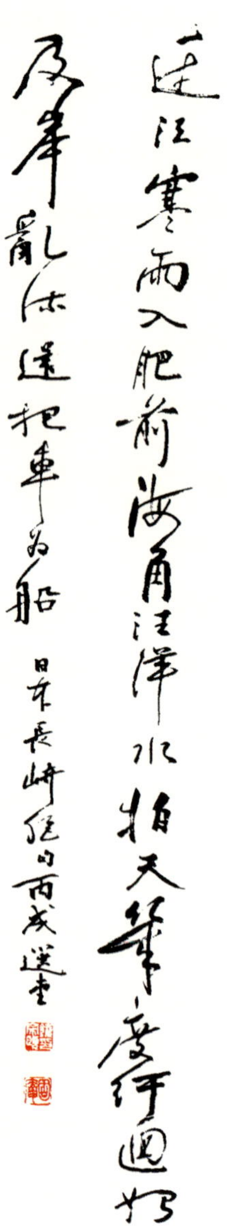

书法：条幅

書法論

提高书艺有良方——读《选堂论书十要》之见　郭绍纲
哲人之书——读选堂先生的书法有感　陈永正
雅言旧句——匾额　邓伟雄
联书相映——对联　邓伟雄
意惬神飞——条幅　邓伟雄
惠风和畅——成扇，纨扇　邓伟雄

艇渡秋風

提高书艺有良方
——读《选堂论书十要》之见

◎郭绍纲[1]

选堂论书十要

（一）书要“重”、“拙”、“大”，庶免轻佻、妩媚、纤巧之病。倚声尚然，何况锋颖之美，其可忽乎哉！

（二）主“留”，即行笔要停滀、迂徐。又须变熟为生，忌俗、忌滑。

（三）学书历程，须由上而下。不从先秦、汉、魏植基，则莫由浑厚。所谓“水之积也不厚，则扶大舟也无力”。二王、二爨可相资为用，入手最宜。若从唐人起步，则始终如矮人观场矣。

（四）险中求平。学书先求平直，复追险绝，最后人书俱老，再归平正。

（五）书丹之法，在于抵壁，书者能执笔题壁作字，则任何榜书可运诸掌。

（六）于古人书，不仅手摹，又当心追。故宜细读、深思。须看整幅气派，笔阵呼应。于碑板要观全拓成幅，当于别妍媸上着力；至于辨点画、定真伪，乃考证家之务，书家不必沾沾于是。

（七）书道如琴理，行笔譬诸按弦，要能入木三分。轻重、疾徐、转折、起伏之间，正如吟猱、进退、往复之节奏，宜于此仔细体会。

（八）明代后期书风丕变，行草变化多辟新境，殊为卓绝，不可以其时代近而蔑视之。倘能揣摩功深，于行书定大有裨益。新出土秦汉简帛诸书，奇古悉如椎画，且皆是笔墨原状，无碑刻断烂、臃肿之失，最堪师法。触类旁通，无数新蹊径，正待吾人之开拓也。

（九）书道与画通，贵以线条挥写，淋漓痛快。笔欲饱，其锋方能开展，然后肆焉，可以纵意所如，故以羊毫为长。

（十）作书运腕行笔，与气功无殊。精神所至，真如飘风涌泉，人天凑泊。尺幅之内，将磅礴万物而为一，其真乐不啻逍遥游，何可交臂失之。

我国的书法艺术与民族文化发展并行，源远流长。历代的书工、匠

---

①原广州美术学院院长。

雅玩

师、文人、学士为书法艺术的演进与创造倾注心力，给后人留下了宝贵的财富。他们的书艺结晶载于石、陶、竹、木、帛、纸等物品上面，记录着民族文化的历史进程，培育着世世代代学子们的审美观念和严格的摹写能力以及创造性的表现能力，其影响早已逾越国界，使富有中国特色的书艺在更大的范围内流传，并给现代艺术家们以启迪。

20世纪以来，生活中常见的各种硬笔，在实用方面逐渐取代了传统的毛笔，遂有硬笔书法的产生与发展。经过一段历史的沉寂，近些年来传统的书艺文化已呈现复兴之势。

有位书画家著文，感慨地提出“书法展越来越多，书法家越来越少”的问题。认真分析，书展多意味着书艺文化的普及；“书法家越来越少”，则是高层次的书家难得。提高书艺是社会培养人才的要求。任何艺术门类，作为一种文化，其水平的普及与提高能够持续，全赖于教育与有志者实践的高尚追求。

饶宗颐先生是一位文艺全面而功力深厚的大家、学者。他的《选堂论书十要》（以下简称“十要”）全文只有四百多字，珠玑串联，凝聚作者从艺治学数十年的心得与经验。对于发展国民文化素质教育，改进书法教学，提高书法艺术水平，均有现实的指导意义。

“十要”各条相互关联，又各有主题与针对性，现试将“十要”综合成三个专题，谈谈自己的理解和认识，借此机会请教于饶宗颐先生和各位专家学者。

（1）“十要”首先从美学的高度，强调了书艺的器识与立品，提出了以“重”、“拙”、“大”三字之方以医治常见的“轻佻”、“妩媚”、“纤巧”六字之病，将书艺所讲究的“锋颖之美”与声韵之美类比，不可忽视。“主‘留’”防治“俗”、“滑”二字。

“重”字是指行笔运气的力度和写字结体成势的分量，以质重医治轻佻。常言的力透纸背是与轻佻绝缘的。在一些书论中用“奔雷、坠石”来形容落笔重力之雄强；还有“重着崩云，或轻如蝉翼；导之则泉注，顿之则山安”，都是用自然形象比喻用笔的质重，比喻重与轻、动与稳的对比力度。

“拙”字是指实力、朴质、艺术因素对比的反复追求。任何艺术练功都不是短期行为，一定要经过艰苦的磨炼，才能有十之一二、十之三四，逐步深入的收获。书法笔画中蕴涵“筋骨”、“血肉”、“铁画”、“银钩”、“玉箸”等方面的形质，还有“锥画沙”、“屋漏痕”、“印印泥”等方面的风韵要求，不经过一番拙工是达不到高风格的。布颜图说：“先练心，次练手，笔即手也。”又云：“拙力用足，而巧力出焉。巧力既出，而巧心更随功力而出也。”无论书、画生与拙是功力所至的境界，“生则无莽气，故文，所谓文人之笔也。拙则无作气，故雅，所谓雅人深致也”，这是明人顾凝远所言。此后不少书画家提出书画练功，宁拙毋巧，宁丑毋媚的主张。妩媚的艺术是软弱无力的，虽不少见，绝非上乘。

2006年7月为潮州木雕大师李得浓题笺

“大”字的要求，首先是胸怀博大，器识、气度博大，无博大难以有驾驭书艺全局的认识与功力。钟繇说“用笔者天也，流美者地也，非凡庸所知”，强调的是用笔者创造艺术美的气概和主动意识。这也是钟繇创造他那种质朴、典雅、幽茂书风的思想基础。他

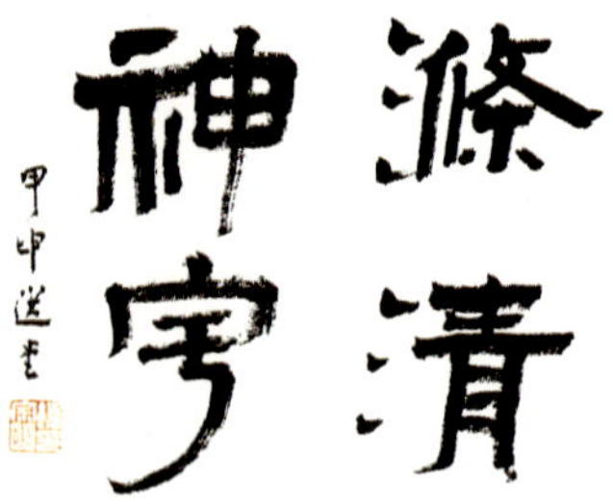

的书艺给后人的影响非常深远。大巧若拙非纤巧所能比。

“主‘留’，即行笔要停滀、迂徐。又须变熟为生，忌俗，忌滑”。写字如行云流水，简单的理解，易快速、草率而致俗滑。孙过庭说：“夫劲速者超逸之机，迟留者赏会之致，将反其速，行臻会美之方；专溺于迟，终爽绝纶之妙。”“留”的笔势产生一种韵律美感，要具有赏心会意的情操才能获得，同时其中也蕴涵了个性特点，久之则风格渐显。

从书艺的观赏性、自喻性，以及实用性去致力实践，思想基础的雄厚，审美情操的高尚永远是起主导作用的。

（2）“十要”从历史的深度，提出自上而下的学习历程；强调了“不从先秦、汉、魏植基，则莫由浑厚”。秦、汉、魏，不仅有大量的碑刻、印拓可以参照，还有 “新出土秦汉简帛诸书奇古悉如椎画，且皆是笔墨原状，无碑刻断烂，臃肿之失，最堪师法”。竹简、木牍、帛书是秦汉书文的重要载体，时有出土考古的新发现，扩大了今人的视野和观念，推动着书学的发展。“二王、二爨可相资为用，入手最宜”。王羲之、王献之父子都是晋代的大书法家。羲之早年学卫夫人（卫铄）。后北上游览名胜古迹，观赏名家的碑刻与书作，博取众长；另一方面向生活学习，从鹅游水的姿态悟出执笔时食指要像鹅头那样昂扬、微曲，像鹅掌拨水般的运用自如着力行动，使全身精力贯注于笔端。王羲之的清隽飘逸的风格给后人影响很大，自然也包括其子王献之所受的影响在内，其父子各有千秋、各有风格的情况下，在封建社会，尤其是唐太宗推崇王羲之，使献之有所逊色，其实王献之那散朗多姿的行草给后代书家的影响是很大的。

东晋的“爨宝子”和南朝“爨龙颜”碑，都是朴质、厚拙的正书，在方正中有巧意，标志着隶楷之间的过渡春风，与王氏父子的遒隽书风形成鲜明对比。可相资兼取其长。

唐代由于太宗李世民的提倡，书风大盛，名家辈出，从而奠定了书法的基础。除了欧、虞、颜、柳的楷书，还有李邕的行书，张旭、怀素等人的草书，都有辉煌的业绩。一般学书大都从唐人楷书入门，欲作书家正如饶先生所说“若从唐人起步，则始终如矮人观场矣”。这是忠告。

“于古人书，不仅手摹，又当心追。故宜细读、深思。须看整幅气派，笔阵呼应。于碑板要观全拓成幅，当于别妍媸上着力……”这里强调的书作的整幅气派，要手摹、心追，同时要着力辨别美丑，提高鉴赏能力。饶先生特别指出：“明代后期书风丕变，行草变化多辟新境，殊为卓绝，不可以其时代近而蔑视之。倘能揣摩功深，于行书定大有裨益。”明代书家辈出，陈白沙、祝允明都是法古开新领风骚的代表人物，到后期有徐渭、邢侗、张瑞图、黄道周、倪云璐、王铎等，其中不少是书画兼擅者，他们都具有恣意纵意、别开新径的独特风格。王铎是跨朝代的书家，成就最为卓越。明末书家作品国际影响也大。

（3）“十要”以艺术修养的广度提出“书道如琴理”，“书道与画通”，以及“作书运腕行笔，与气功无殊”等，强调了艺术功力间的相互联系与相通之理。

“书道如琴理。行笔，譬诸按弦，要能入木三分。轻重、疾徐、转折、起伏之间，正如吟猱、进退、往复之节奏，宜于此仔细体会。”节奏、律动、气韵是艺术表现的内在规律，只是形式的不同、空间与时间的不同。张怀瓘在《书断》中评程邈的隶书说：“隶合文质，程君先。乃备风雅，如聆管弦。”众多的行草书法更是如此。书法线条的流动，如同乐声的延续，有轻重、疾徐、转折、起伏的对比。法国作家雨果还曾将建筑比作凝固的音乐，可见艺理相通之广。

“书道与画通”，画取形，书取象，书与画都是线条造型，同用笔、墨、纸、砚，所出笔迹只是具象与抽象之别。书画都贵“写”字，笔墨可以相辅相成。以画法参入于书，可增书法的神韵；以书法透入画作，可增精妙。唐寅说过：“工画如楷书，写意如草圣，不过执笔转腕灵妙耳，

题匾：东粤菁华

世之善书者多善画。由其转腕用笔之不滞也。”历来有不少书画家，用篆书笔法画竹、木，以草书笔法画竹枝，以真书笔法画竹叶，以隶书笔法画竹节，而黄山谷则以画竹法写字。李叔同说：“朽人于写字，皆依西洋画图案之原则。”可见书画相通之一斑。

书画的艺术性要求势质俱盛。画论有“远取其势、近取其质”之说。势有平正、险奇之分。“险中求平。学书先求平直，复追险绝，最后人书俱老，再归平正。”这里饶先生先用平直，后用平正表述，显然是进程的高度不同。前者是横平竖直的规范要求，后者不是前者的重复，也不是追求险绝的倒退，而是升华到平中有险，险中有稳，正是艺术上的返璞归真，臻于成熟，是人书俱老之表现。

荷花（局部）

关于书艺练功，“十要”中有“书丹之法，在于抵壁，书者能执笔题壁作字，则任何榜书可运诸掌”。书丹是以朱笔写石碑，有待镌刻而得名。书丹与题壁都是在立面上运笔，便于写大字体的榜书，不仅要悬肘，还要运用臂膀之力，所以榜书也有膀书之称。站立作书画，可运全身之气力于笔端，以身使臂，以臂使指，使全身心之气力举重若轻，虚实相生，是气韵人工天趣合二为一。正如“十要”最后所说：“作书运腕行笔，与气功无殊。精神所至，真如飘风涌泉，人天凑泊。尺幅之内，将磅礴万物而为一，其真乐不啻逍遥游，何可交臂失之。”这是一种价值观、艺术观的推介。气功非气功师的专利，艺术家的气功与其艺术生命并存，且成正比，艺术运作不仅要有充沛的气

使、力达，还要在视觉上或听觉上给人以气韵生动的感染力，以至余音缭绕，回味无穷。这无疑是高层次的气功。

书画大局，需要大气、贯气，以至一气呵成，气得而形随，才能如“飘风涌泉”和“淋漓痛快”。刘熙载在《艺概》中说“高韵深情，坚质浩气，缺一不可以为书”，这八个字是要具有健康的身心和高尚的文化修养才能达到的境界；从另一方面说，能以此为目标坚持书艺实践者，不仅可达到人书俱老，健康长寿也是可以期至的。

对照饶宗颐先生在学术上、艺术上的业绩与成就，去深入领会论书“十要”的精神，才会有更多的收获。复兴书艺、弘扬民族文化是精神文明建设的需要，与教育关系甚大。这教育包括家庭、学校、社会三个方面，如果有面向未来之远见，就必须从教育改革着手，从人的幼小时期抓起。包括硬笔书法在内，它既可独立发展，也可作为毛笔书法的基础。弘扬传统的书法艺术，必须在普及的基础上提高，才会呈现人才辈出的局面。除了有志学子个人努力的主观条件外，还需要相应的社会条件，包括家庭条件。譬如饶先生说：“碑板要观全拓成幅，当于别妍媸上着力。”剪拼印制的字帖很多，碑板全拓成幅的缩印品都难见到，原大全拓成幅的碑板更是难得。越是名碑也越具保护的价值，有严格保护条律。看不到全幅的拓印品，就难以想象“整幅气派与笔阵呼应”。这是矛盾，我还想到碑是历史的见证，大都是为纪念逝者而树立的，碑是一种独立的建筑形式，规模有大小，有些是很富有艺术性的。不仅碑文有全拓的价值，就连其装饰雕刻、整体结构都有收集形成书的必要，使之成为教材。又如最堪师法的“秦汉简帛诸书”怎样通过复制复印加以推广，这也是文化建设的重要问题。校园文化不可缺少可视的文物、艺术原作或复制品的收藏和陈列，使青少年学子自小就有条件养成“别妍媸”、“定真伪”的能力，这是我们的素质教育不可或缺的。

这里从“十要”谈到书艺教育、素质教育，还是要借用饶先生的话作为本文的结束语与大家互勉：“触类旁通，无数新蹊径，正待吾人之开拓也。”

（选自《饶宗颐学术研讨会论文集》，香港翰墨轩出版有限公司 1997 年出版）

哲人之书
——读选堂先生的书法有感

◎陈永正[1]

生气远出，这是读选堂先生书法的第一感受。生气何来？来自艺术家的个人内在素质，他的思想、品格和文化修养。选堂书法，是以其博大精深的学问孕育出的一朵奇葩，它所表现的是一种文化精神，一位学者、诗人的高怀远抱。

中国书法，代表着东方文化精神。历代的贤人哲士，澄神静虑，游手于斯，以抒写其玄妙之思、幽深之理。目击而道存，从书法这种被称为“小道”的艺术中，探求天下之道。选堂书法是独特的。一位睿智的老人，对宇宙和人生的感悟，都体现在那流动而沉着的线条墨象之中。他的书法，像他独创的“形上词”，《易·系辞》谓“形而上者谓之道”，朱晦庵又云，天地之间，“理也者，形而上之道也，生物之本也。”在书道中蕴涵着宽广深刻的哲思。人与天合，浩然之气，沛乎其中，学与书合，神融意畅，已达随心所欲的高境。选堂先生所自题“造化心源”四字，正是其以书写心的最佳阐释。

垂钓（局部）

选堂书法，其特点有二：

一、融会各体，自成面目

“孕南帖，胎北碑，融汉隶，陶钟鼎，合一炉而共冶之”，康南海百年前的理想，选堂今已见诸实践。选堂之书，各体皆能。甲骨金文，直指本源，偶作变体，别出新意。隶书则植根汉人，上参简牍，下接郑、伊，沉着中有灵动之势。楷书出入魏晋，既古朴，复秀雅。而最能代表选堂书法艺术成就的当为行草，广泛吸取唐宋以来诸家之长，怀素之圆劲飞动，

①中山大学教授。

山谷之雄伟精深，果亭之奇逸，石斋之峭厉，均一一摄入毫端。特别是以爨宝子方折之笔意入行书中，与詹无庵同出一源，而各具胜处。可以说，选堂的行草是真正具有创新意义的，可称之为“饶体”。

二、技法丰富，功力深厚

书法，作为一门艺术，书法家必须掌握纯熟的技巧。选堂书法，博采众长，深造自得，融碑入帖。笔法方圆并用，刚柔相济，天骨开张而精气内敛。墨法带燥方润，焦淡随宜，错综变化而节奏分明。茅龙的使用，于白沙之外，更辟新境。选堂先生还精于绘画，书与画相得益彰，作品的艺术内涵更为丰富和完美。

在当代充满创新意识的书坛上，选堂先生那既能永葆生机而又超然物外的书法，当给予世人以全新的启示。

（原载《华学》第七辑，中山大学出版社 2004 年出版）

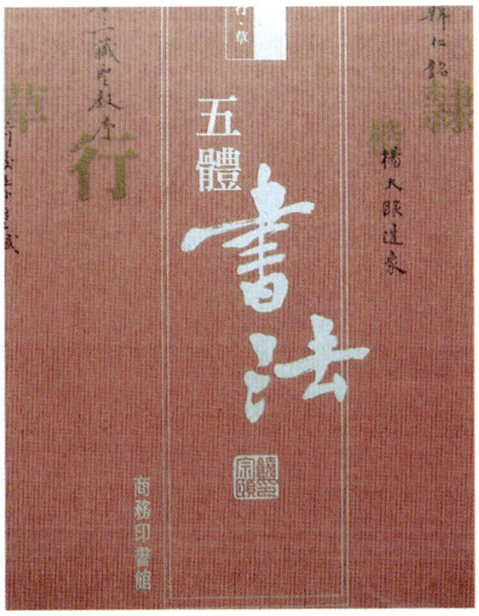

选堂五体书法

选堂书法集

雅言旧句

——匾额

◎ 邓伟雄

饶宗颐教授的书法，是学者的书法，亦是书法家的书法。这在书法史上，甚至在我国文化史上亦是一个罕见的例子。他在书法方面，幼年即从唐人欧阳询及颜真卿之楷书及宋人行草入手。现今其潮州故居石壁上，仍存有他 12 岁时以大欧楷书书体所写之对联，笔意刚健，不似幼年人之作。他的梨俱室藏有他 20 多岁所书的扇画，也是典型欧体行书。在这个基础上，他锲而不舍地学习古人，转益多师，楷书除上述诸家外，更取法“瘗鹤铭”、“张猛龙碑”、“爨宝子碑”及“龙门造像”。章草取法汉简而参以 “急就章”。行草好唐怀素与宋黄山谷、米南宫。隶书取经“张迁碑”、“石门颂”及“开通褒斜石刻”，掺入清人意趣。篆书于天发神谶碑，浸淫至深。于悬针体篆法，更深有体会。另一方面，因他对甲骨学、敦煌学、简帛学及古文字学钻研极深，故于甲骨、楚帛书、侯马盟书、流沙坠简、楚地出土竹简等出土古物上文字、涵泳体会，能以其坚劲线条及浓厚个人气格之结体，写出这些古文字。把古代一些不是书法家所写的字，变成他自己面目的古文字书法作品。

饶宗颐教授对前人书画艺术有特高的观察力及转化能力。他的书法能够写出各种不同形象，却又能保持强烈的个性。他博览古人书法作品，能一下子抓住其特征，用自己笔法写出来。举例而言，他曾对 “张猛龙碑”、“龙门二十品”等北碑及唐欧阳询化度寺碑，深入研习其笔法，其后广阅众碑之余，偶然涉笔写其他北碑与唐碑，即写得形神俱似。他写金冬心漆书，掺入了爨宝子，汉简隶体，写得比金冬心还灵动。他的隶

书法：匾额

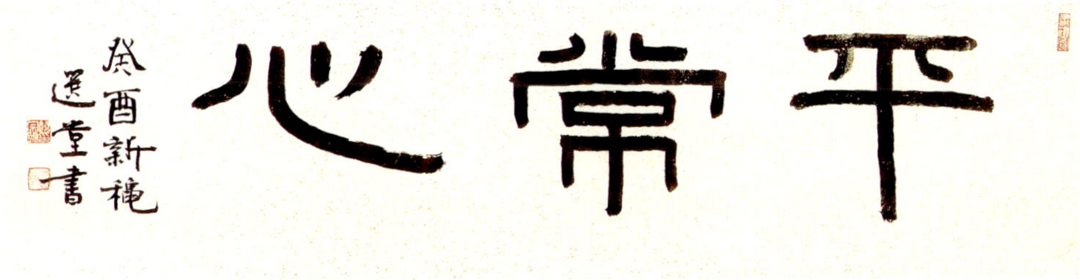

书法：匾额

书，不拘守于两京碑碣，而广参汉镜铭、砖文、木简、帛书，以至清代郑谷口、伊汀州、桂未谷等人之意趣，写出一种沉稳静穆中带盎然生意之隶势。行草方面，他早年即习唐代怀素上人的自序帖及宋苏东坡、黄山谷、米南宫诸家，故当他旁涉元人倪云林、杨铁崖、明人董其昌、张瑞图、黄道周、八大山人、陈老莲、丁元公、王觉斯等之书体时，下笔就能抓到这些人的神髓。他的篆书，略带天发神谶碑之方折笔法，又掺入他喜好之悬针篆法，个性特强。

他一直主张，师法古人，一定要能抓住古人用笔用墨的规律与特点，而不必步步跟随，唯恐不似，要有不似之似，这才是善取古人之长。本书所收饶教授百余件作品，可见他如何实践他这种主张。

在工具使用上，饶教授主张是发挥每一种工具的优势，使用不同的笔、墨、纸来创作，就必须掌握这些工具、材料的特性。看到他示范使用各种工具书写的作品，可见他在纸、笔、墨的控制上，真是手挥五弦，惊鸿目送，用物而不为物所拘。

在画桌上构思创作

本书这一批作品，可以清楚地看到饶宗颐教授不单是一位学者书家，更是一位能集上下数千年书艺精粹的宗师。

（原载《选堂书法丛刊》I，港澳发展有限公司 2005 年出版）

联书相映
——对联

◎ 邓伟雄

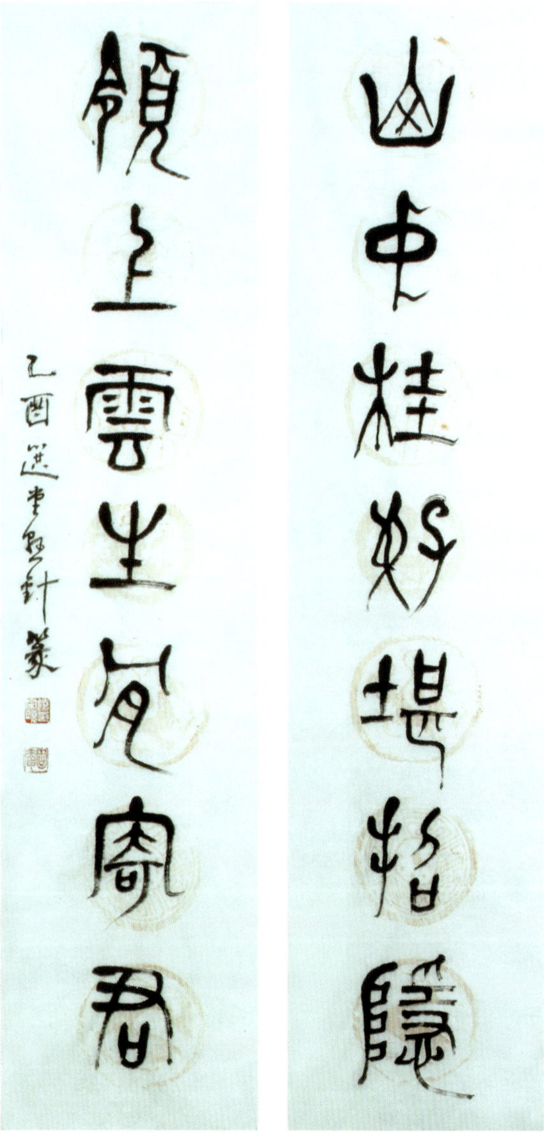

书法：对联

对联是中国文学的一种特别形式，也是东方书法艺术的一种独有形式。它的起源，据云早至五代十国的年代，但却是在明代开始流行，到了清代，不管什么地方、什么阶层，都见到它的影子。清代梁钜章的楹联丛话，把当时的名联巧对都收集起来。其他学者文人，多有联语之作，像经学大师俞曲园也著有联话。清代上至帝皇，下至穷乡寒士，都没有不写对联的。

在饶宗颐教授年纪很小时，就以诗作惊老辈。诗与联句，关系甚深。他在童年，即有对联书作，在其潮州故居花园石壁上，就有他 12 岁用欧阳询书体写的一副对联。

饶教授书写对联可以说是各体俱备，而且每一对有每一对的特色，故选择 120 对作品来编辑这本书法集，实在不是一件容易的事，在取舍上，煞费思量。

本集所收各种书体所写的对联，只能说是他所书对联之大海一瓢，虽知难满足爱好者及有意于书道者之要求，唯一瓢能知水味，斯亦足见饶教授所书楹联之种种面貌及其纯以神运、瑰丽之笔墨。大多数对联边跋，有论书之语，语简而意赅，亦足为治书道者参考。

本书依书体分成八章，每章再以创作年份为序。饶教授书联，不少集数体而成，故编次仅依编者之见，未尽善处，当由编者负责也。

（原载《选堂书法丛刊》Ⅱ，港澳发展有限公司 2005 年出版，

意惬神飞

——条幅

◎ 邓伟雄

条幅这一种书法形式，起源甚晚。宋元书迹，非为长卷，即为屏幅，甚或写于素墙之上。

明代文士，极其注重园林居室之美，书房设置更为力求雅致，此与条幅之兴起。有莫大的关系。

元人条幅书法，并未多见，记忆之中，仅张雨之登南山绝顶诗轴，虽小幅而具大屏之气势。明人自国初至末年，各时期画家，都有大量条幅作品，如解缙、吴宽、沈周、文衡山、祝枝山、陈淳、徐文长等，以至明末董其昌、陈眉公、张瑞图、倪元璐、黄道周、陈老莲等却具有鲜明的个性，条幅书法成为主要的创作形式。

清季地不爱宝，吉金乐石，不断出土。金石诸家皆兼能书法，故清代诸家所书条幅，甲骨、篆、隶至楷、行、草诸体俱备。

饶教授写条幅，用其独特之笔法墨韵作各体书，可以云兼明清两代之长。他熟识古代文字，写来流畅自然，于书道亦三折其肱。用笔、结体与整幅结构，以意为之，不失法度。又因条幅之篇幅恰可，写来擒纵自如，能尽显其个人特有面貌。

本册收其条幅作品百余件，虽难尽见饶教授各体书法之妙，然入芝兰之室，自可体会其芬芳之气也。于有志于书道者，当可于此悟入途径。

（原载《选堂书法丛刊》Ⅲ，香港大学饶宗颐学术馆 2005 年出版）

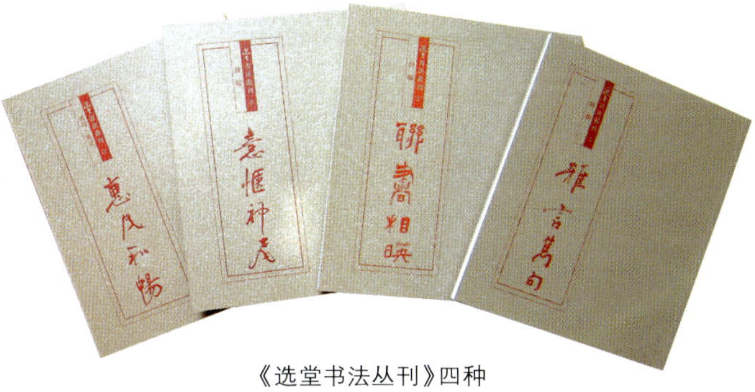

《选堂书法丛刊》四种

惠风和畅
——成扇，纨扇

◎ 邓伟雄

扇子作为日常用品，有学者根据汉代画像石上的图样研究，认为早在汉朝已经开始盛行，不过这一个说法至今未有定论。但是纨扇作为书画的一个载体，在宋代十分流行，这可以在传世大量宋人的纨扇画书中得到明证。

纨扇面书法，传世者以宋元作品最有名，余幼年好从杂志中剪存古今人书画印本。其中对宋徽宗的草书纨扇面 “掠水燕翎寒自转，坠泥花片湿相重”，往来于心，数十年而不衰。近年在上海博物馆中，得见原迹，真平生眼福也。

纨扇面之盛况，在明代开始慢慢由折扇所代替。明清两代，虽然仍有不少书家，在纨扇上挥洒，但数量已大不如前。折扇上写字，“明金清白”，盛极一时。在前代，虽贩夫走卒，有能力时，亦求善书画者于扇中挥毫，持之手中，既得清风徐来之趣，亦收赏心悦目之效。

饶宗颐教授于成扇及扇面上书画，深得明人擒纵自如之势，而于清人好以金石文字入扇之韵，亦尽得其意。其纨扇、成扇及扇面上之书法，既不涉今人之“立异以鸣高”，亦不入陈陈相因之板滞，虽小品而自具磅礴之势，诚为其书法艺术中别具神趣之一种。

本书收其成扇、扇面、纨扇及纨扇面共 108 件作品，于饶教授扇上书法中虽是崇山一壑，亦可见千峰竞秀、百泉争流之美。

《惠风和畅》为《选堂书法丛刊》之压卷。此批扇面作品，亦足以当之。

（原载《选堂书法丛刊》Ⅳ，香港大学饶宗颐学术馆 2005 年出版）

饒宗頤的書畫藝術

選堂

金山古松

書畫藝術

原载《象外环中》，香港大学饶宗颐学术馆出版，现由北京故宫博物院收藏

白山雪意
68 cm × 138 cm
2004

山水四屏

134 cm × 34 cm × 4

1983—1987

新加坡阿答屋
27 cm × 24 cm
1973

安哥窟写生
34 cm × 138 cm
20世纪90年代

原载《象外环中》，香港大学饶宗颐学术馆出版

印度大榕树
34 cm × 138 cm
20世纪90年代

春水图
34 cm × 134 cm
2006

黄岳松霭
34 cm × 134 cm
2005

青城山水
141 cm × 70.5 cm
2000

原载《象外环中》，香港大学饶宗颐学术馆出版

荔枝角海滩

68 cm × 138 cm

2004

原载《象外环中》，香港大学饶宗颐学术馆出版

荷塘水榭

68 cm × 138 cm

1998

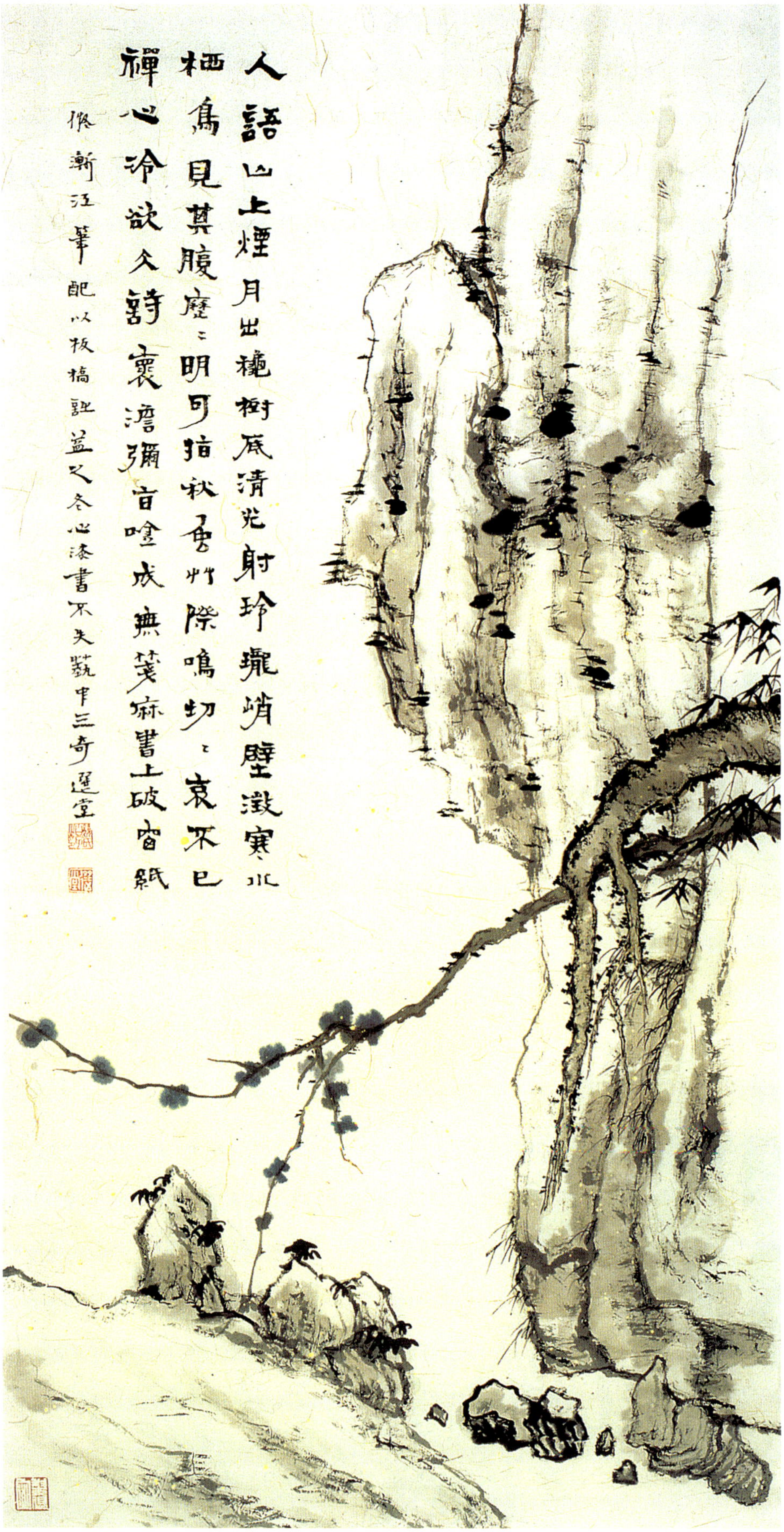

岩壁古木
141 cm × 70.5 cm
2000

饶宗颐题黎雄才画 松岭行旅
96 cm × 120.5 cm
2005

山水长卷
30 cm × 567 cm
画1990 引首2004

皇极正而降休，芬兹楙于圃畴，木连理于芊条，昨日新而累熹

水墨成扇
53 cm × 19 cm
1984

云林笔意山水

70.5 cm × 141cm

1990

三教图
115.5 cm × 51.5 cm
2001

观音
113 cm × 44 cm
1996

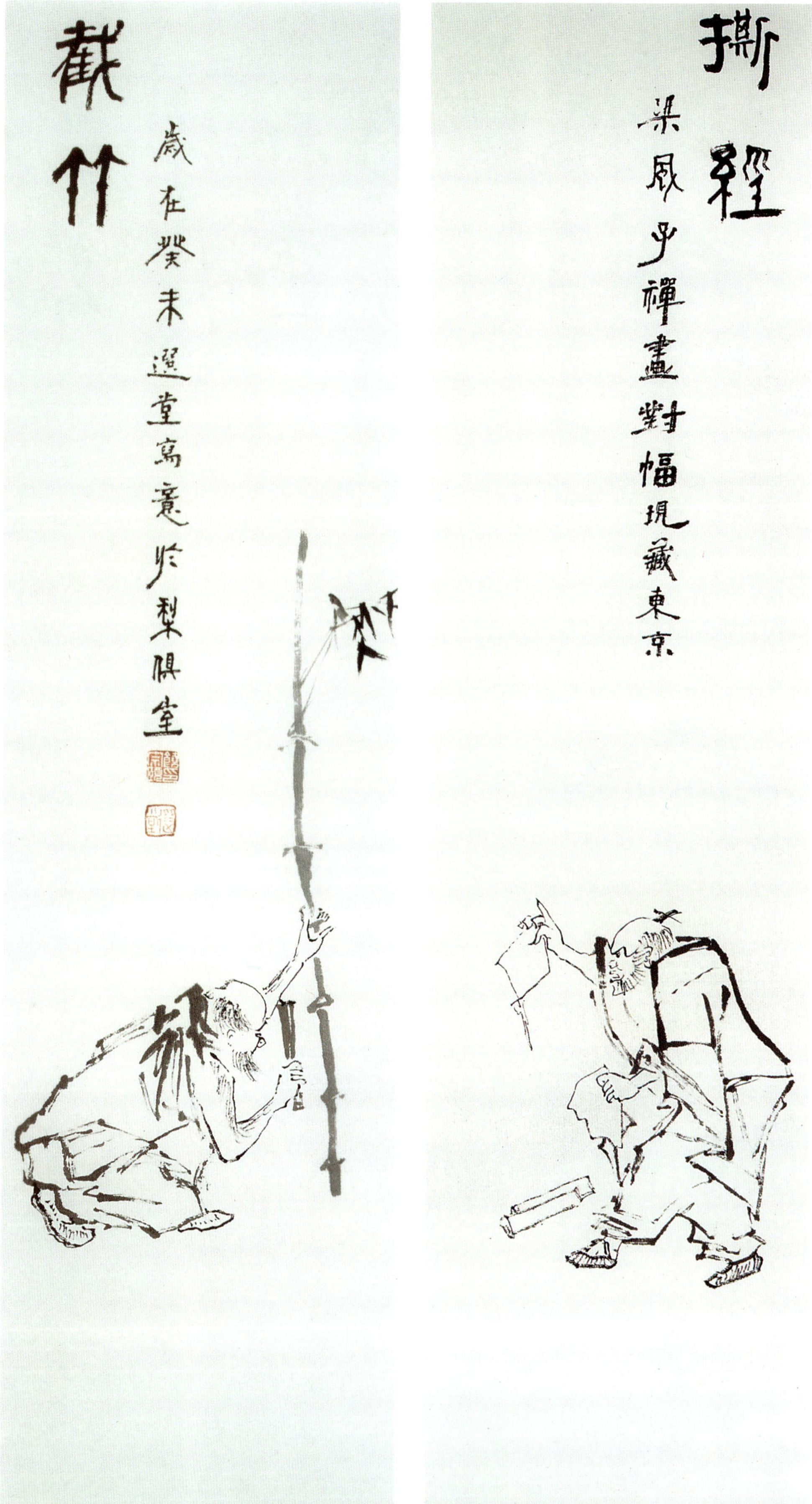

原载《象外环中》，香港大学饶宗颐学术馆出版

撕经截竹对幅
138 cm × 34 cm × 2
2003

布袋和尚
141 cm × 70.5 cm
1993

野塘金碧

138 cm × 32 cm

1999

九如图
138 cm × 34 cm
2001

六连屏荷花 饶宗颐学术馆出版
225 cm × 51 cm × 6
2001

眉寿千年
134 cm × 34 cm
2006

红荷

134 cm × 34 cm

2006

柿

134 cm × 34 cm

2003

荷藕
134 cm × 34 cm
1998

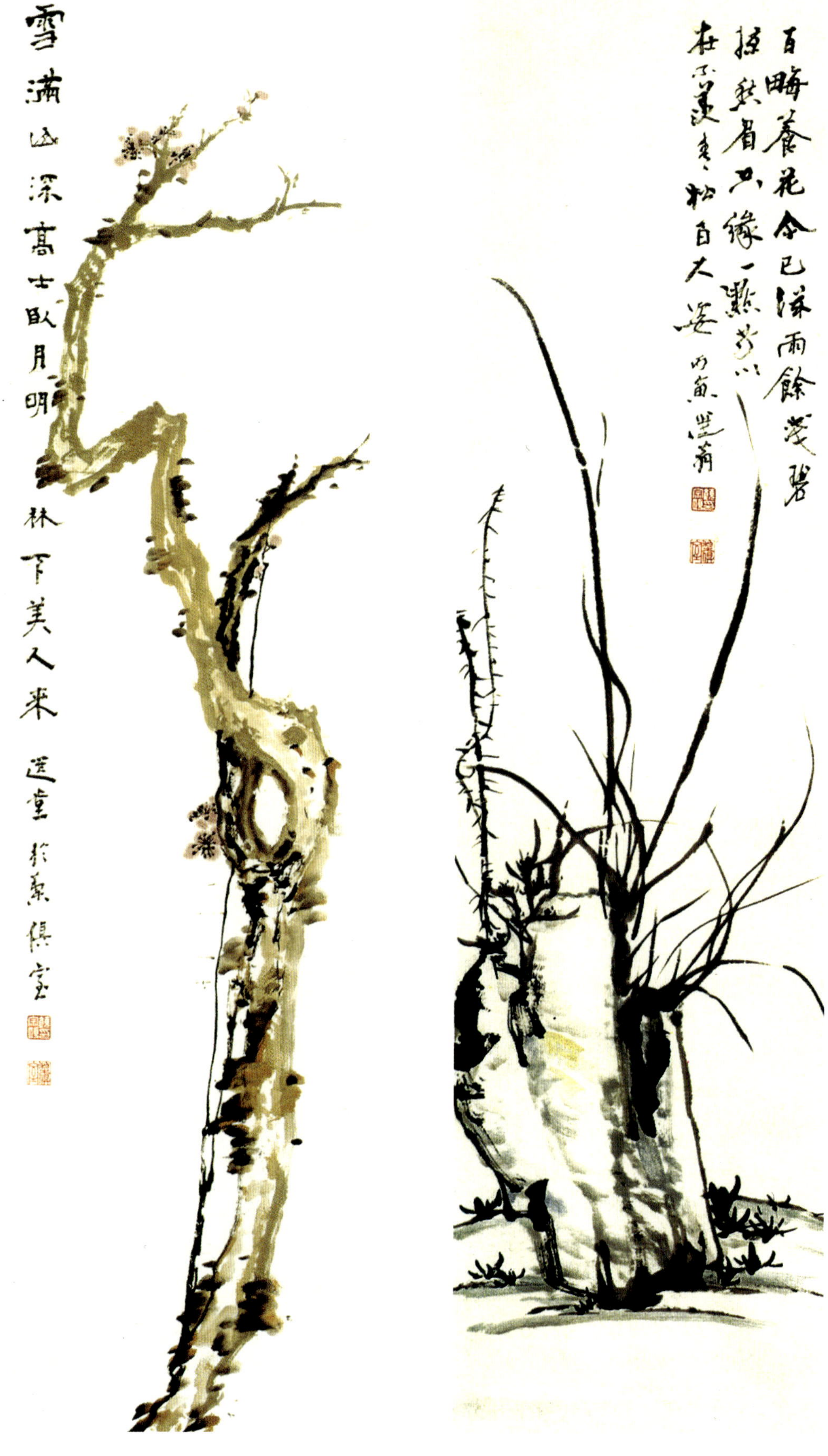

四君子四屏
138 cm × 38 cm × 4
1995 – 2000

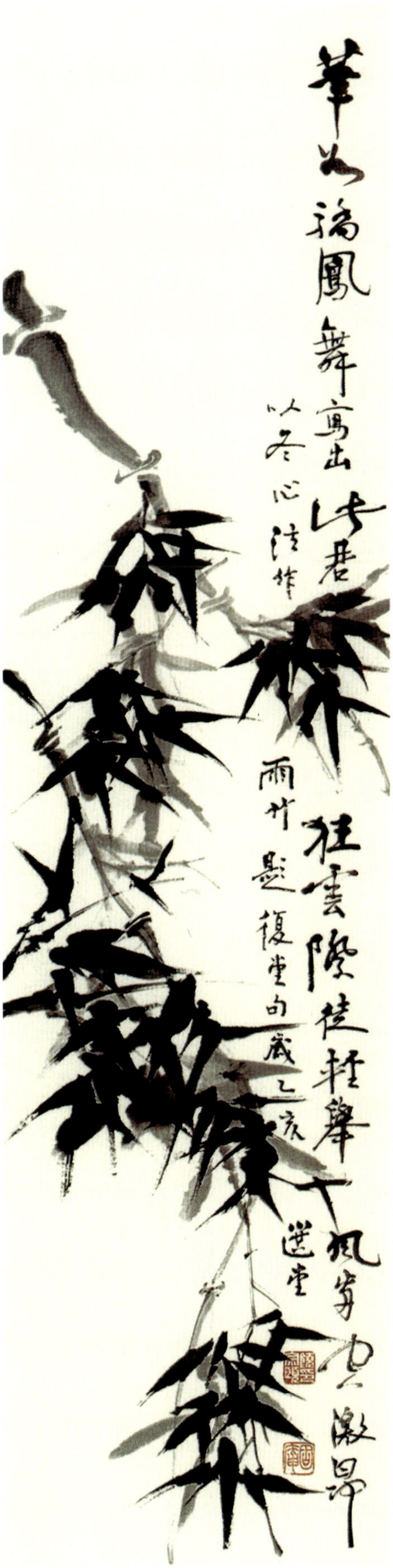

厚德载福
丙戌 迭堂
35 cm × 138 cm
2006

安康富贵
乙酉 迭堂
35 cm × 138 cm
2005

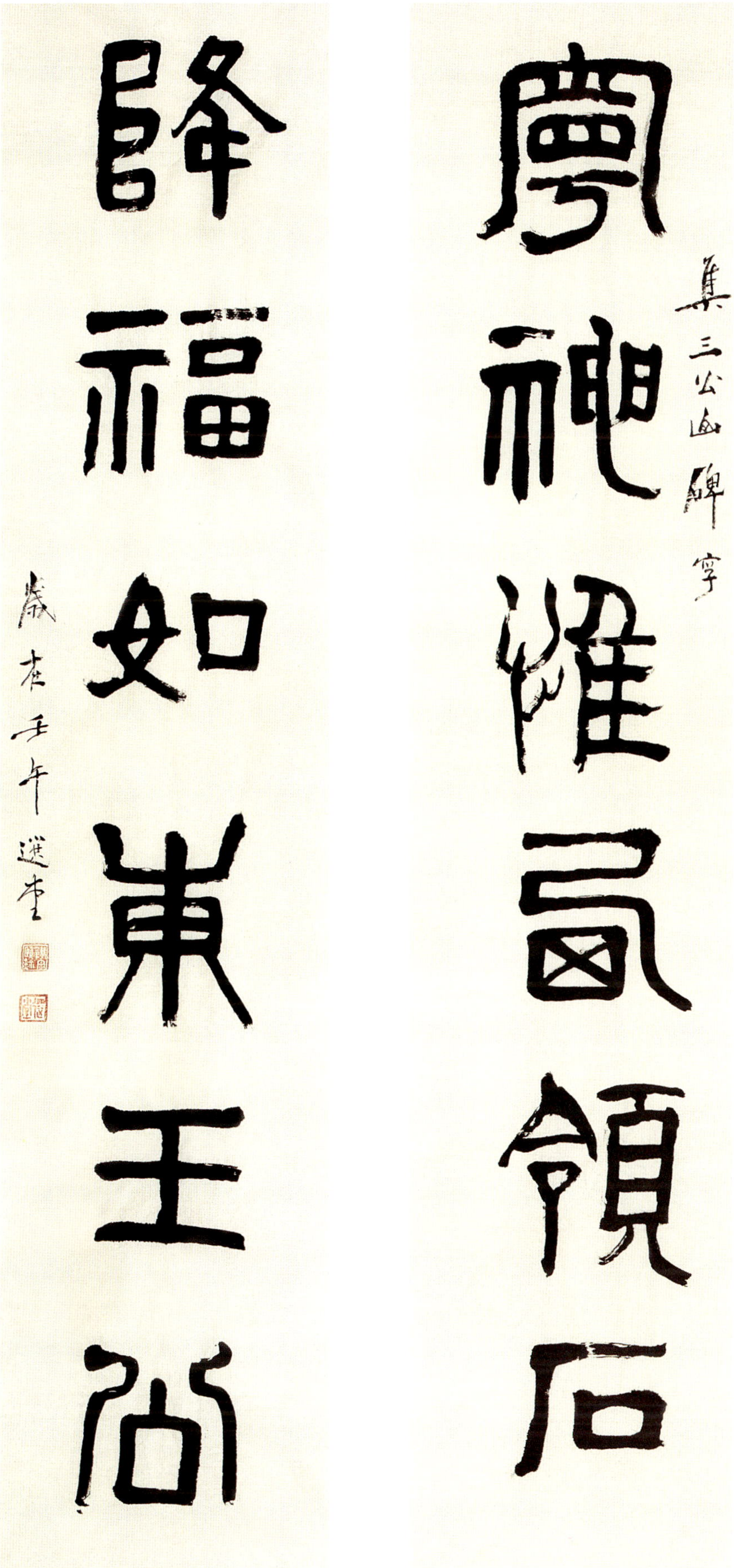

宁神惟西领石，降福如东王公

集三公山碑字　岁在壬午 选堂

226 cm × 50 cm × 2

2002

超然物外

略近冬心拙扑浑穆之致 甲申 选堂

35 cm × 138 cm

2004

千里之行，始于足下

丙戌 选堂

35 cm × 138 cm

2006

竹开霜后翠，梅动雪前香

丙戌九十叟选堂篆势

138 cm × 34 cm × 2

2006

上元轩
甲申选堂题
33 cm × 133 cm
2004

长乐延年
乙酉 选堂
35 cm × 138 cm
2005

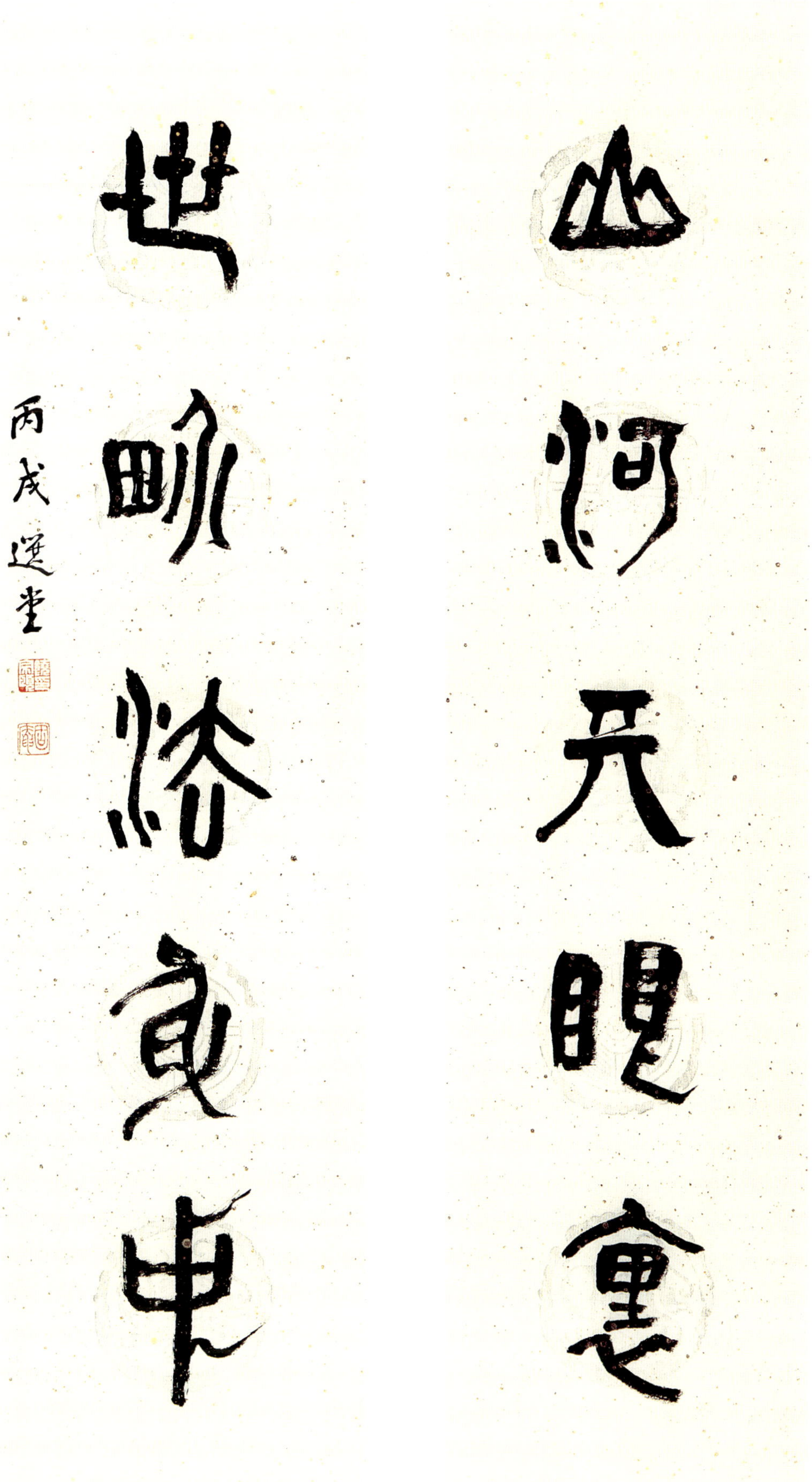

山河天眼里，世界法身中

丙戌 选堂

132 cm × 33 cm × 2

2006

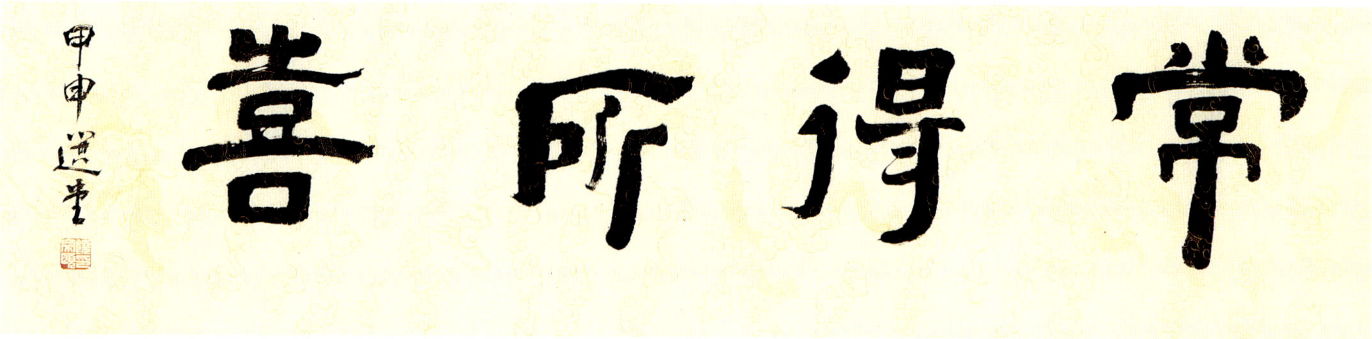

常得所喜
甲申 选堂
35 cm × 138 cm
2004

曲肱听松风
选堂以石绿合墨书草隶
35 cm × 138 cm
2004

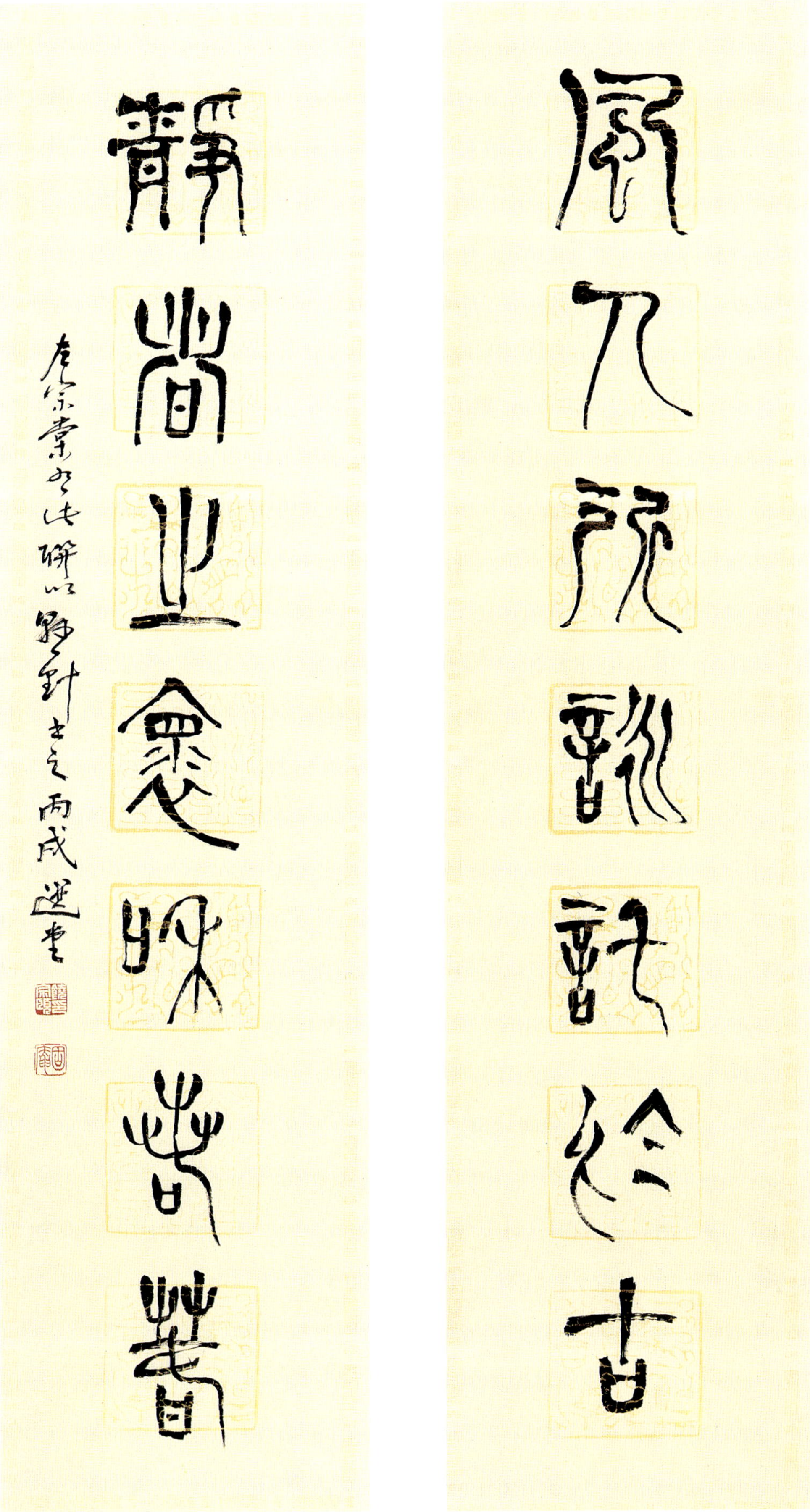

风人所咏托于古，静者之怀和若春

左宗棠有此联以悬针书之 丙戌 选堂

137 cm × 35 cm × 2

2006

谦和
乙酉选堂篆势时在雪莱
35 cm×138 cm
2005

如松之盛
乙酉选堂篆势
35 cm×138 cm
2005

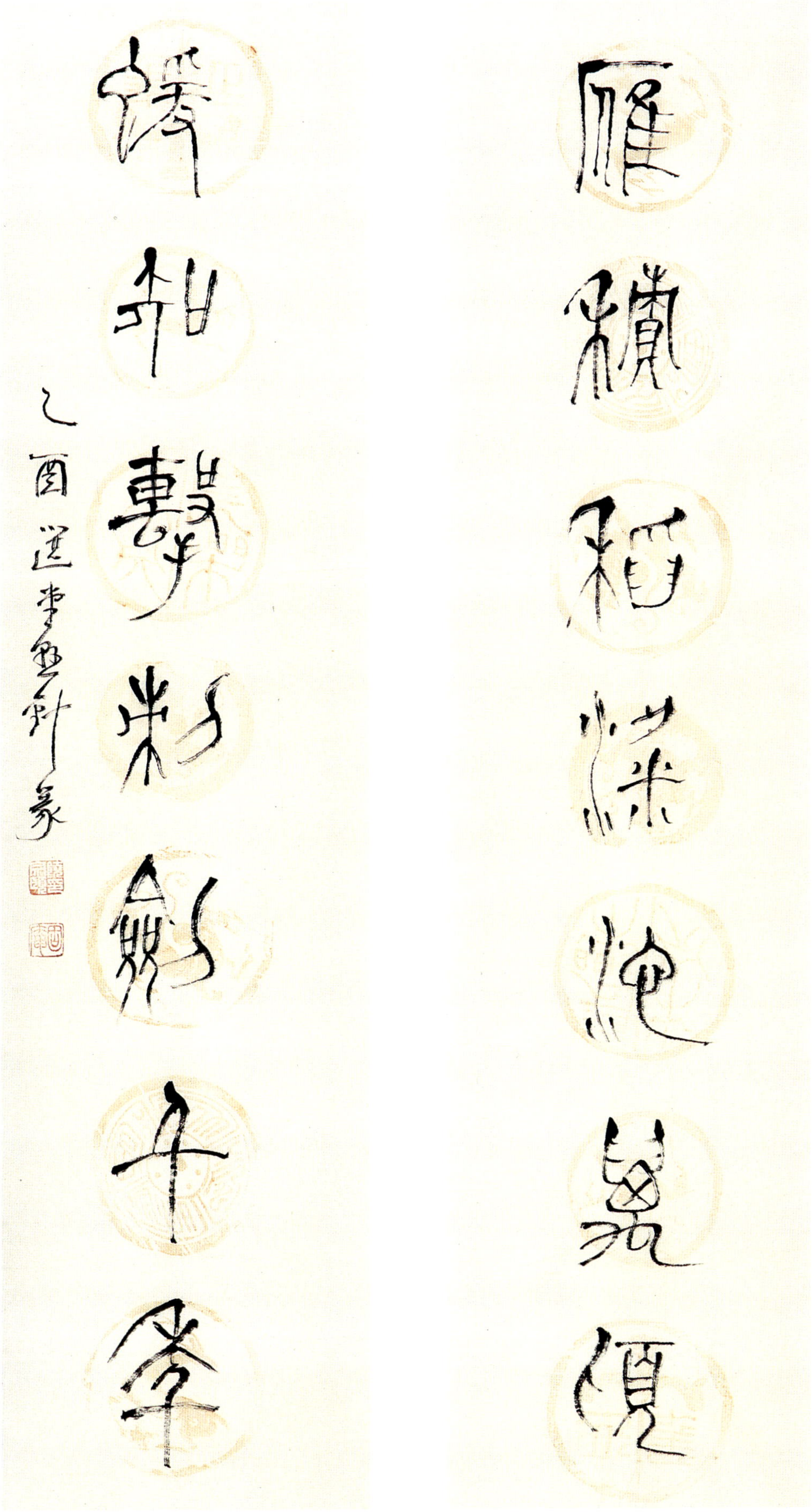

雁积稻粱池万顷，蝯知击刺剑千年

乙酉选堂悬针篆

128 cm × 30 cm × 2

2005

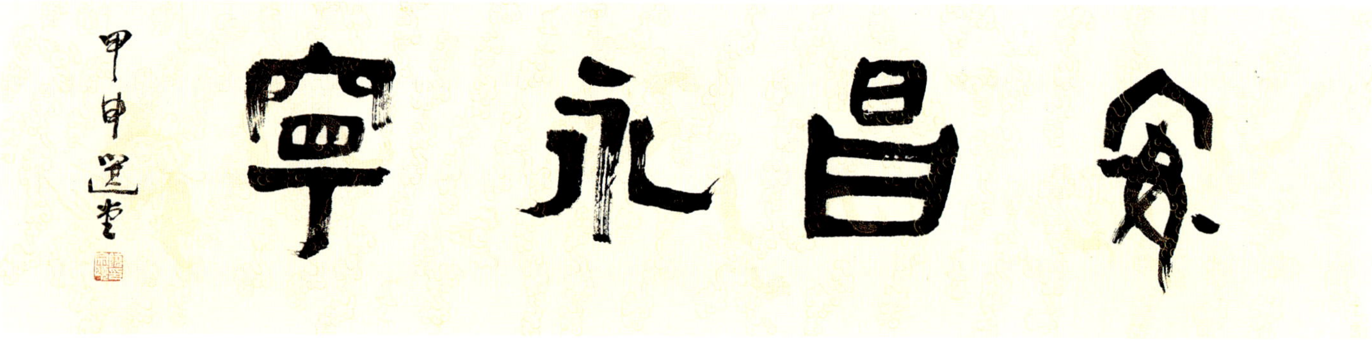

安昌永宁
甲申 选堂
35 cm × 138 cm
2004

潮州工夫茶
选堂题
35 cm × 138 cm
2004

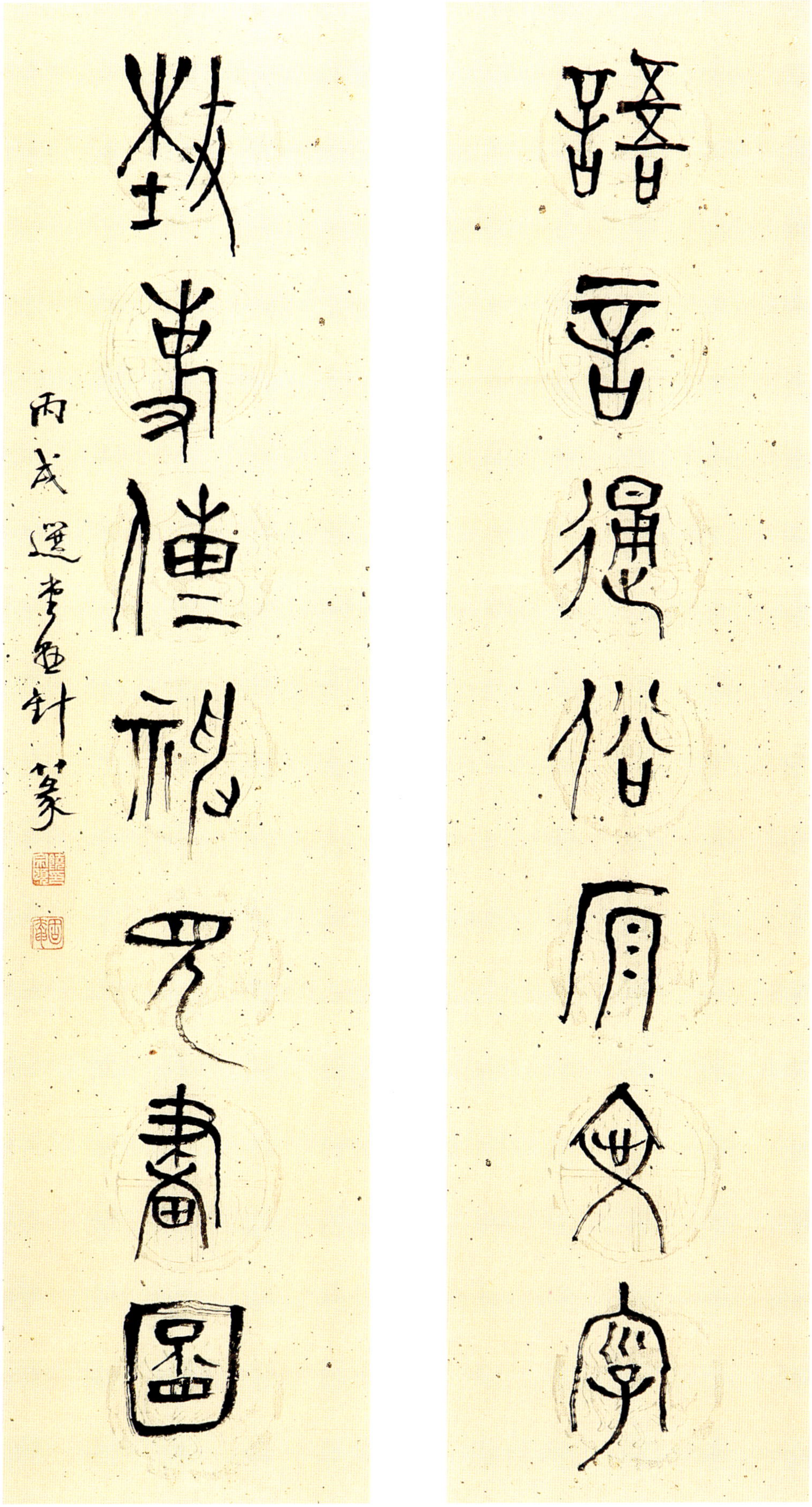

语言通俗原文字，艺事传神见画图

丙戌选堂悬针篆

131 cm × 33 cm × 2

2006

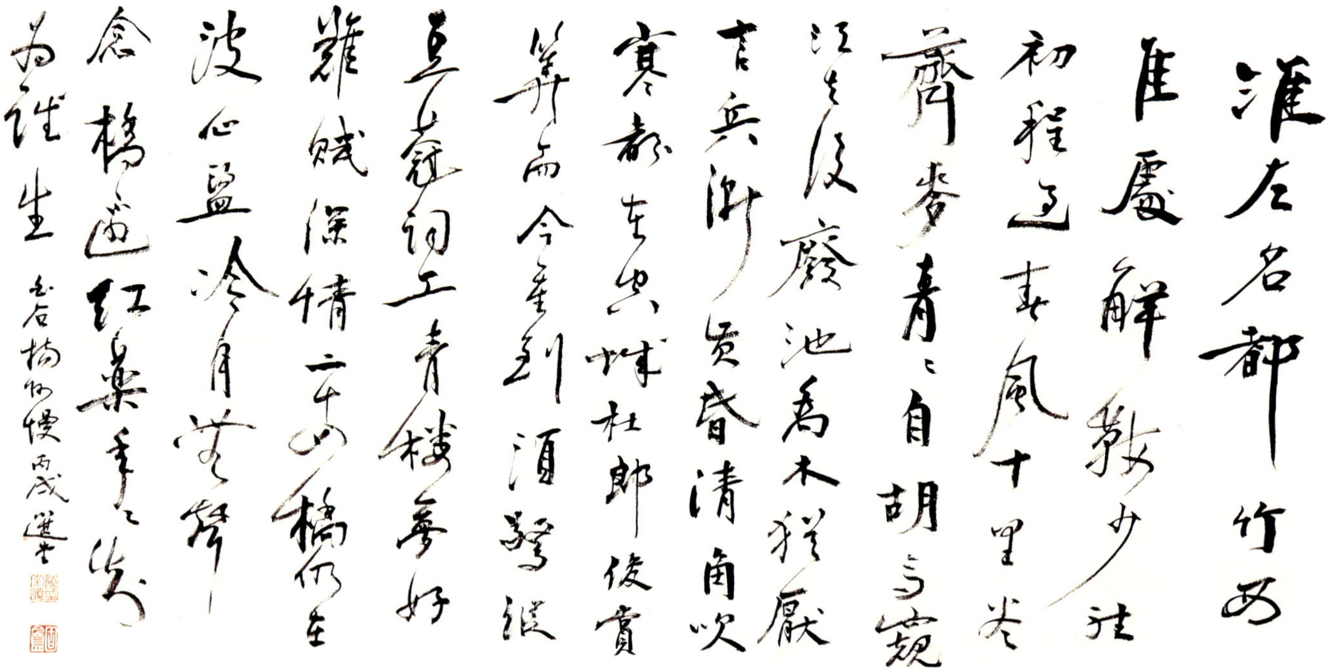

淮左名都，竹西佳处，解鞍少驻初程。过春风十里，尽荠麦青青。自胡马窥江去后，废池乔木，犹厌言兵。渐黄昏，清角吹寒，都在空城。杜郎俊赏，算而今，重到须惊。纵豆蔻词工，青楼梦好，难赋深情。二十四桥仍在，波心荡，冷月无声。念桥边红药，年年知为谁生

白石扬州慢 丙戌 选堂

69 cm × 135 cm

2006

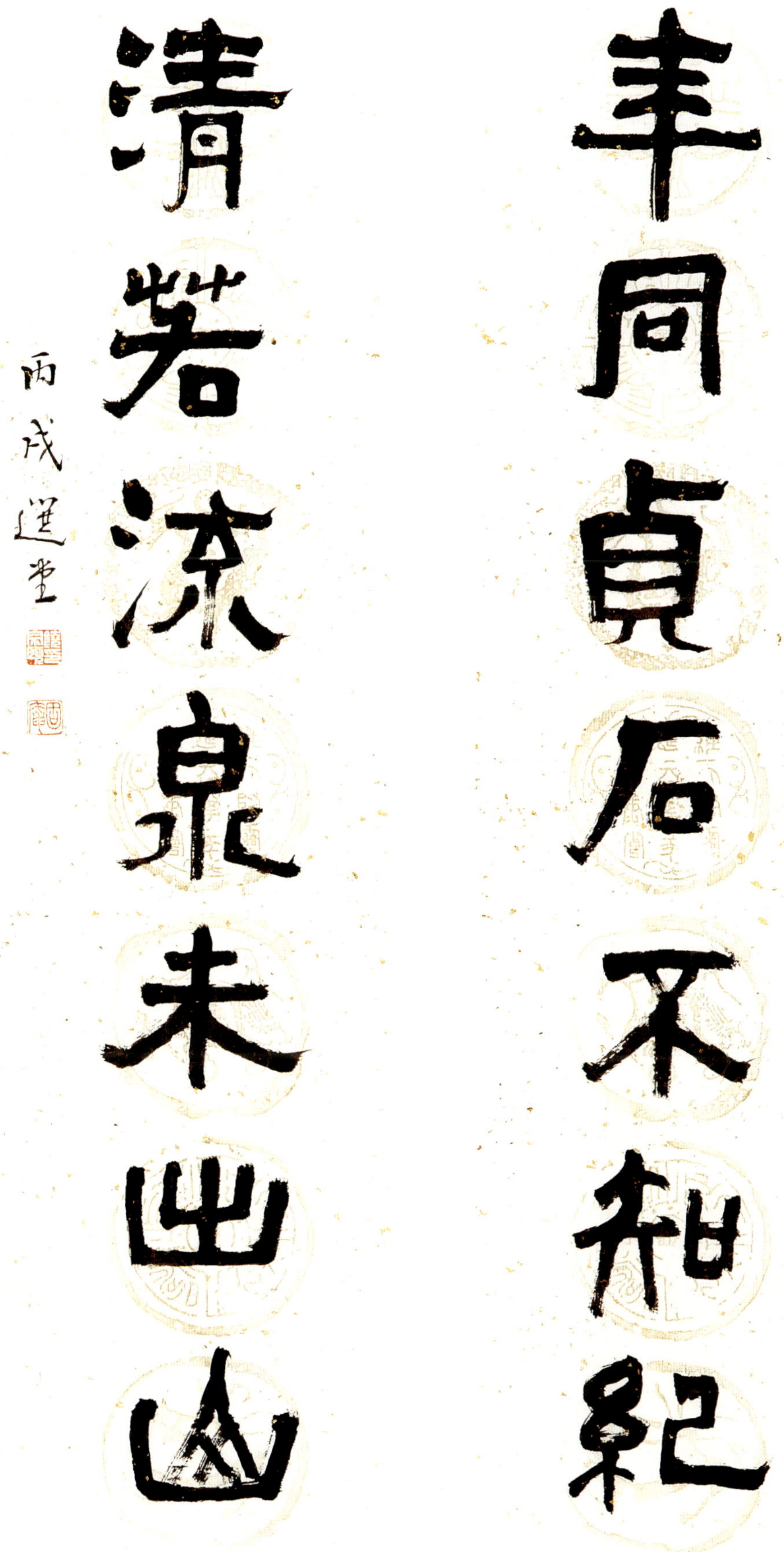

年同贞石不知纪，清若流泉未出山
丙戌 选堂
133 cm × 33 cm × 2
2006

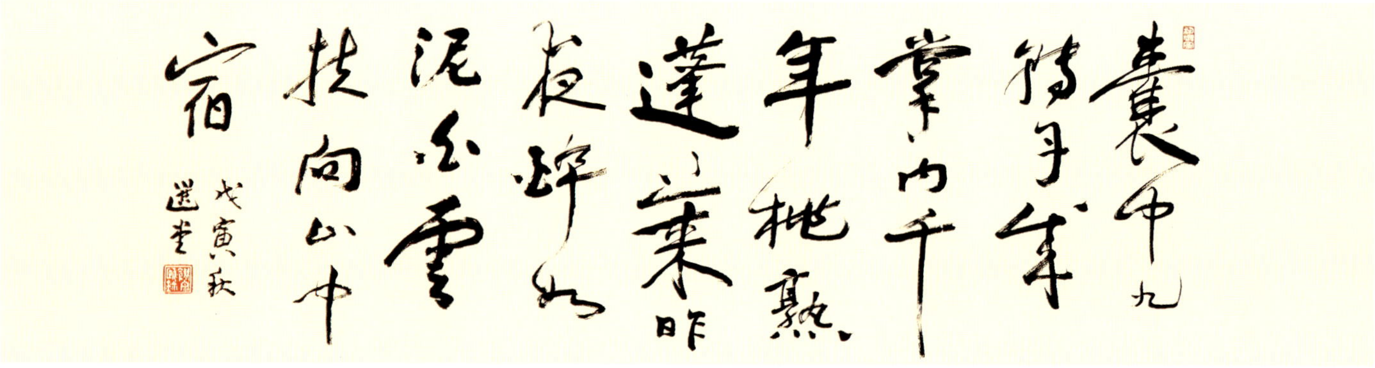

囊中九转丹成，掌内千年桃熟。蓬莱昨夜醉如泥，白云扶向山中宿

戊寅秋 选堂

35 cm × 137 cm

1998

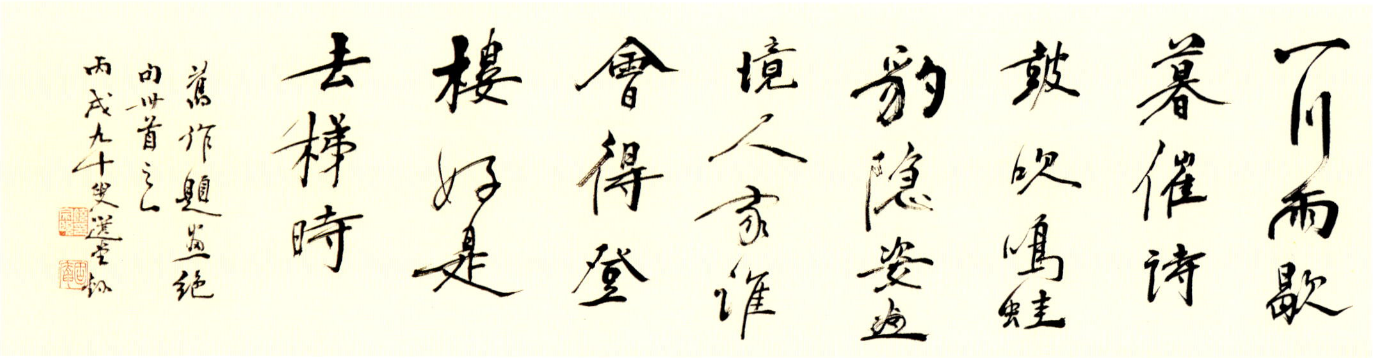

一川雨歇暮催诗，鼓吹鸣蛙豹隐姿。画境人家谁会得，登楼好是去梯时

旧作题画绝句三十首之一 丙戌九十叟选堂录

35 cm × 137 cm

2006

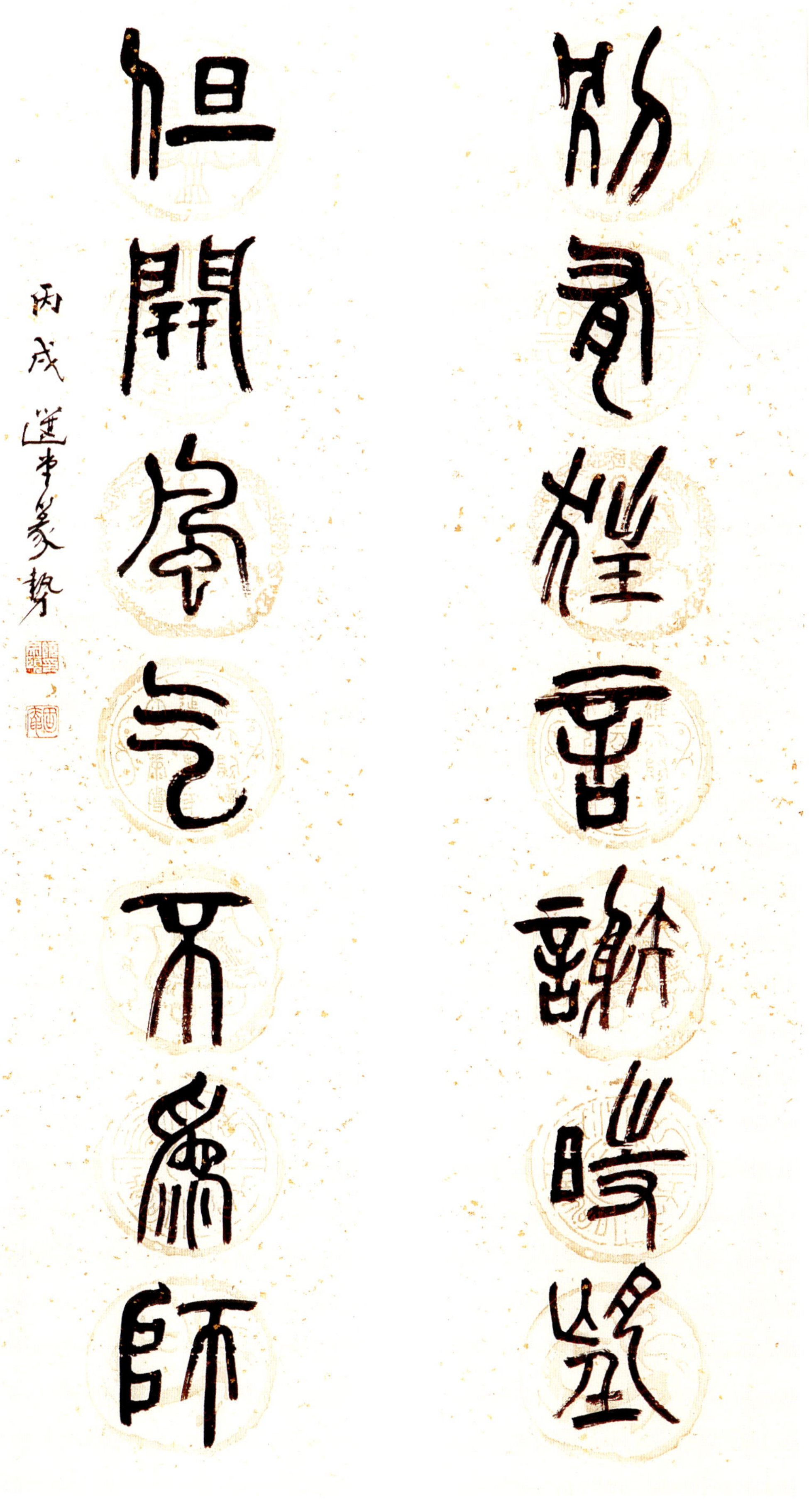

别有狂言谢时望，但开风气不为师
丙戌选堂篆势
132 cm × 33 cm × 2
2006

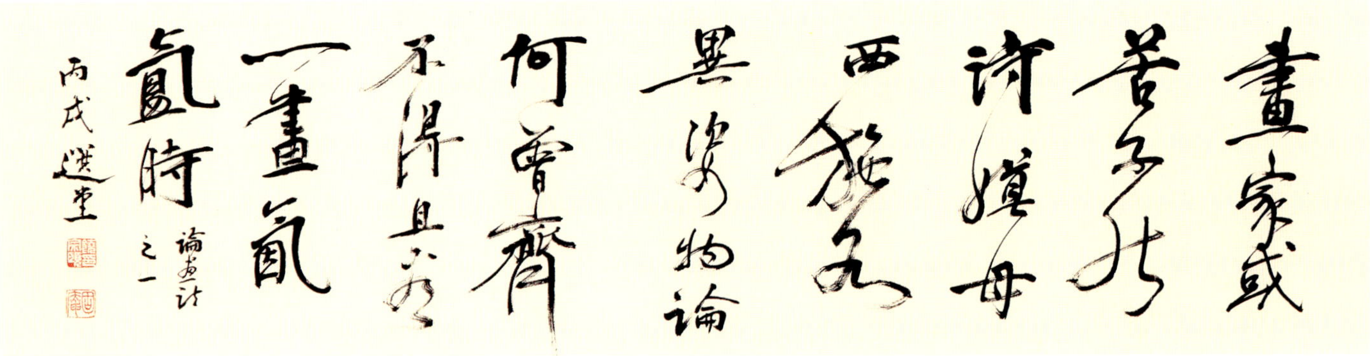

画家或苦不能诗，嫫母西施各异姿。物论何曾齐不得，且看一画氤氲时

论画诗之一 丙戌 选堂

35 cm × 138 cm

2006

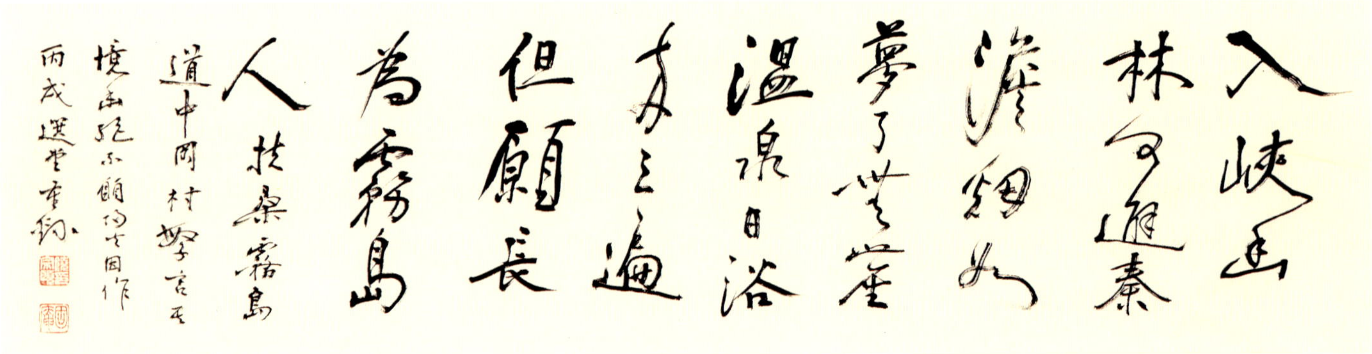

入峡幽林可避秦，淡烟如梦了无尘。温泉日浴两三遍，但愿长为雾岛人

扶桑雾岛道中冈村繁言其境幽绝不愿归去因作 丙戌选堂重录

35 cm × 138 cm

2006

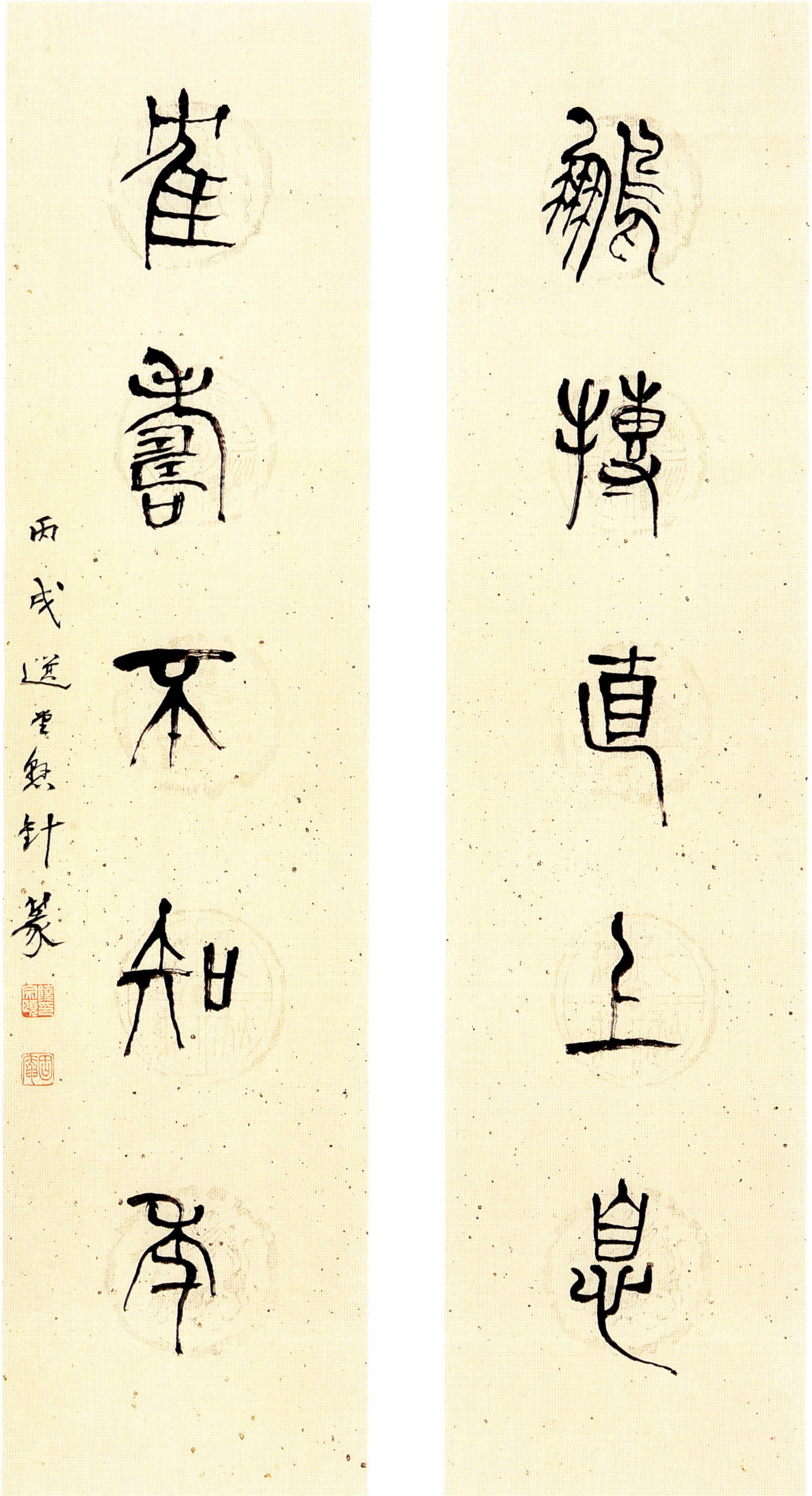

鹏抟直上息，鹤寿不知年

丙戌选堂悬针篆

131 cm × 33 cm × 2

2006

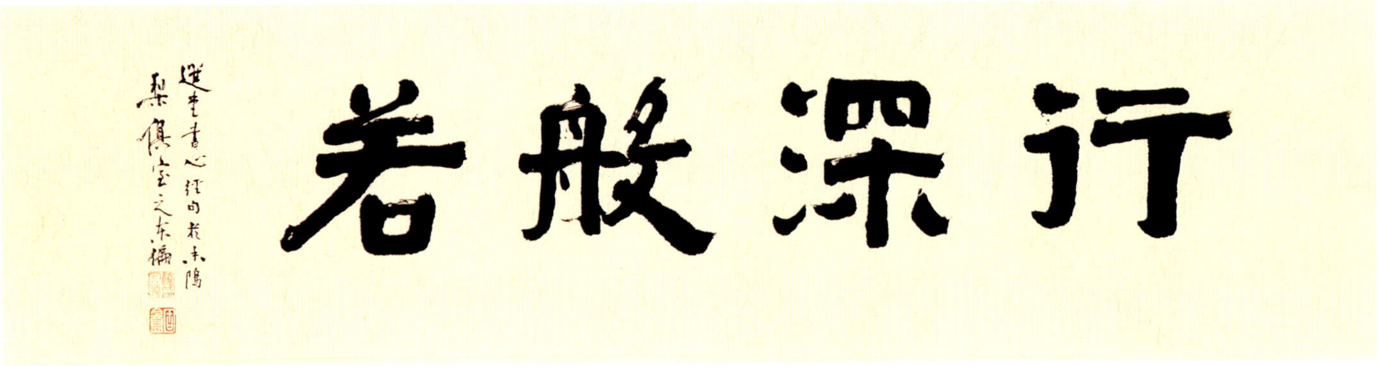

行深般若

选堂书心经句于香岛梨俱室东偏

35 cm × 138 cm

2004

皆大欢喜

丙戌 选堂

35 cm × 138 cm

2006

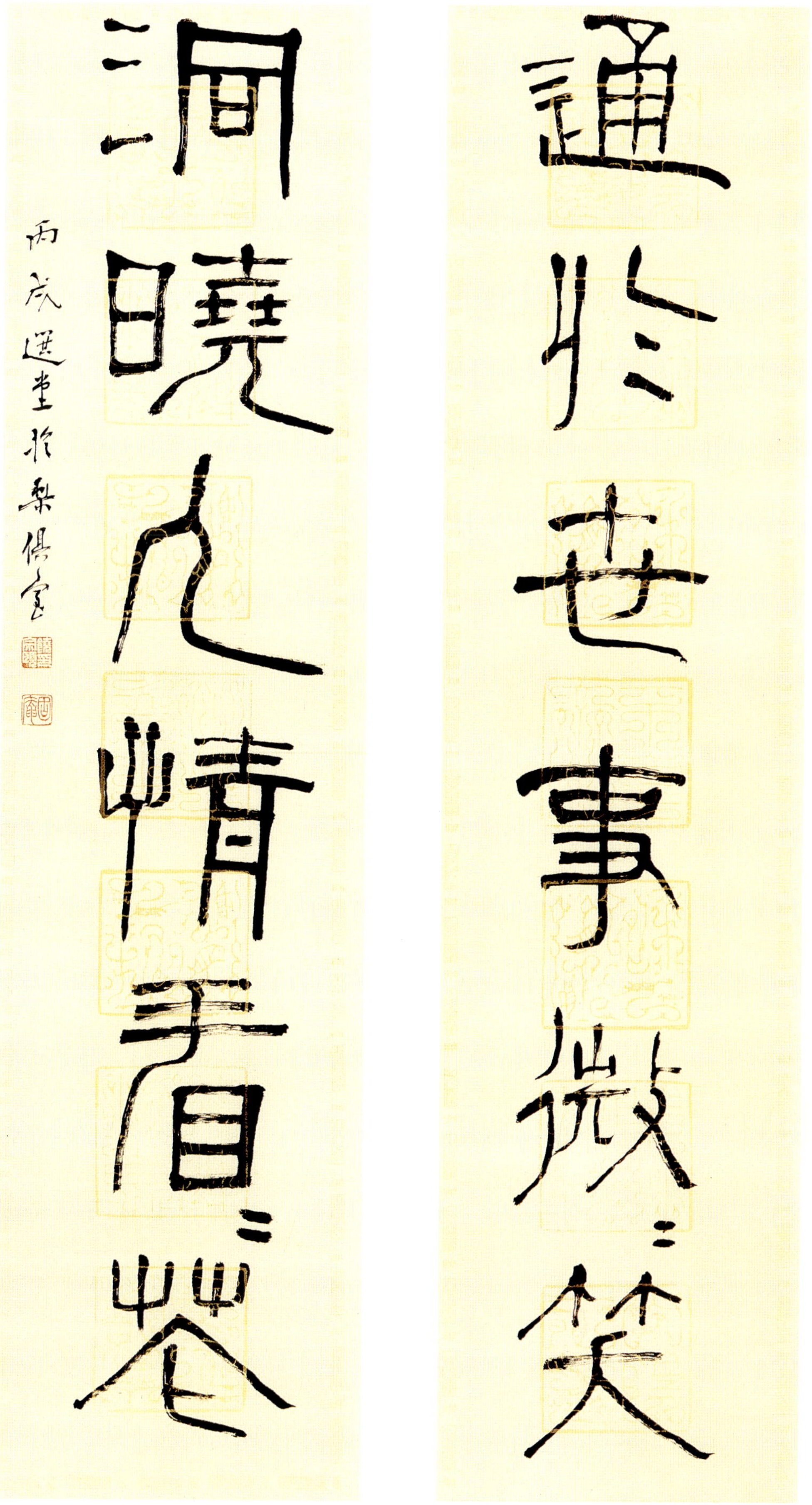

通于世事微微笑，洞晓人情看看花

丙戌选堂于梨俱室

137 cm × 35 cm × 2

2006

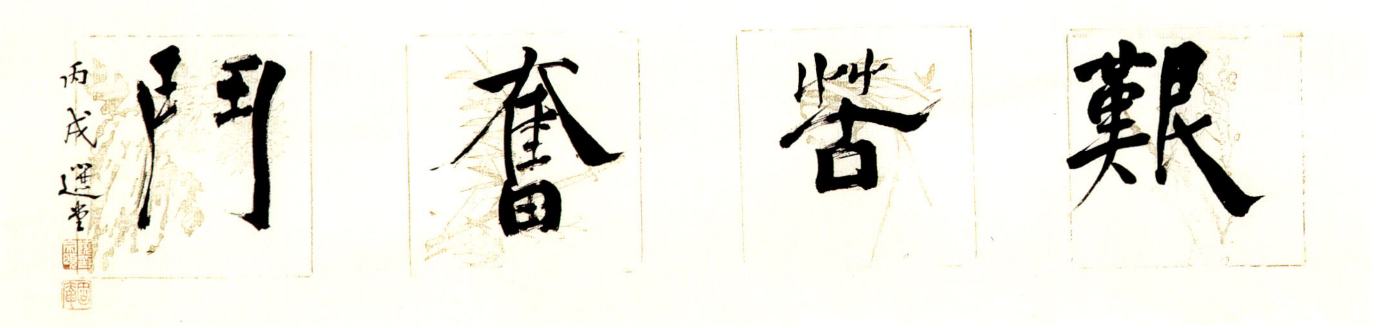

艰苦奋斗
丙戌 选堂
33 cm × 132 cm
2006

厚德载物
丙戌 选堂
35 cm × 138 cm
2006

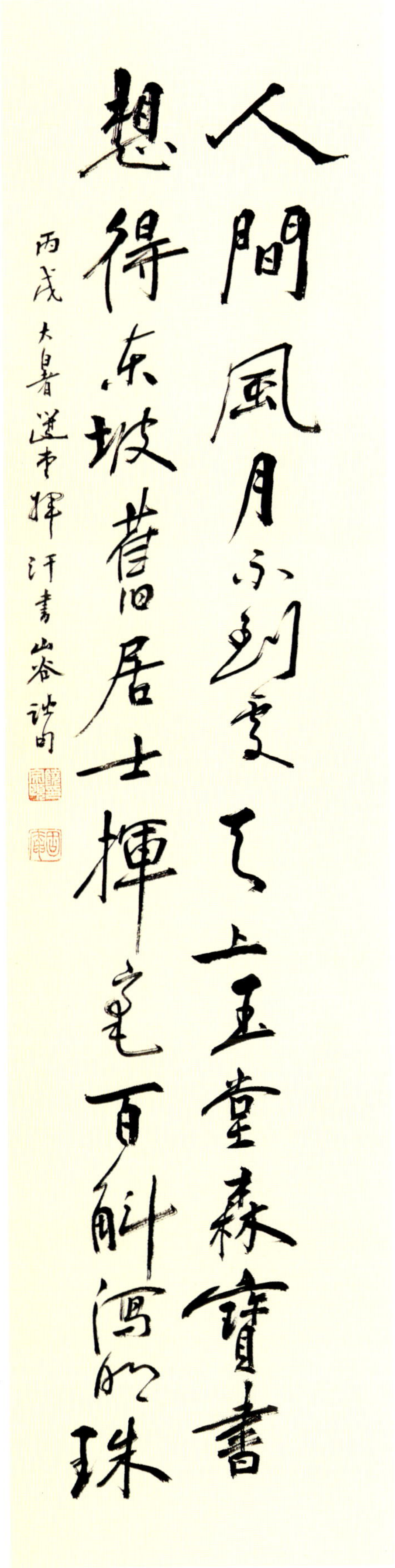

人间风月不到处，天上玉堂森宝书
想得东坡旧居士，挥毫百斛泻明珠
丙戌大暑选堂挥汗书山谷诗句
2006　138 cm × 35 cm

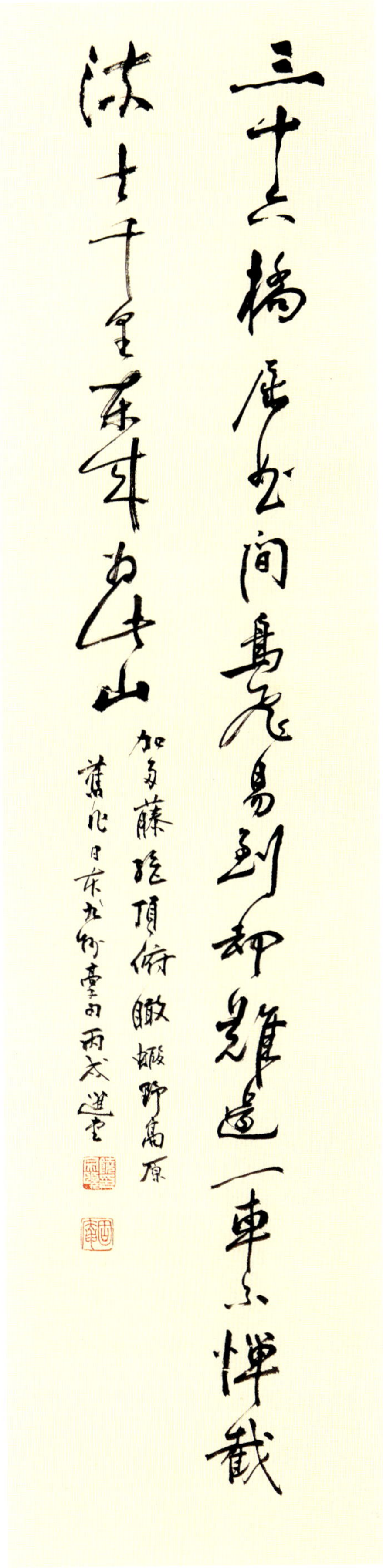

三十六桥屈曲间，鸟飞易到却难还
一车不惮截流去，千里东来为此山
加多藤绝顶俯瞰虾野高原 旧作日本九州高句 丙戌 选堂
2006　138 cm × 35 cm

寿
选堂
27.5 cm × 24 cm
2005

禄
选堂
27.5 cm × 24 cm
2005

福
选堂
27.5 cm × 24 cm
2005

去驻随缘
焦墨茅龙书 选堂
35 cm × 138 cm
2004

齐和万方
庚午重阳 选堂
35 cm × 138 cm
1990

何当得画便忘诗，骚首无须更弄姿。惟有祖师弹指顷，神来笔笔华严时

论画诗之一 丙戌 迭堂

35 cm × 137 cm

2006

赤嶂连霄一片红，巨灵手自辟鸿濛。俯临无地昆仑小，七圣自应迷去踪

大峡谷绝句 丙戌 迭堂

35 cm × 137 cm

2006

自有仙才自不知，十年常梦采华芝；西风动地黄云暮，归去嵩阳寻旧师
庚午 选堂
138 cm × 34 cm
1990

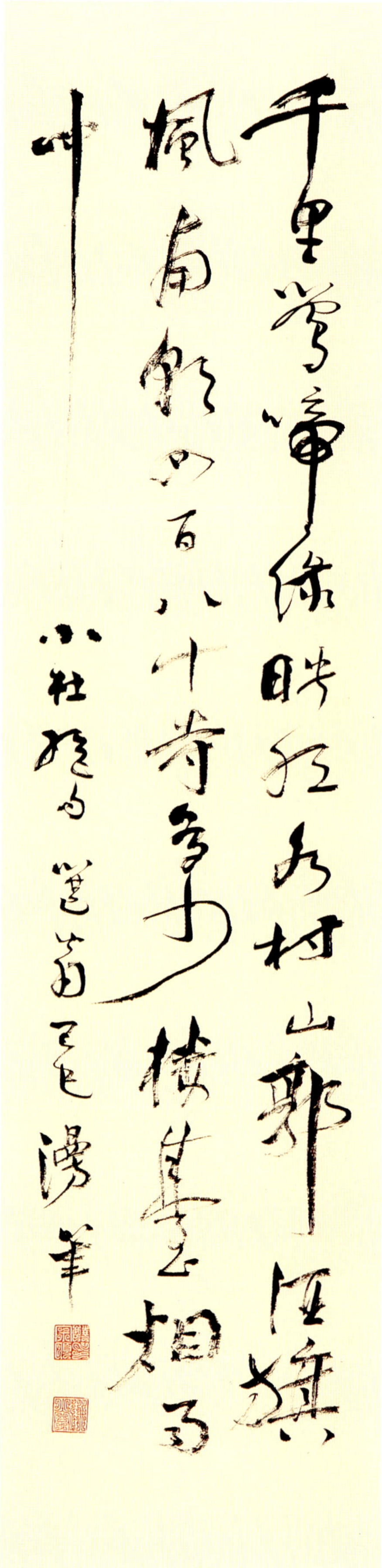

千里莺啼绿映红，水村山郭酒旗风；南朝四百八十寺，多少楼台烟雨中

小杜绝句已巳漫笔

138 cm × 34 cm

1989

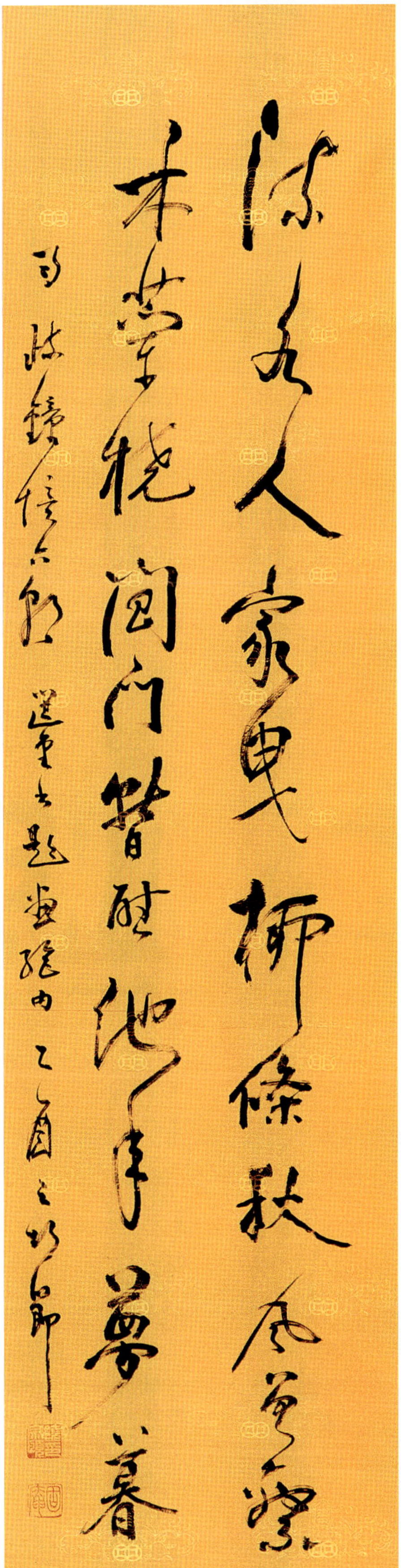

流水人家曳柳条，秋风曾系木兰桡
阊门暂慰他年梦，暮雨疏钟忆六朝
选堂书题画绝句 乙酉乞巧节
2005 135 cm × 34 cm

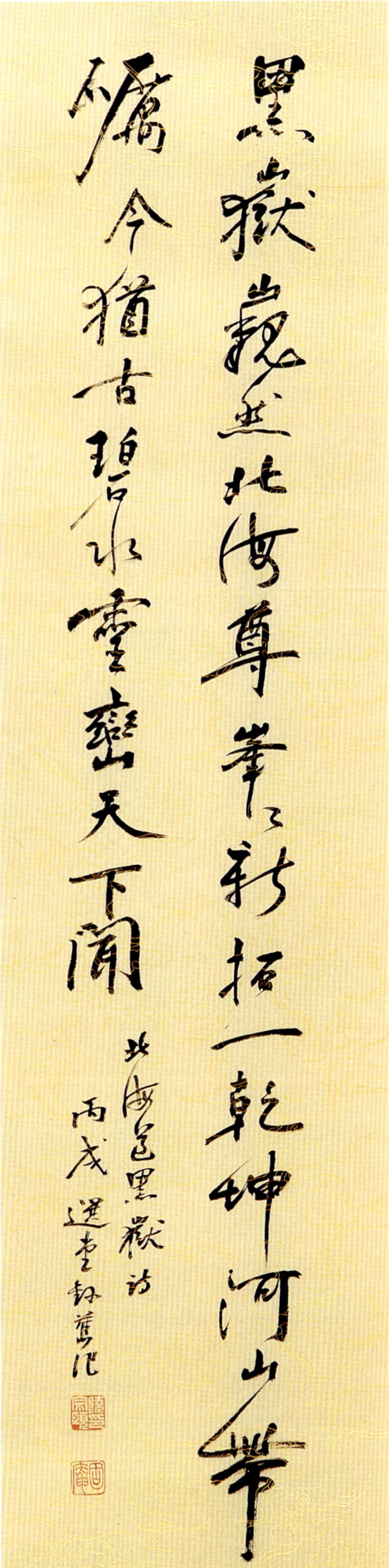

黑岳巍然北海尊，峰峰新拓一乾坤
河山带砺今犹古，碧水灵峦天下闻
北海道黑岳诗 丙戌选堂录旧作
2006 137 cm × 35 cm

散尽浮云落尽花，到头明月是生涯；天垂六幕千山外，何处春风不到家
大恒禅师偈 甲申选堂录
2004 138 cm × 34 cm

胤轩辕之高纵，绍虞氏之遐统

魏孔羡碑句 己巳选堂书

1989 138 cm × 35 cm

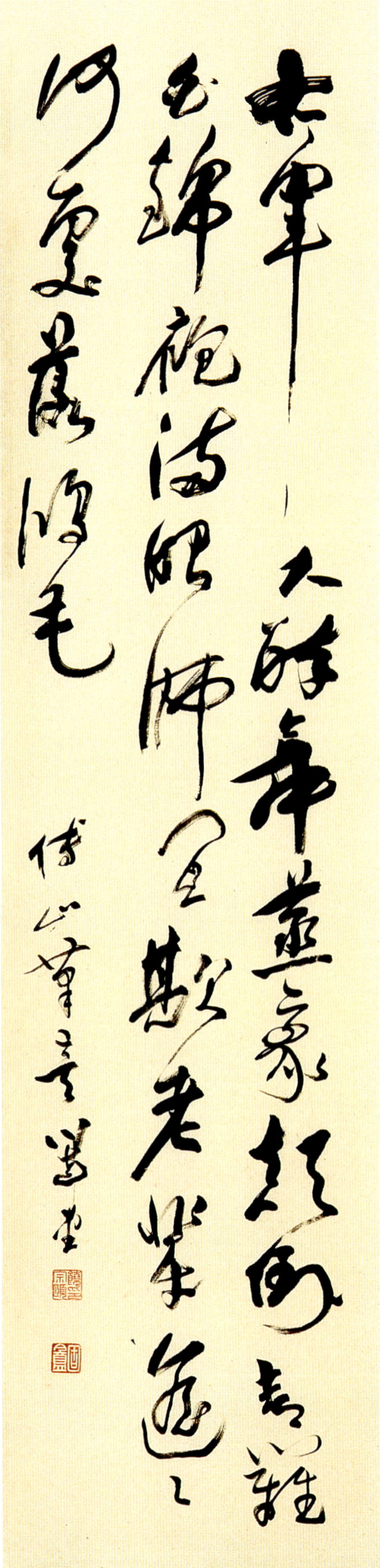

右军大醉舞蒸豪，颠倒却难白锦袍
满眼师宜欺老辈，遥遥何处落鸿毛
傅山笔意 选堂
1979 138 cm × 34 cm

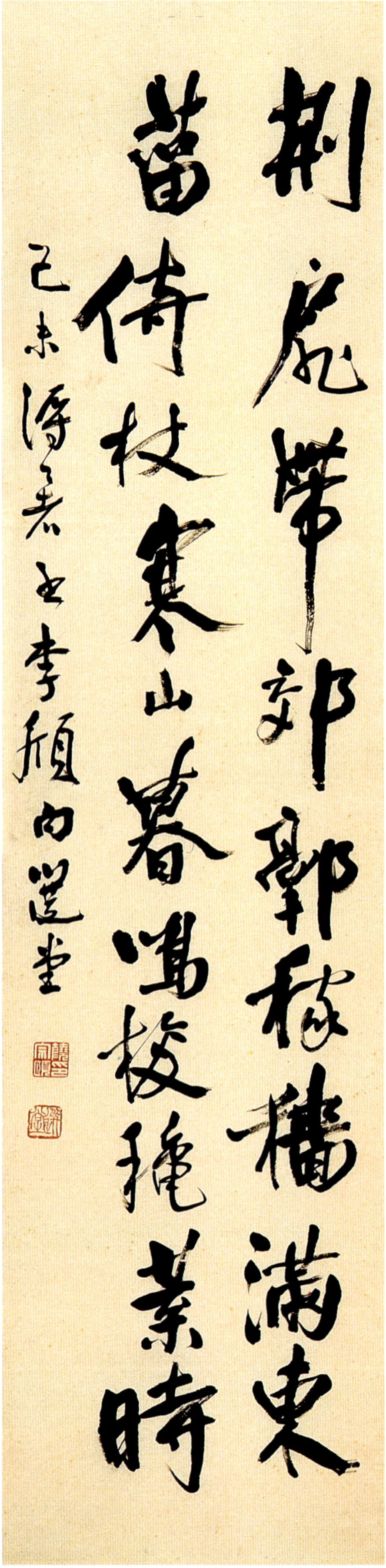

荆扉带郊郭，稼穑满东菑
倚仗寒山暮，鸣梭秋叶时
已未溽暑书李颀句 选堂
1979 138 cm × 34 cm

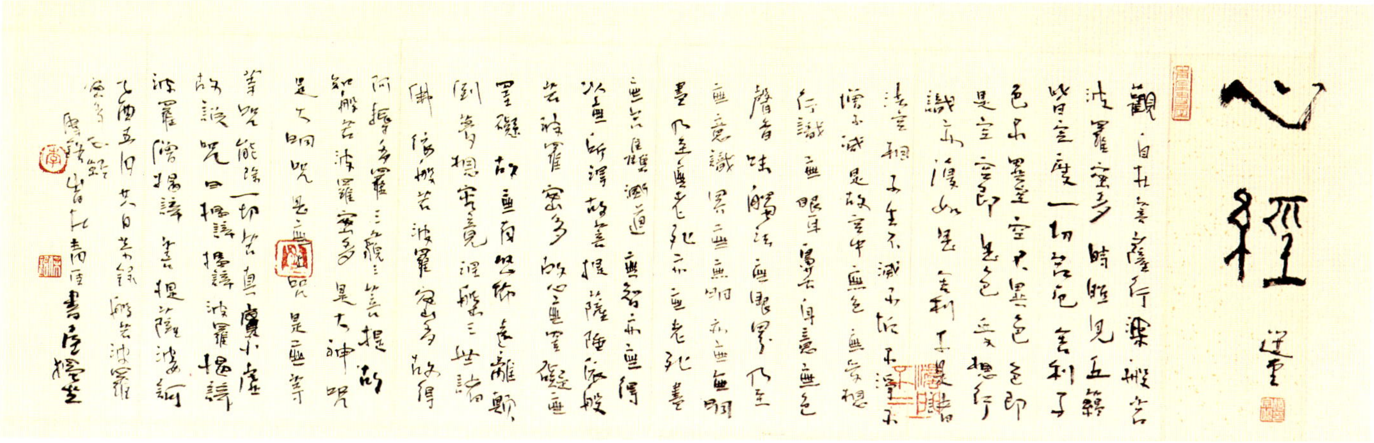

饶教授题“心经”引首，李伟铭书内文

27 cm × 100 cm

2006

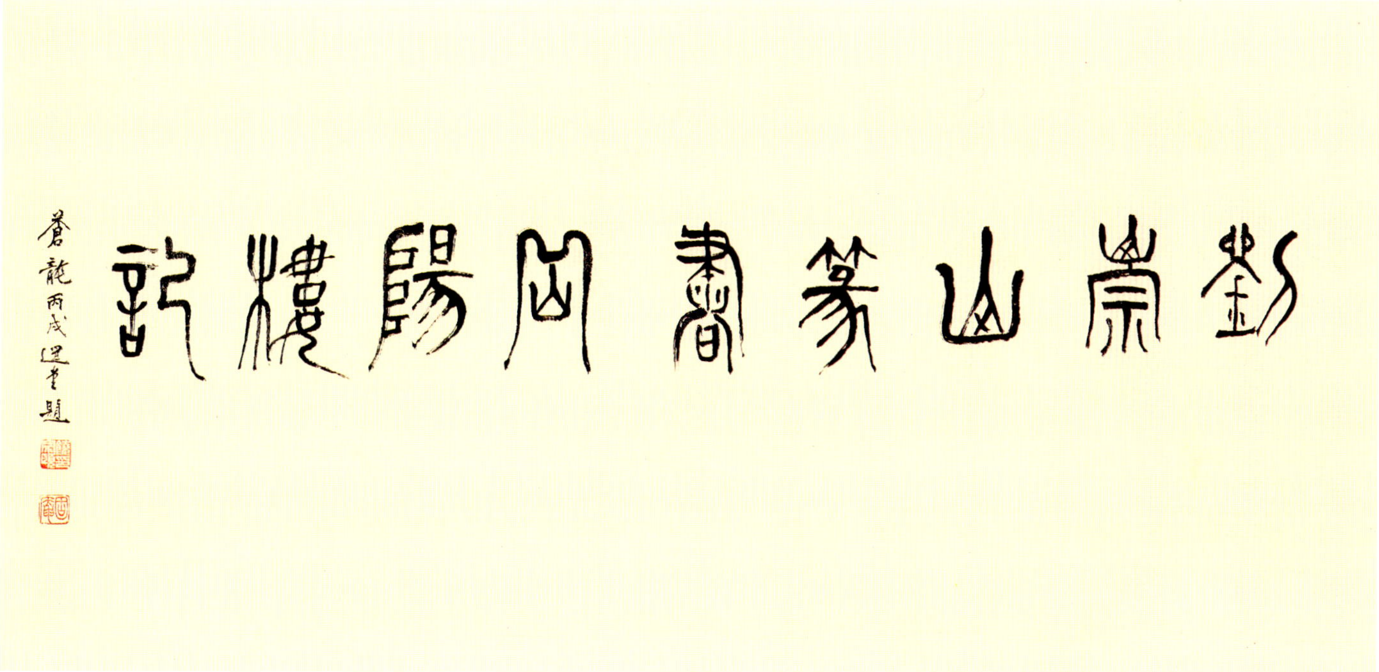

饶教授题“刘崇山篆书岳阳楼记”

苍龙丙戌选堂题

72 cm × 100 cm

2006

選堂用印

饶宗颐学艺年表

1917年 8月9日（农历六月二十二日），生于广东省潮安县城(今潮州市湘桥区)。

1929年 随金陵杨栻习画，攻山水及宋人行草，开始抵壁作大幅山水及人物。

1932年 续其先人饶锷先生之《潮州艺文志》。

1933年 咏优昙花诗，一时惊诸老宿。

1935年 受詹安泰先生委托，代授国文课于韩山师范学校。被聘为中山大学广东通志馆纂修。同年加入禹贡学会。期间著《广东易学考》、《尚书地理辩证》、《说文古文考》、《金六平议》、《古史新证》、《西汉节义传》，编《古史辩》第八册（仅存目）。

1938年 中山大学迁云南，因病滞留香港。助王云五编《中山大辞典》。纂《古籍篇名提要》稿，又佐叶恭绰编定《全清词钞》初稿。出《潮州丛著初稿》。

1943年 赴广西任无锡国学专修学校教授。著有《瑶山诗草》。

1946年 任广东文理学院教授，《楚词地理考》出版。复任汕头华南大学文史系教授、系主任，兼《潮州志》总编纂。被推选为广东文献委员会委员。

1948年 入台湾考察高雄县潮州镇。

1949年 移居香港，期间出版《韩江流域史前遗址及其文化》、《海南岛之石器》。居港后，绘画渐多。

1952年 被聘为香港大学中文系讲师，出版《明器图录》等。1952年至1968年，任教于香港大学期间，到台北参观故宫博物院所藏书画。

1954年 年初赴日本，识吉川幸次朗教授，于日本东京大学教养部讲甲骨文。在广岛会见斯波六朗、小尾郊一教授，谈文选学。于京都大学人文科学研究所从事甲骨学研究。著《日本所见甲骨录》、《潮瓷说略》、《人间词话平议》。

1956年 出席巴黎国际汉学会，出版《楚辞书录》、《巴黎所见甲骨录》、《敦煌本老子想尔注校笺》。

1957年 《战国楚简笺证》出版。

1958年 游意大利，在贝鲁特会晤高罗佩。出版《楚辞与词曲音乐》、《长沙出土战国缯书新释》。

1959年 出版《九龙与宋季史科》、《殷代贞卜人物通考》，著作《敦煌书谱》。

1962年 获法国法兰西远东学院颁授“汉学儒莲奖”，主编《文心雕龙研究专号》，首次将敦煌本《文心雕龙》印刊。

1963年 应印度班达伽东方研究所之邀，与汪德曼同赴天竺作学术研究，为永久会员。归途游锡兰等国，兼作写生，有《佛国集》记游踪。《词籍考》出版。

1964年 再赴日本访学。识林谦之，与水原琴窗、水原江渭父子谈词，到京都大原山听梵呗，听多纪颖信演奏日本雅乐。

1965年 出版《潮州志汇编》、《景宋本淮海居士长短句》。秋后，赴任哈佛访问学人。年底至法国国立科学中心从事研究，复至伦敦研究巴黎及伦敦所藏敦煌书稿。著《敦煌白画》。

1966年 在法国国立科学中心研究敦煌写卷，与戴密微教授同游瑞士。著有诗集《黑湖集》记游，后由戴密微教授译为法文。《白山集》出版。

1968年 1968－1973年，任新加坡大学中文系首位讲座教授、系主任。出版《固庵词》。《黑湖集》在瑞士出版。期间创作大量山水画，多师法元代黄公望、倪云林两家。

1969年 《星马华文碑刻系年》出版。

1970年 1970－1971年，任美国耶鲁大学研究院客座教授。期间到美国、加拿大各地写生。《香港大学冯平山图书馆善本书录》、《欧美亚所见甲骨文录存》出版。

1971年 与戴密微合著《敦煌曲》，分中、法两种文字在巴黎刊行。《晞周集》出版。

1972年 任法国法兰西远东学院院士。1972－1973年，任台湾“历史语言研究所”教授。发表《词与画》论文。

1973年 1973－1978年，任香港中文大学中文系讲座教授、系主任。连续四年参加日本南书院书画年展。

1975年 出版《选堂赋语》、《黄公望及富春山居图临本》。

1977年 《中国史学上之正统论》出版。

1978年 1月，香港中文大学艺术系在香港大会堂主办“饶宗颐书画展”；8月，于曼谷举办个人书画展。《选堂诗词集》、《敦煌白画》出版。自香港中文大学退休后，应聘为法国高等研究院宗教部客座教授，主讲“中国古代宗教”。1978－1979年，任教于法国高等实用研究院，期间创作《青天歌论书》长卷。

1979年 应中山大学之邀，首次回内地参加中国古文字学会议，会后赴湖南考察马王堆汉墓出土文物。为香港中文大学中国文化研究所荣誉高级研究员。4月游瑞士，过阿尔卑斯山入意大利，创作《古村词》记游。

1980年 于日本京都大学、九州大学、北海道大学讲学。日本二玄社于东京主办“饶宗颐教授个人书画展”。日本近代书道研究所《书道俱乐部》月刊出版《饶宗颐教授个展作品》特辑。获选为巴黎亚洲学会荣誉会员。受聘为澳门东亚大学（后改名澳门大学）文学院讲座教授。10月，在武昌参加全国语言学讨论会后，参观祖国大陆博物馆33所，足迹遍及14个省市，历时3个月。

1981年 参加太原古文字学讨论会。出版《远东墓志：远东学院藏拓片图录》。于新加坡举办个人书画展。

1982年 出版《选堂集林·史林》、《云梦秦简日书研究》（与曾宪通合作）。获香港大学颁授荣誉文学博士学位。任香港中文大学中文系、艺术系荣誉讲座教授。授聘香港中文大学中文系荣休讲座教授、国务院古籍整理小组顾问。

1983年 日本二玄社请为其出版的《虚白斋书画录》作解题。编纂《敦煌书法丛刊》，由二玄社出版，全书29册，至1986年完成。出席于兰州市举行的首次全国敦煌吐鲁番研讨学会，被聘为顾问。

1984年 出版《选堂选集》。为澳门东亚大学研究院创办中国文史学部，并任该学部主任。应聘为敦煌研究院荣誉研究员、台湾“文哲研究所”咨询委员、浙江省温州师范学院名誉教授。于马来西亚太平举办个人书画展。

1985年 《楚帛书》、《随县曾侯乙墓钟磬铭辞研究》（与曾宪通合作）出版。任香港中文大学研究所荣誉讲座教授。香港三联书店主办

"饶宗颐书画展"。香港芥子告出版《选堂扇面册》。韩国东方研究会于韩国首尔利马美术馆主办"选堂韩国书画展览"。于马来西亚吉隆坡举办个人书画展。

1986年 赴广东省汕头市出席汕头大学、韩山师范专科学校、潮洲韩愈研究会联办的"首届国际韩愈学术讨论会"。香港中华文化促进中心主办"饶宗颐教授从事艺术、学术活动五十周年纪念——七十大寿书画展"。任香港艺术馆名誉顾问。为澳门东亚大学书罗慷烈教授撰写《东亚大学创建记》。

1987年 任香港大学中文系荣誉讲座教授。香港《书谱》杂志出版《饶宗颐专辑》。任中国敦煌研究院名誉研究员。

1989年 出版《固庵文录》、《甲骨文通检》(一)。香港中文大学出版社出版《饶宗颐书画集》。

1990年 《中印文化关系史论集——悉昙学绪论》、《词学秘芨之——李卫公望江南》、《敦煌琵琶谱》出版。任香港博物馆名誉顾问。

1991年 《饶宗颐书画展》在香港大学冯平山博物馆举行。《近东开辟史诗》(编译)、《敦煌琵琶论文集》、《老子想尔注校证》、《文辙——文学史论集》(中国精神史研究之一)出版。10月,应香港中华文化促进中心和香港中文大学中国文化研究所之邀,作"广州南越王墓的发现及其重要价值"和"香港与广东大陆的历史关系"演讲。11月,参加浙江省温州市举办的"谢灵运与山水文学国际研讨会"。12月,赴越南河内参加越南远东学院九十周年庆典,介绍牙璋在国内外的分布情况,引起越南考古界的兴趣。香港大学冯平山博物馆主办"饶宗颐书画展"。

1992年 《词集考——唐五代宋金元编》出版。5月,受聘复旦大学顾问教授。香港艺苑出版社出版《选堂书楹联初集》、《饶宗颐翰墨》。于香港大会堂举办个人书画展。于新加坡国家博物馆举办个人书画展。

1993年 受聘为广州中山大学中华文化研究中心名誉主任兼名誉教授、广州美术学院名誉教授,泰国华侨崇圣大学中华文化研究院院长。应邀任台北故宫博物院举办的"张大千、溥心畬诗书画国际学术讨论会"主席。出版《梵学集》、《楚地出土文献三种研究》(与曾宪通合作)、《法藏敦煌书苑精华》、《饶宗颐史学论著选》、《新加坡古事纪》、《甲骨文通检》(二)、《饶宗颐书画》。2 月，参加香港中文大学中国文化研究所举办的“南中国及邻近地区古文化研究”第二次国际学术会议，作“由牙璋分布论古史地域扩张问题”专题演讲。任北京广播学院名誉教授。中国美术家协会、中国书法家协会、中央美术学院、中国艺术研究院、中国画研究院于北京中国画研究院展览馆联合举办“饶宗颐书画展”。12 月，由其倡议召开之“潮州学国际研讨会”在香港中文大学举行。同月赴法国接受巴黎索邦高等研究院人文科学荣誉国家博士学位和法国文化部文化艺术骑士勋章。台湾时报文化企业有限公司出版饶宗颐国画史论集《画頵》。广东美术家协会、广州美术学院、岭南美术出版社、广东书法家协会、广东画院及广东《画廊》杂志社于广东书院联合主办“1993 广州饶宗颐书画展”。

1995 年 《甲骨文通检》(三)出版。3 月，参加在香港大学冯平山博物馆举办的“东南亚考古学术研讨会”。北京《续修四库全书》、上海《全明文》编委会聘为顾问。9 月，主编《补资治通鉴史料长编稿系列》中的《新莽简辑证》(合著)和《敦煌汉简编年考证》(合著)出版。11 月，潮州市“饶宗颐学术馆”落成。泰国华侨崇圣大学、泰国潮州会馆联合举办“饶宗颐书画展”。《甲骨文通检》(四)出版。

1996年 1 月，参加由港穗澳三家博物馆联合举办之“南海贸易二千年展览”学术研讨会。《澄心论萃》(胡晓明编)、《饶宗颐潮学论文集》(黄挺编)、《中国史学上之正统论》上海再版。8 月，由广东韩山师范学院主办，潮州市教育局、文化局协办“饶宗颐八十回顾展”，展品有 32 尺宽巨幅荷花，同时出版《选堂书画》。《殷代贞卜人物通考》韩文版(孙睿彻译)出版。

1997年 创办《华学》大型学术刊物，由中山大学出版。香港艺术发展局颁发第一届终身成就奖。

1998年 获中华文学艺术家金龙奖和“当代国学大师”荣誉。受聘为中国社会科学院历史研究所客座研究员、香港中文大学崇基书院首位荣誉院务委员。7 月，《符号·初文与字母——汉字树》在香港出版。

1999年 5 月、6 月、10 月先后受聘为南京大学、首都师范大学、武汉大学名誉教授。9 月，香港艺术馆举办“澄心选萃——饶宗颐的艺术展”，同时出版《澄心选萃》书画集。11 月，澳门基金会主办“清凉世界——饶宗颐书画展”，于澳门教科文中心举行，并出版书画集。12 月，获颁授香港公开大学荣誉人文科学博士。任郭店楚简国际学术研讨会名誉主席，《甲骨文通检》（五）出版。2 月，《悉昙经传——赵宦光及其（悉昙经传）》出版。

2000年 3 月，受聘为北京大学古代文明研究中心顾问、北京大学客座教授。7 月，获香港特区政府颁授大紫荆勋章。被国家文物局、甘肃省人民政府授予“敦煌文物保护研究特殊贡献奖”。《符号·初文与字母———汉字树》在上海出版。5 月，《中国宗教思想史新页》出版。 11 月，《饶宗颐五体书法》出版。

2001年 1 月，中国社会科学院古代文明研究中心成立， 被聘为学术顾问。4 月，出席香港中文大学艺术系、文物馆主办的 “中国碑帖与书法国际研讨会”，作主题演讲 “泛论三国碑刻书法”。7 月，临时澳门市政局、澳门艺术博物馆主办 “选堂雅聚——饶宗颐书画艺术展”，并出版书画集及明信片。10 月，北京历史博物馆主办“古韵今情”饶宗颐书画展览，为该馆首次举办现代画家个人展，并致赠该馆 22 尺巨幅墨荷。出版《古韵今情——饶宗颐书画集》。12 月，应邀为台湾 “历史语言研究所” 傅斯汉学讲座作三场上古史研究学术讲座。

2002年 编订增修 20 世纪的著作及论文。 编成《饶宗颐二十世纪学术文集》，全集分十四卷，共 20 册，收入著作 60 种及释著 1 种，台湾的新文丰出版股份有限公司计划于 2003 年 9 月出版。5 月，美国哈佛大学邀请作“杨联升教授讲座”演讲。7 月，香港国际创价学会主办“学艺双携”饶宗颐书画展。出版《学艺双携》画册。

2003年 5 月，《符号·初文与字母———汉字树》 日文版 （小早川三郎译： 副题名为《古代文明与汉字之起源》）出版；《古史之断代与编年》 出版；“通会之际——饶宗颐书法全集”出版。9 月，香港大学饶宗颐学术馆开始运作。 11 月，香港科技大学授予荣誉文学博士学位； 香港大学饶宗颐学术馆正式成立、 开幕；《饶宗颐二十世纪学术文集》出版；《古意今情——饶宗颐画路历程》出版。12 月，香港中文大学授予荣誉文学博士学位。

2004年 3 月，获广东省潮州市荣誉市民衔。 4 月，于广州举行由香港大学饶宗颐学术馆与广州艺术博物馆及广东炎黄文化研究会、广州炎黄文化研究会合办之“造化心源——饶宗颐书画展”暨学术座谈会，并出版展览图表。11月初至2005年1月底，香港大学饶宗颐学术馆举办“象外环中——饶宗颐教授甲申书画创作展”，并出版书画册。12月，澳门大学授予荣誉人文科学博士及荣誉教授衔。

2005年 4月至5月底（香港），8月初至9月初（广州），香港大学饶宗颐学术馆、广州艺术博物院、香港大学美术博物馆联合主办“岭海风韵——岭南四家与饶宗颐教授合作作品展”，并出版展览图录。

2006年 6月征集与饶宗颐相关的资料，征得文物于11月与香港大学图书馆合办的“饶宗颐教授与香港大学”展览中展出。9月，《饶宗颐艺术创作汇集》（全套12册）出版。10月，香港大学饶宗颐学术馆展出饶宗颐捐赠香港大学饶宗颐学术馆的艺术作品选萃。11月，香港大学图书馆展出饶宗颐与香港大学有关的照片、题字、书籍、艺术作品等；设于学术馆“选堂文库”的饶宗颐藏书以参考书库形式开放；于澳门回归贺礼陈列馆展出“普荷天地——饶宗颐九十华诞荷花特展”。

12月的计划：香港大学饶宗颐学术馆展出饶宗颐的山水画配法国摄影师 Paul Maurer 的山水照片；香港大学美术博物馆展出饶宗颐丙戌年的书画作品；香港中央图书馆展出饶宗颐在学术及艺术上的成就，展品包括饶宗颐的学术著作、艺术作品、艺术画册、照片、手稿及相关文物；潮州饶宗颐学术馆展出饶宗颐捐赠潮州饶宗颐学术馆的艺术作品；在香港中央图书馆举办让香港大众认识饶宗颐的文化讲座；由香港大学、香港中文大学、香港科技大学、香港城市大学、香港浸会大学、香港理工大学、岭南大学、香港公开大学与香港教育学院等联合举办“学术兼修·汉学大师——饶宗颐教授九十华诞国际学术研讨会”。

後記

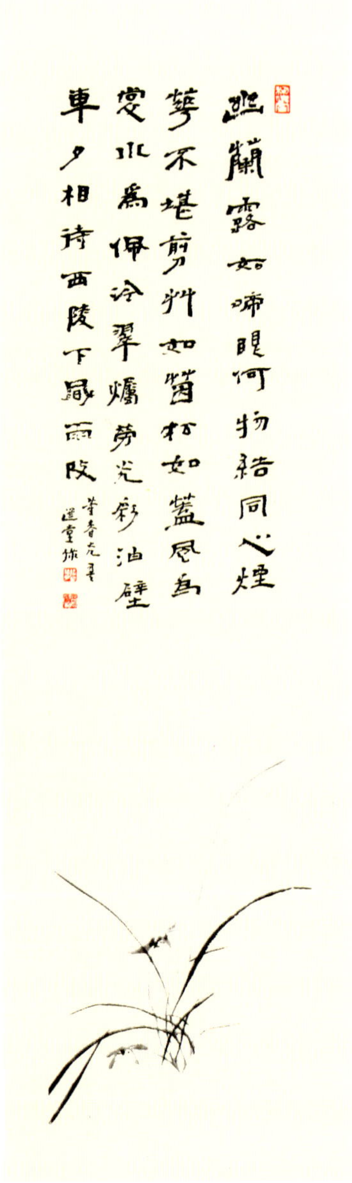

“梨俱预流果”作为本书的名称，它源自季羡林教授讲的“从饶宗颐先生的全部学术论著来看，我可以肯定地说，他也已得到预流果”(《饶宗颐史学论著选序》)。梨俱室一直是饶教授学习、工作的地方，他的学术新潮流的思想和成果及其艺术作品均出自这里，基于此，取书名为“梨俱预流果”。

在本书编辑过程中，得到饶教授亲自指导；得到香港大学饶宗颐学术馆，潮州饶宗颐学术馆，香港港澳发展有限公司，广东高等教育出版社，上元轩，文心堂，原中共广东省委书记吴南生先生，中山大学曾宪通教授、姜伯勤教授，香港饶宗颐学术馆郑炜明博士、邓伟雄先生、饶清芬女士，雷铎研究员，广东高等教育出版社张耀荣社长、杨哲总编、张起帆副社长、朱仲庆副总编和陈子君、丁庆生、王兰萍、杨星初、陈莉群、方敏、余守志、刘秀芝、黄冬萍、邱丽芳、林冕等编辑和技编，曾树生、丘康、陈友群、余克光诸位先生，邹丽燕小姐等大力支持帮助，在此一并致谢！

在这里，本人借用饶教授在《文化之旅》皇门静室“小学”的一段话作为本书的结束语：

人在天地之中，
渺小得像一个不可知的斑点，
亦像一根芦苇，
很容易被一阵风所摧折……
在无限的周遭，处处可以是中心，
而何处是圆周，却煞费思量。

陈韩曦
2006 年 9 月 10 日

鸣谢：新文丰出版股份有限公司　高本钊先生

選堂檢迻

饒宗頤